"十三五"职业教育国家规划教材

Excel财务会计应用

（第3版）

沈国兴　主编

电子工业出版社

Publishing House of Electronics Industry

北京·BEIJING

内 容 简 介

本书注重学生基础知识、实务操作和应用能力的全面发展，实训与案例教学相结合。全书共包括 10 个项目，以 Microsoft Office 2003 为基础，介绍 Excel 在财务会计应用方面的主要内容，主要包括认识 Excel、Excel 的数据操作、Excel 高级工作表的特性、Excel 在会计凭证中的应用、Excel 在会计账簿中的应用、Excel 在会计报表中的应用、Excel 在工资管理中的应用、Excel 在固定资产管理中的应用、Excel 在财务管理中的应用及 Excel 在财务分析中的应用等内容。

本书每个项目都列出了知识目标和能力目标，提供任务实施等实训练习题，以及配套的电子教学参考资料包（包括电子教案、教学指南和习题答案）。

本书既可以作为职业院校会计专业和财经类其他专业的教材，也可以作为财务人员短期培训和管理人员自学的参考书。

图书在版编目（CIP）数据

Excel 财务会计应用 / 沈国兴主编. —3 版. —北京：电子工业出版社，2022.2

ISBN 978-7-121-42993-4

Ⅰ．①E… Ⅱ．①沈… Ⅲ．①表处理软件－应用－财务会计－教材 Ⅳ．①F234.4-39

中国版本图书馆 CIP 数据核字（2022）第 030801 号

责任编辑：徐　玲　　　　　特约编辑：田学清

印　　刷：三河市君旺印务有限公司

装　　订：三河市君旺印务有限公司

出版发行：电子工业出版社

　　　　　北京市海淀区万寿路 173 信箱　　　　邮编：100036

开　　本：880×1230　　1/16　　印张：14.75　　字数：341 千字

版　　次：2013 年 11 月第 1 版

　　　　　2022 年 2 月第 3 版

印　　次：2025 年 3 月第 10 次印刷

定　　价：38.00 元

凡所购买电子工业出版社图书有缺损问题，请向购买书店调换。若书店售缺，请与本社发行部联系，联系及邮购电话：（010）88254888，88258888。

质量投诉请发邮件至 zlts@phei.com.cn，盗版侵权举报请发邮件至 dbqq@phei.com.cn。

本书咨询联系方式：xuling@phei.com.cn。

前 言

本书采用循序渐进的讲解方法，从 Excel 的基础知识入手，由浅入深地介绍了如何利用 Excel 解决企业财务会计核算问题。本书以 Microsoft Office 2003 为基础，主要内容包括认识 Excel、Excel 的数据操作、Excel 高级工作表的特性、Excel 在会计凭证中的应用、Excel 在会计账簿中的应用、Excel 在会计报表中的应用、Excel 在工资管理中的应用、Excel 在固定资产管理中的应用、Excel 在财务管理中的应用及 Excel 在财务分析中的应用等。书中结合大量财务会计实例对 Excel 的各种应用进行了详细介绍。

本书内容丰富、结构清晰、图文并茂、由浅入深、通俗易懂，既突出基础性内容，又重视实践性应用。每个项目都穿插了大量极富实用价值的示例，并对重要的知识和应用技巧进行了归纳和总结。每个项目末尾都安排了有针对性的练习，有助于读者巩固所学的基本概念和锻炼自己的实际应用能力。本书既可以作为职业院校相关专业的教材，也可以作为财务人员短期培训和管理人员自学的参考书。

本书由无锡城市职业技术学院沈国兴担任主编，并编写全书。本书建议教学课时为 64 课时（16 周×4 课时/周），课时分配见下表。实际教学时可视教学时间和教学对象进行调整。

课时分配建议

教 学 内 容	讲授/课时	实践/课时	合计/课时
项目一　认识 Excel	6	2	8
项目二　Excel 的数据操作	8	2	10
项目三　Excel 高级工作表的特性	7	3	10
项目四　Excel 在会计凭证中的应用	4	2	6
项目五　Excel 在会计账簿中的应用	4	2	6
项目六　Excel 在会计报表中的应用	4	1	5
项目七　Excel 在工资管理中的应用	4	2	6
项目八　Excel 在固定资产管理中的应用	3	1	4
项目九　Excel 在财务管理中的应用	3	1	4
项目十　Excel 在财务分析中的应用	4	1	5
合　　计	47	17	64

为了方便教师教学，本书还配有教学指南、电子教案和习题答案（电子版），请有此需求的教师登录华信教育资源网，免费注册后再进行下载，若有问题请在网站留言板留言或与电子工业出版社联系（E-mail: hxedu@phei.com.cn）。

由于时间仓促，加上编者水平有限，书中不足之处在所难免，敬请广大读者批评指正。

编　者

目 录

认识 Excel

项目引领

> 小李，用电子表格处理会计工作中的数据，可以使工作效率更高，你了解电子表格软件吗？

　　Microsoft Excel，简称 Excel，是微软公司办公软件 Microsoft Office 系列的办公组件之一，是目前世界上流行的表格编辑软件。作为微软 Office 家族的重要组件之一，Excel 具有强大的数据计算和处理功能，在各行各业都有广泛的应用。Excel 的重要特点是不仅能记录、存储数据，还能对数据进行计算、统计和分析，因此其在会计电算化工作中得到广泛应用。

项目目标

知识目标

（1）认识 Excel 的功能及窗口组成。

（2）学习 Excel 的基本术语和概念。

能力目标

（1）创建、打开、保存工作簿文件。

（2）编辑工作表数据和格式化工作表。

（3）熟悉电子表格的打印设置。

（4）掌握 Excel 的基本操作。

任务一　初步了解 Excel

任务导入

在应用 Excel 进行财务会计工作前，首先要了解 Excel 的基础知识和基本操作。

任务要求

创建和保存工作簿文件。

知识准备

一、启动和退出 Excel

1. Excel 的启动

启动 Excel 程序有多种方法，下面列举最常用的几种。

方法一：

单击"开始"按钮，在弹出的快捷菜单中选择"所有程序"选项中"Microsoft Office"程序项下的"Microsoft Office Excel 2003"命令，启动 Excel 程序。

方法二：

双击桌面上的 Excel 快捷图标，启动 Excel。

方法三：

打开一个 Excel 文档，在打开 Excel 文档的同时启动 Excel 程序。

2. Excel 的退出

退出 Excel 程序同样有多种方式，大家可以根据需要选择使用。

方法一：

在 Excel 窗口中选择"文件"菜单中的"退出"命令，如图 1.1 所示。

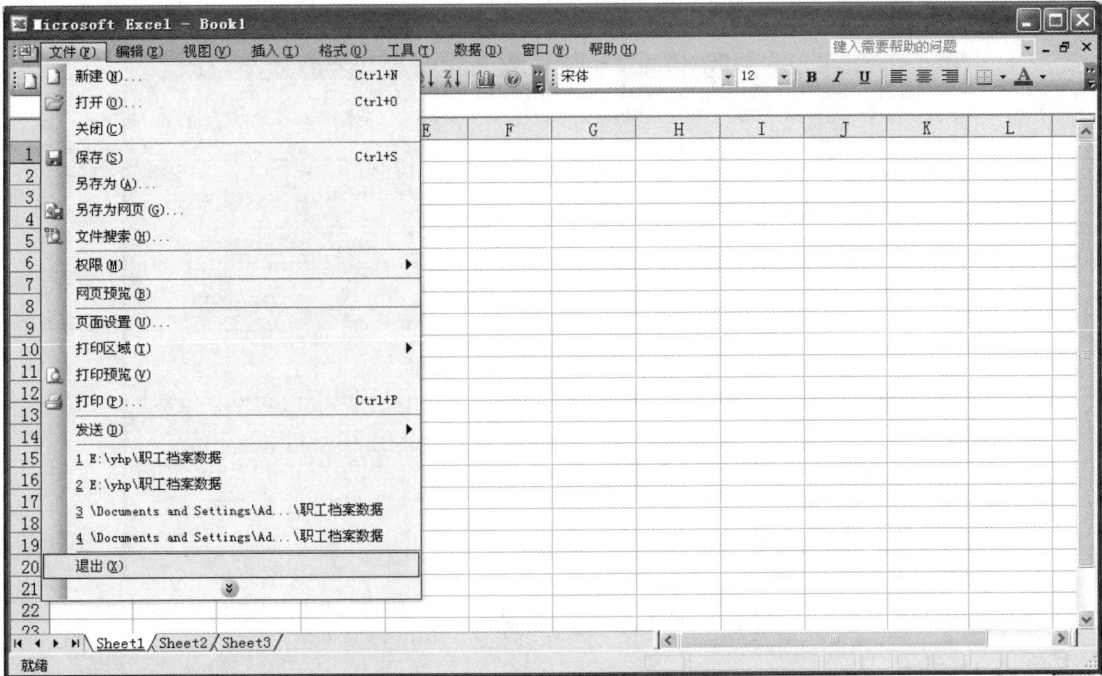

图 1.1　选择"退出"命令

方法二：

在 Excel 窗口中单击右上角的关闭窗口按钮"▣"。

方法三：

单击左上角的"▣"图标，打开窗口控制菜单，选择"关闭"命令，如图 1.2 所示。

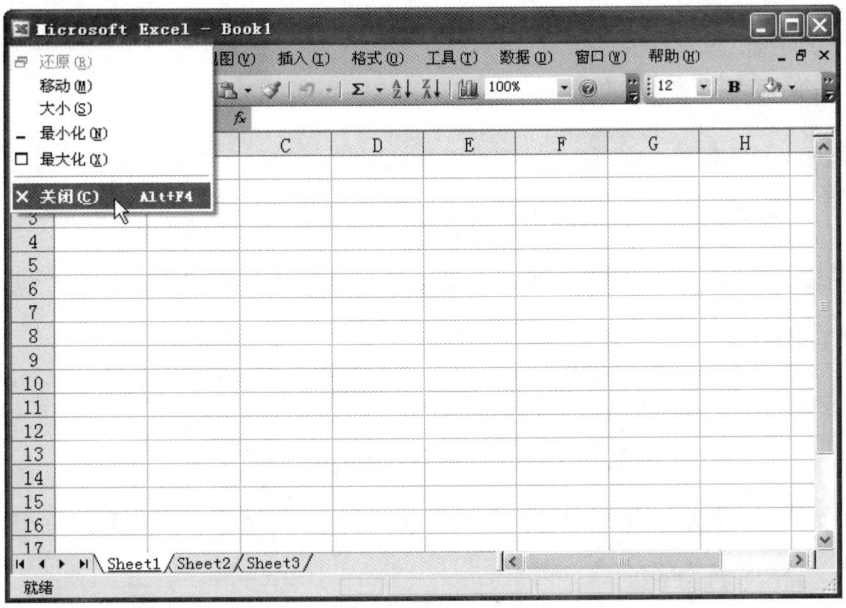

图 1.2　在窗口控制菜单中选择"关闭"命令

二、了解 Excel 的窗口

启动 Excel 程序后，将打开 Excel 的窗口，并创建一个新的 Excel 文件（称为工作簿文件），该文件被自动命名为 Book1.xls，Excel 窗口内容如图 1.3 所示。

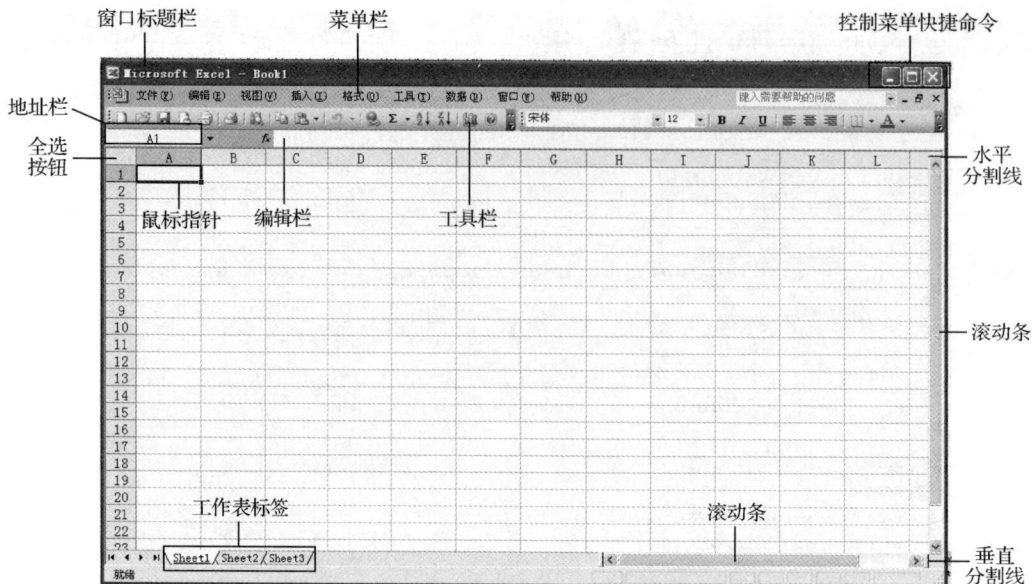

图 1.3　Excel 窗口内容

1. 窗口标题栏

窗口标题栏用以显示当前应用程序和当前 Excel 文档的文件名，默认的新建文件为 Book1.xls。

2. 菜单栏

菜单栏中的每个菜单项都含有多种命令，这些命令一般按照逻辑分组。例如，"文件"菜单中包含各种处理文件的命令，"编辑"菜单中包含各种编辑命令等。通过 Excel 的菜单栏几乎可以完成 Excel 中的全部操作。菜单栏是动态的，随着当前正在执行的操作会有所变化。Excel 默认菜单栏如图 1.4 所示。

图 1.4　Excel 默认菜单栏

当进行图表操作时，"数据"菜单就会隐藏，而"图表"菜单就会出现，方便对图表进行操作，如图 1.5 所示。

图 1.5　Excel 进行图表操作时的菜单栏

Excel 的每个菜单项都含有多种选择，其排列方式大多是按照逻辑分组，即根据不同的操作对象或操作功能进行分组。

可以用鼠标来选择菜单，单击要激活的菜单，在打开的菜单中移动鼠标到要执行的命令，单击后可执行该命令。当该命令有下级子菜单时，在该命令的右侧会有一个向右的小三角形图标。

用键盘来进行菜单操作时，可按住 Alt 键，同时按下菜单名后括号内加下划线的字母。例如，打开"文件"菜单，先按住 Alt 键不放，再按下字母 F，这样就会将"文件"菜单展开，这时可放开 Alt 键，直接按下所需要的命令后的字母就可以执行相应的命令；也可用鼠标移动键进行上下移动，将鼠标移动到需要执行的命令处，按下回车键就可以执行相应的命令。

尽管用鼠标选择菜单很方便，但如果要快捷地使用 Excel 提供的各种命令，则应熟练掌握用键盘执行各命令，这样会使工作效率更高。

注意：在菜单使用过程中，菜单或菜单项中的命令有时是暗淡的，这表示该命令此时不可用；如果菜单命令后有 3 个小黑点，则表示执行该菜单命令会打开对话框。

3. 工具栏

工具栏位于菜单栏下方，其中有一行小图标按钮，这些图标按钮是最常用的 Excel 操作的快捷键，用以方便地执行各项操作。当启动 Excel 时，系统默认显示的是"常用"和"格式"工具栏的图标按钮，如图 1.6 所示。

图 1.6　Excel 的"常用"和"格式"工具栏

工具栏左侧为"常用"工具栏按钮，可以完成文件的新建、打开、保存、打印和打印预览操作；单元格的剪切、复制、粘贴；数据的自动求和；升序、降序排序；创建图表的向导等操作。在"格式"工具栏中可以完成单元格的字体、字号、加粗、下划线、左对齐、居中对齐、右对齐格式设置，单元格数据增加、减少小数位，单元格边框线、填充色设置，字体色设置等操作。

如果需要使用其他工具栏，则选择"视图"菜单中的"工具栏"命令，在其子菜单中选择相应的工具栏即可，如图 1.7 所示。选择"视图"→"工具栏"→"图片"，松开鼠标后，"图片"工具栏就会显示在窗口中，如图 1.8 所示。

图 1.7　选择"图片"工具栏

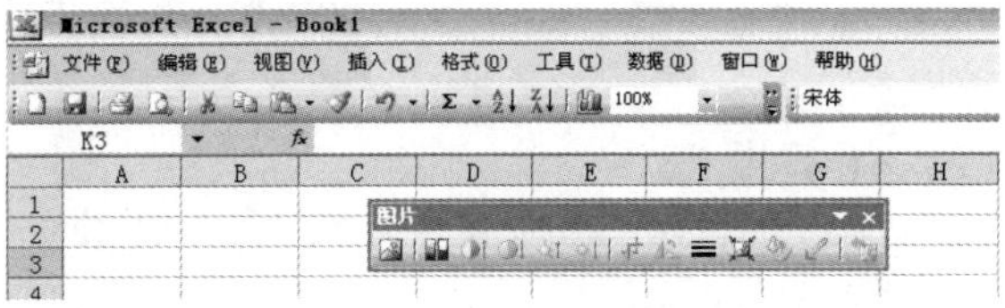

图 1.8　"图片"工具栏显示在窗口中

4. 数据编辑区

数据编辑区位于 Excel 窗口中工具栏下方，分为左、中、右 3 部分。左侧文本框是地址栏，用于显示当前单元格（或区域）的地址或名称，中间部分是 3 个按钮"✕ ✓ fx"，分别是"取消输入""确认输入""插入函数"按钮；右侧是编辑栏，可以输入或编辑当前单元格的值或公式。

三、工作簿与工作表

Excel 文件的重要特点是一个文件中有多张工作表，就像一个活页簿，在使用时可以随时根据需要增加或减少其中的工作表。因此，Excel 文档也形象地称为工作簿。工作簿是所有工作表的集合，它是存储和计算数据的文件，其文件扩展名为.xls。新建的工作簿文件被系统默认命名为"Book1.xls"，如果再新建工作簿文件，就以"Book2.xls"命名，以此类推。

工作表是工作簿的组成部分，也称电子表格。如果把工作簿看作一个活页簿，那么工作表就是其中的一张活页。工作表可以存储数据和公式，是进行数据处理的重要组成部分，也可以使用工作表对数据进行组织及分析。每个工作簿最多包含 255 张工作表。新建工作簿文件时，系统默认其中包含 3 张工作表，其名称分别为"Sheet1""Sheet2""Sheet3"，在工作表标签上显示其工作表名，如图 1.9 所示。

工作簿是 Excel 中组织和保存数据的基本单元，在企业财务工作中，如果要使用 Excel 工作簿文件存储数据，则可创建工作簿文件，并将其保存在计算机上。工作簿操作有新建、保存、删除等。

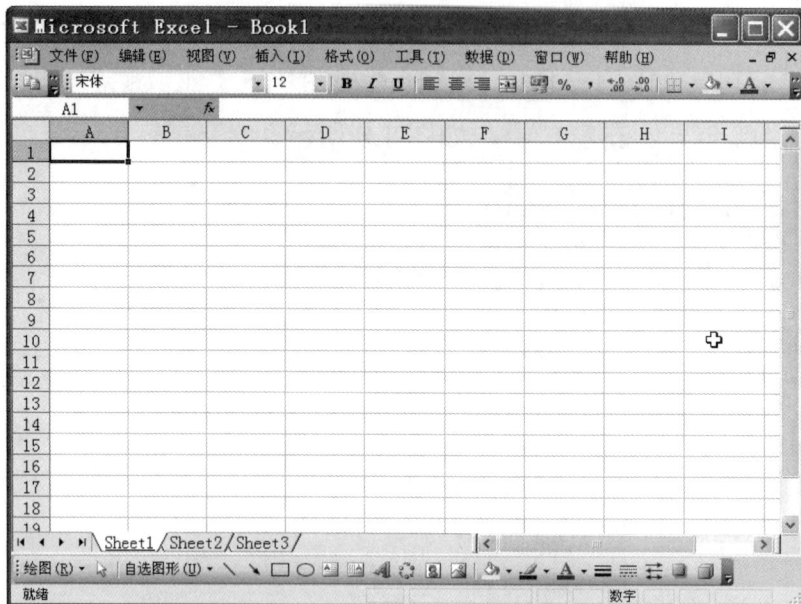

图 1.9　新建工作簿文件中包含 3 张工作表

任务操作

创建工作簿文件并保存。

✎ 操作步骤

1．新建工作簿文件

新建工作簿文件，也就是创建一个 Excel 文档，一般操作步骤如下。

（1）单击"开始"按钮，在弹出的快捷菜单中选择"所有程序"选项中"Microsoft Office"程序项下的"Microsoft Office Excel 2003"命令，如图 1.10 所示。

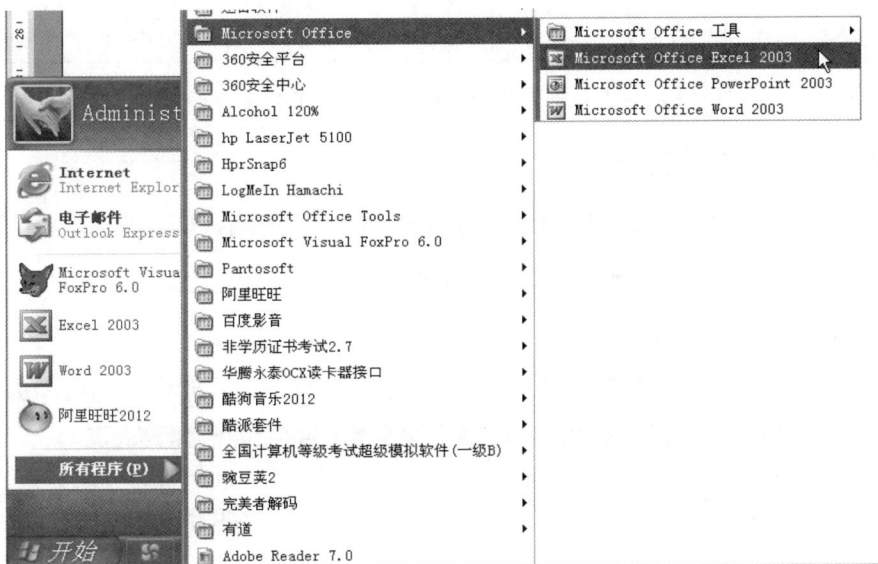

图 1.10　启动 Excel 程序

（2）启动 Excel 程序后，系统会创建一个空白工作簿文件，并命名为"Book1.xls"，如图 1.11 所示。

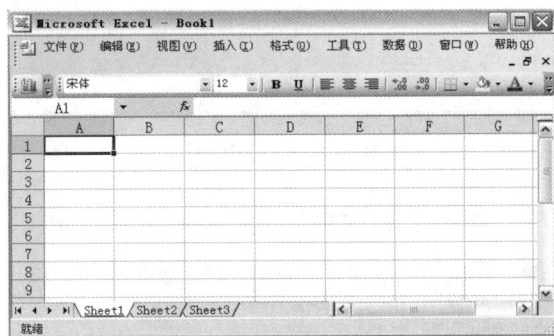

图 1.11　空白工作簿文件

2．在 Excel 窗口中新建工作簿文件

在已打开的 Excel 窗口中新建工作簿文件，根据系统提示进行模板的选择。具体操作步骤如下。

（1）打开"文件"菜单中的"新建"命令，或者单击工具栏中的" ▯ "图标，打开"新建工作簿"侧栏。

（2）单击"新建"栏中的"空白工作簿"超链接，将新建一个空白工作簿文件，默认文件名为"Book1.xls"，如图 1.12 所示。

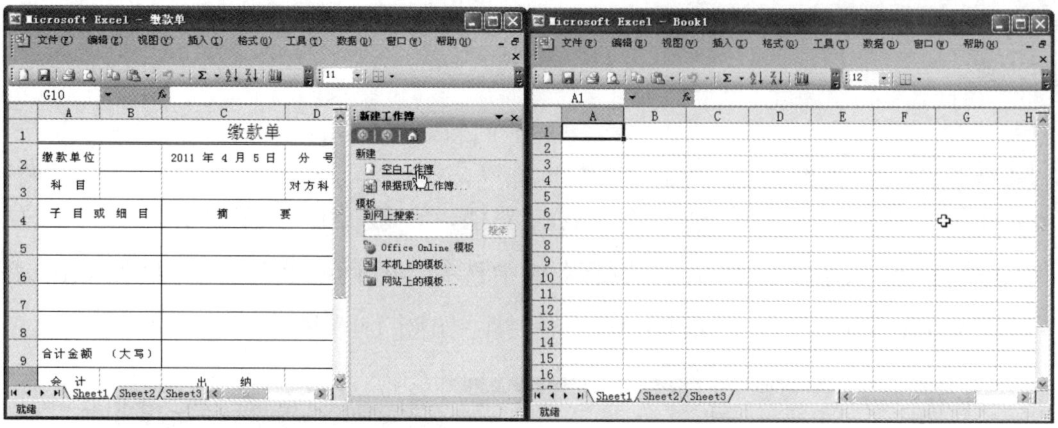

图 1.12　用"新建工作簿"侧栏创建空白工作簿

3．根据模板新建工作簿文件

Excel 中自带了多种模板，其中包括标准格式的会计文档，如果需要可以直接按系统提供的模板新建工作簿文件，方便使用，即使不同的人员操作，也可以保证文档格式一致。根据模板新建工作簿文件的步骤如下。

（1）选择"文件"菜单中的"新建"命令，打开"新建工作簿"侧栏，如图 1.13 所示。

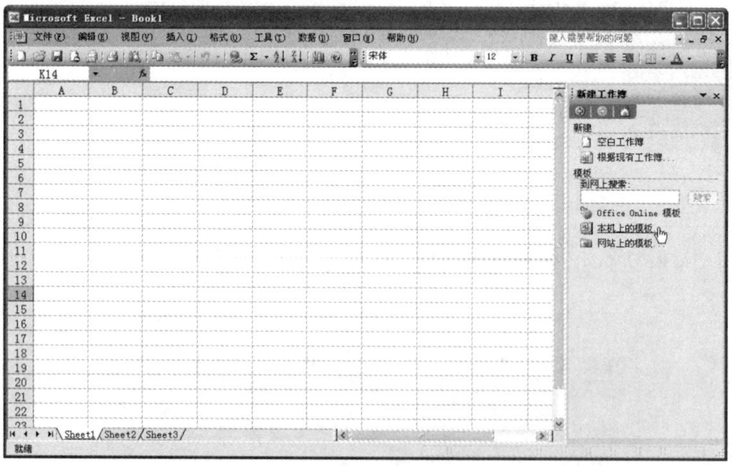

图 1.13　根据本机模板新建工作簿文件

（2）单击"模板"栏中的"本机上的模板"超链接，打开"模板"对话框，如图 1.14 所示。

图 1.14　"模板"对话框

（3）在对话框中选择"电子方案表格"选项卡，如图 1.15 所示。

（4）拖动滚动条，选择"收支预算表"模板，在空格右侧的预览框中可以看到具体的样式，如图 1.16 所示。

图 1.15　"电子方案表格"选项卡 　　　　　图 1.16　选择"收支预算表"模板并预览

（5）单击"确定"按钮，将创建一个与选择的电子方案表格"收支预算表"样式相同的工作簿文件"年收支预算表"，如图 1.17 所示。

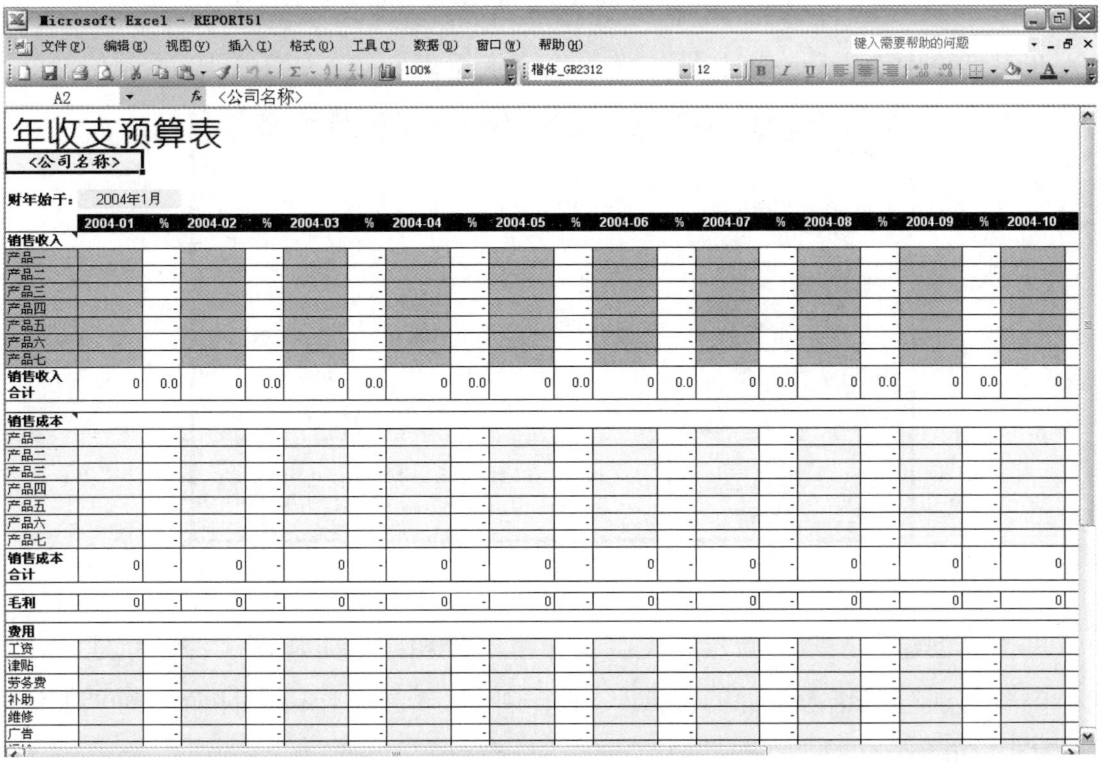

图 1.17　根据模板创建的工作簿文件"年收支预算表"

4. 根据现有文件新建工作簿文件

在财务工作中，许多会计文档的格式是固定的。Excel 提供了根据现有文件新建工作簿文件的方法。利用现有文件新建工作簿文件，其实就是利用现有工作簿文件的格式，创建新的格式相同的文件，对其中的内容可再做修改，这样既保证了会计文档的格式一致，也大大简化了进行格式设计和设置的工作，提高了工作效率。根据现有文件新建工作簿文件的步骤如下。

（1）选择"文件"菜单中的"新建"命令，打开"新建工作簿"侧栏。

（2）如图 1.18 所示，单击"新建"栏中的"根据现有工作簿"超链接，将打开"根据现有工作簿新建"对话框。

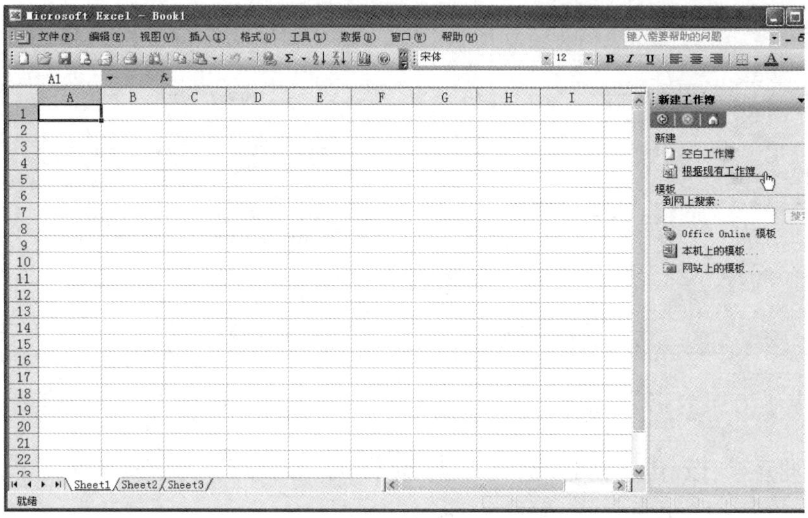

图 1.18　根据现有文件新建工作簿文件

（3）在对话框中选择现有工作簿文件"工资汇总表.xls"，如图 1.19 所示。

图 1.19　选择已有文件

（4）单击"创建"按钮，新建和现有工作簿文件相同的工作簿文件。新建工作簿文件的格式、内容与现有工作簿文件的格式、内容相同。新建工作簿文件命名为"工资汇总表1.xls"，如图 1.20 所示。

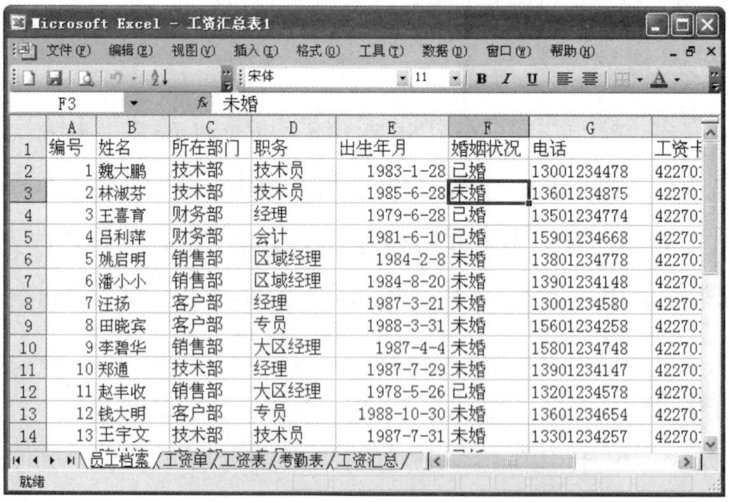

图 1.20　新建工作簿文件的格式、内容与现有工作簿文件的格式、内容相同

5. 保存工作簿文件

在财务工作中，用工作簿文件处理会计数据时，通常会输入原始数据，然后保存文件，以便对数据进行后续的统计分析和重复使用。要保存工作簿文件，可按下列操作步骤进行。

（1）选择"文件"菜单中的"保存"命令或单击工具栏保存按钮"▣"，如图 1.21 所示。

（2）打开"另存为"对话框，这时既可以设置工作簿文件的保存位置、输入工作簿文件的文件名，也可以选择保存的文件类型，如图 1.22 所示。

（3）上述参数设置完成后，单击"保存"按钮，工作簿文件将保存到指定文件夹中。

图 1.21　选择"保存"命令保存文件　　　　图 1.22　设置保存路径、文件名和文件类型

在进行会计原始数据的输入时，数据量既多又杂，如果不及时保存，一旦断电或计算机"死机"，除上次保存的所有工作外都会丢失，给工作带来不便。在输入数据时应该做到边输入边保存，养成在操作过程中及时保存的好习惯。

如果一个 Excel 文档已经保存过，在打开文档进行操作时，要把文档按已有的文件名进行保存，可同时按 Ctrl+S 键来保存，这种方法只能用于已保存过的文档。

除了用上述方法手动保存文档，还可以用系统自带的自动保存功能对 Excel 文档进行随时保存。自动保存功能可以根据用户的设置，自动按设置的时间间隔对文档进行保存。系统默认的自动保存的时间间隔是 10 分钟。如果要将自动保存的时间间隔修改为 6 分钟，操作步骤如下。

（1）选择"工具"菜单中的"选项"命令，如图 1.23 所示。

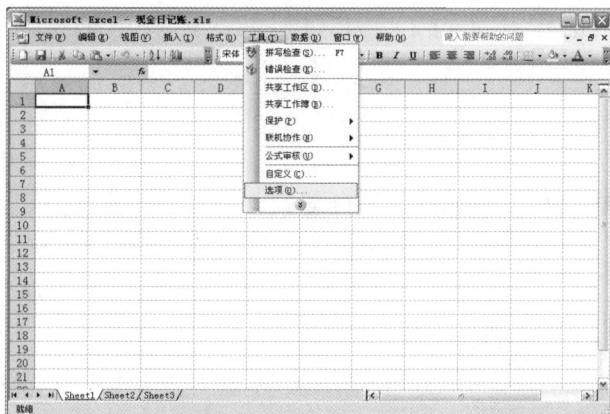

图 1.23　选择"工具"菜单中的"选项"命令

（2）打开"选项"对话框，选择"保存"选项卡，如图 1.24 所示。

（3）在"保存"选项卡中将"保存自动恢复信息，每隔"后的时间由"10"分钟改为"6"分钟，如图 1.25 所示。

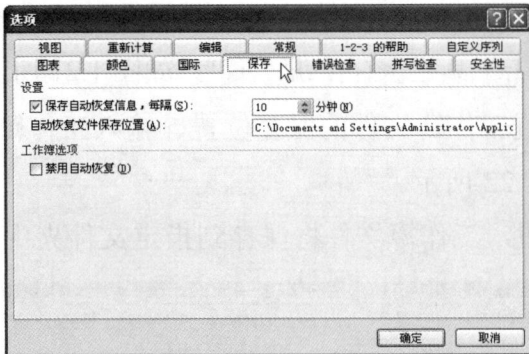

图 1.24 "保存"选项卡

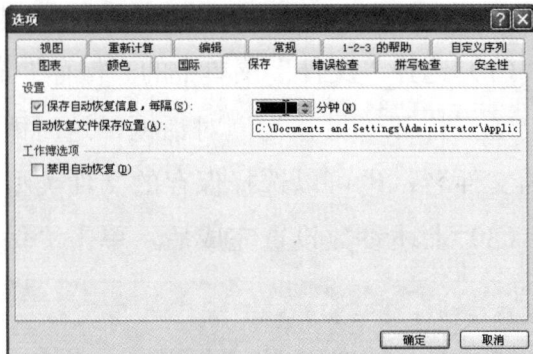

图 1.25 修改自动保存的时间间隔

（4）单击"确定"按钮，完成设置。

这样就完成了自动保存的时间间隔的设定。自动保存的时间间隔不需要每次都进行设定，一旦进行了设置，其后的 Excel 文档都会按此设置进行自动保存。

任务实施

练一练

在 D 盘下新建工作簿文件，要求如下。

（1）创建空白工作簿文件，并保存为"创建工作簿.xls"。

（2）利用 Excel 自带的模板创建一个个人预算表文档，并保存为"个人预算表.xls"。

（3）利用已有的文件"报销单.xls"创建工作簿，并另存为"会计数据.xls"。

任务二　工作表数据的输入

任务导入

财务处小李缴纳了增值税并支付了一笔材料款，需要填制一份报销单。

任务要求

请根据有关增值税发票和支付材料款的发票，将数据填入报销单。

知识准备

使用工作簿文件完成财务工作的过程，实际就是处理工作表中财务数据的过程——输入原始数据。将需要的数据剪切、复制到其他报表中，利用现有数据转换，对数据进行统计、分析，等等，所有这些工作都需要掌握适当的方法才能完成得又快又好。

一、单元格和单元格区域

工作表由规则排列的单元格组成，单元格是指工作表中存放数据的格子。每张工作表包含 256 列和 65 535 行，每一行和每一列的交叉处就是一个单元格。在工作表中，行以数字编号，依次为 1,2,3,…,65 535；列以英文字母编号，依次为 A,B,C,…,Z,AA,AB,AC,…,IV。一个行编号加一个列编号称为单元格的地址，能唯一地确定一个单元格。例如，A3 表示 A 列第三行的单元格；D2 表示 D 列第二行的单元格。

在使用工作表时，任意位置都有一个当前单元格。当前单元格是指正在对其进行操作的单元格，也是系统默认的操作对象。当前单元格的边框线为粗黑线，其所在的行标和列标也以橙色的底色显示，以区别于其他单元格，其地址会显示在地址栏中，如图 1.26 所示。

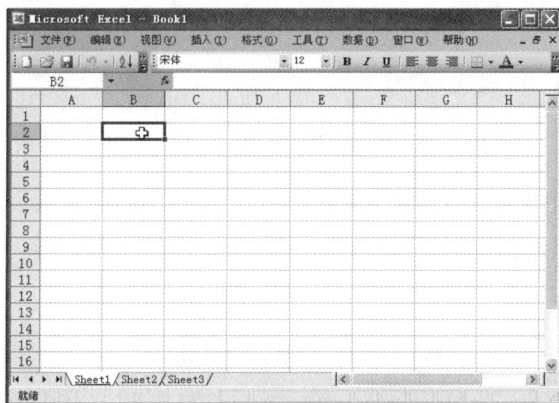

图 1.26　当前单元格　　　　　当前单元格

单元格区域，是指由若干连续或不连续的单元格组成的区域，这个区域被选择后会反白显示。如果单元格区域是连续的，那么整个区域的边框线为粗黑线，单元格区域的左上角单元格的地址会显示在地址栏中，如图 1.27 所示。

图 1.27　连续的单元格区域

二、输入数据

在对工作表进行操作时，首先要输入数据，只有在输入数据后，才能保存和处理数据。Excel 中的数据输入方法根据数据的类型不同也有所区别。在工作表中输入数据，首先要选择单元格，也就是单击单元格，使要输入数据的单元格成为当前单元格。

1. 输入文本数据

先将鼠标定位到要输入文本的单元格，单击要输入文本的单元格使其成为当前单元格，然后输入文本，输入完成后可按回车键进行确认。若要放弃输入，可按 ESC 键。在输入完成后切换到下一行的单元格接着输入，可以通过按回车键换行；如果要切换到同行右侧单元格输入，可按 Tab 键进行换列。

在输入数据时，通常 Excel 会自动识别输入的是文本还是其他类型的数据，当输入的是非数值数据时，系统一般识别为文本数据，输入完成后，在单元格中默认为左对齐显示。

2. 输入数值数据

选择要输入数据的单元格，使其成为当前单元格，然后输入由数字组成的数值数据，输入完成后，系统自动右对齐显示。

3. 输入日期数据

在 Excel 中输入日期数据时，可以用"–"或"/"作为年、月、日的分隔符，默认的日期格式为 YYYY-MM-DD（年-月-日），在单元格中默认为右对齐显示。

三、自动填充

在财务数据中有很多有规律的序列。例如，表示顺序的序号 1,2,3,…；表示月份的 1 月,2 月,3 月,…,12 月；表示年度的 2010 年,2011 年,…。输入这些数据时，可以利用 Excel 提供的自动填充功能进行填充，以提高输入速度，减少数据输入差错。通过自动填充功能还能在同一列或同一行中快速复制公式。在每个单元格的右下角都有一个填充柄，当鼠标移动到单元格的右下角的填充柄上时，鼠标会变为黑色的实心"十"字形，此时拖动鼠标，可以进行快速输入。也可以在"编辑"菜单中选择"填充"命令下的子菜单，对有规律的序列或数据进行自动填充，从而快速输入数据。

任务操作

在工作表"报销单"中输入数据，完成报销单的填制；利用自动填充功能完成数据输入。

操作步骤

1. 输入工作表"报销单"中的数据

打开工作簿文件"长江股份有限公司.xls"，在工作表"报销单"中对报销单进行填制，可按下列步骤进行操作。

（1）在 D3 单元格中输入报销日期"2012-8-4"。将鼠标定位到 D3 单元格，在其中输入"2012-8-4"或"2012/8/4"后按回车键。

可以看到在 D3 单元格中以默认的日期格式显示数据"2012-8-4"，显示格式为右对齐，如图 1.28 所示。

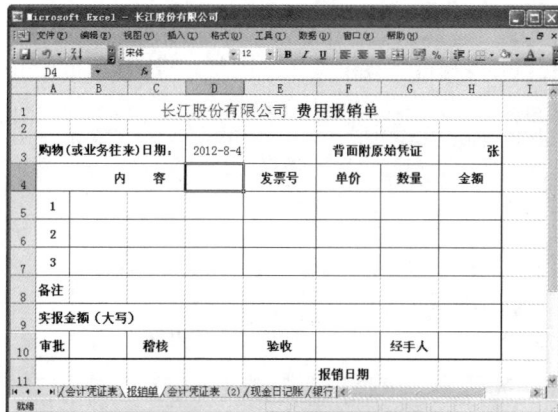

图 1.28 输入日期型数据

（2）选择 B5 单元格，通过键盘输入"支付材料款"。

（3）输入完成后按回车键，使鼠标跳转到 B6 单元格，继续输入"支付增值税款"，如图 1.29 所示。

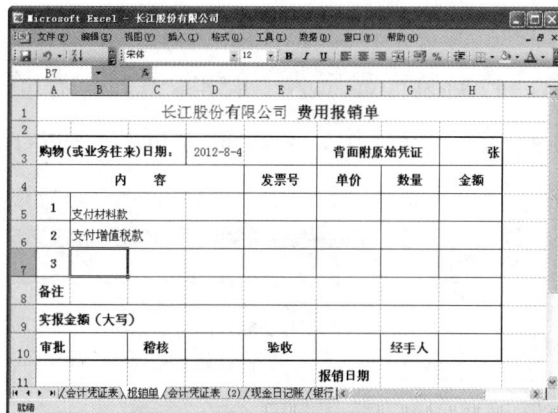

图 1.29 输入文本数据

可以看出，输入完成后，两项文本数据在单元格中左对齐显示。

（4）选择 E5 单元格，在其中输入发票号"05872917"。

发票号等数据一般由数字组成，有时会有前导数字"0"，这时原样输入"05872917"（见图 1.30），Excel 会将其识别为数值数据，从而显示为"5872917"，在单元格中右对齐显示，如图 1.31 所示。

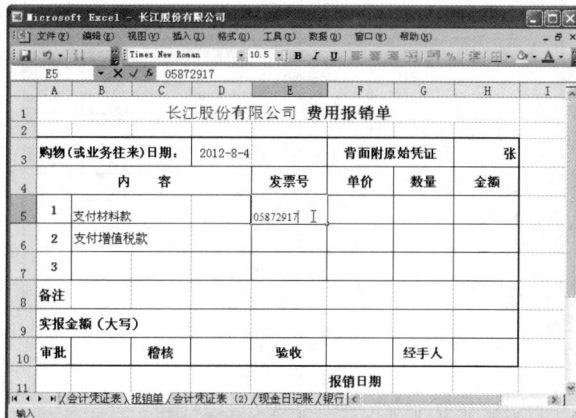

图 1.30 输入有前导数字"0"的文本数据

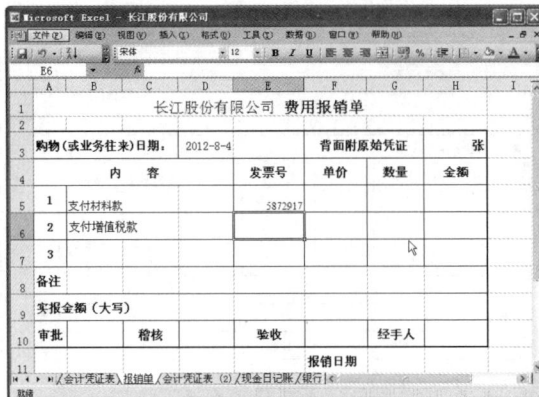

图 1.31　输入后 Excel 将其作为数值数据显示

提示： 要正确输入带前导数字"0"的文本数据，可在输入数据前加一个英文状态的单引号，这样 Excel 就会识别这个数据应作为文本显示，在单元格中左对齐显示，单元格的左上角有一个绿色的三角标记，表明此单元格中的数值是文本格式的数据。

（5）在 E5 单元格中重新输入"'05872917"，如图 1.32 所示。

Excel 将其识别为文本，数据原样显示为"05872917"，在单元格中左对齐显示，并且在单元格的左上角有一个绿色的三角标记，表明此单元格中的数据是文本格式的数据，如图 1.33 所示。

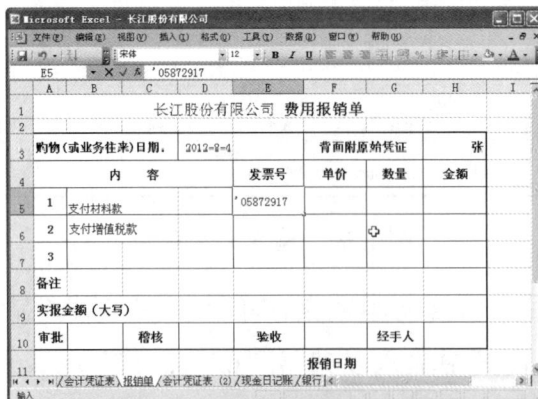

图 1.32　输入时加上英文单引号

图 1.33　输入后原样显示文本

（6）选择 F5 单元格，输入单价"33.5"，按 Tab 键，在 G5 单元格中输入数量"20"，可以看到所输入的数值数据在单元格中右对齐显示，如图 1.34 所示。

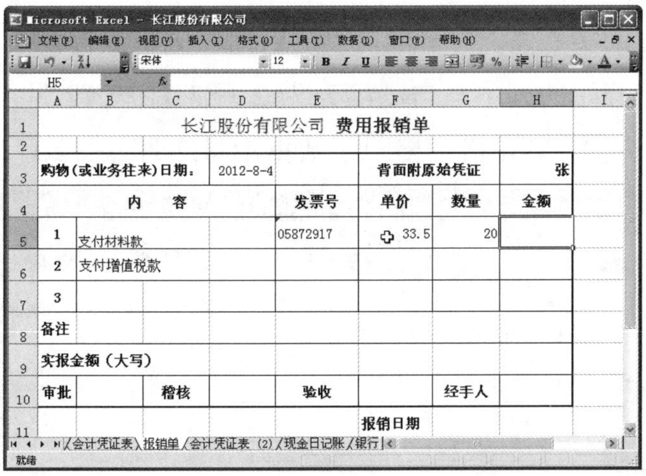

图 1.34 数值数据输入后右对齐

同样地，将报销单中的其余内容输入完成并保存，如图 1.35 所示。

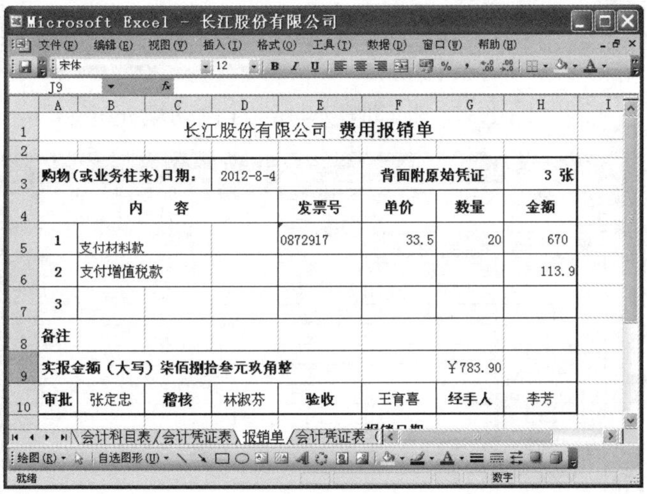

图 1.35 输入完成后的报销单

2. 在工作表"收支费用"中输入月份

利用 Excel 的自动填充功能可以快速输入有规律的数据，操作步骤如下。

（1）在 A3 单元格中输入"1 月"，如图 1.36 所示，将鼠标移到 A3 单元格右下角的单元格填充柄上。

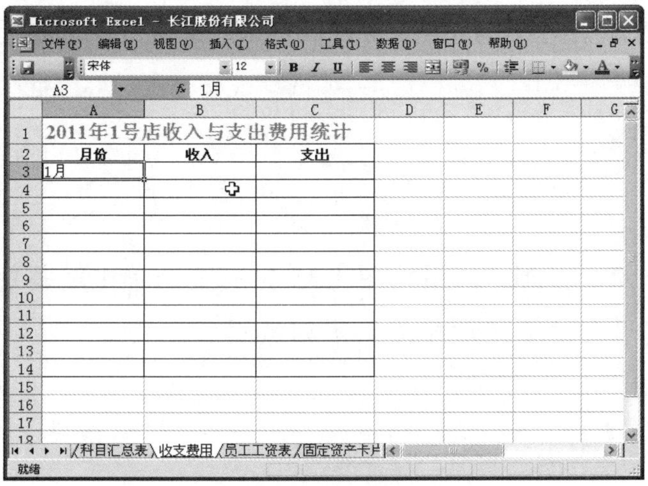

图 1.36 输入起始月份"1 月"

（2）鼠标变成黑色的实心"十"字形，按下鼠标左键将鼠标向下拖动，如图 1.37 所示。

（3）从 A4 单元格开始的列中，自动填充为 2 月,3 月,…,12 月，到 A14 单元格时松开鼠标左键，这时从 A3～A14 单元格中出现了数据 1 月,2 月,…,12 月，如图 1.38 所示。

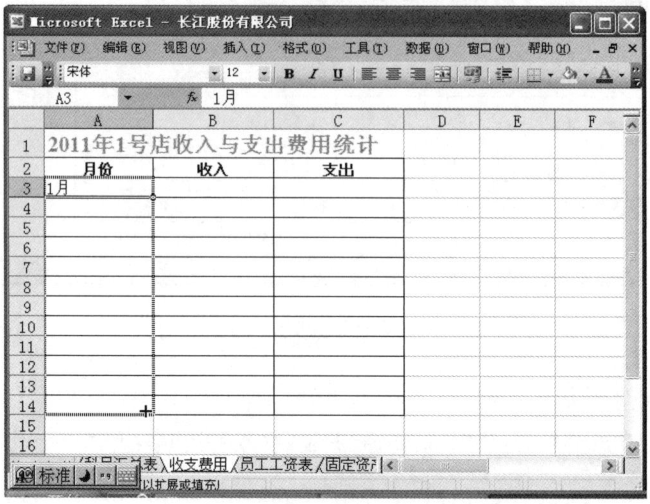

图 1.37　拖动填充柄进行自动填充

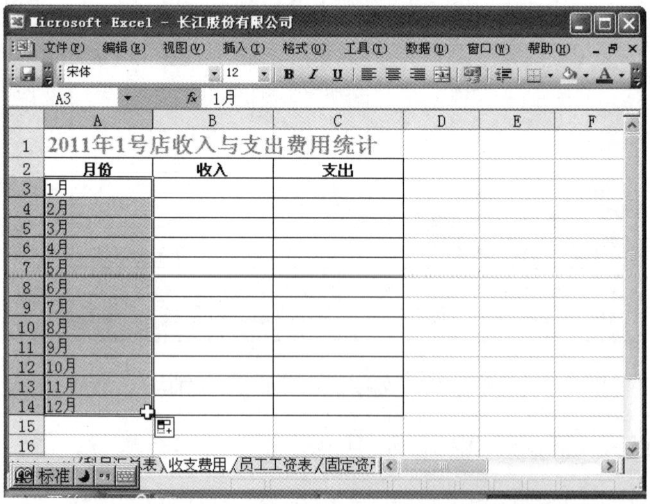

图 1.38　松开鼠标左键，完成自动填充

通过自动填充功能不仅能填充序列，还能填充等差数列，这时需要先输入等差数列的前两个值，然后同时选择这两个单元格，将鼠标移动到填充柄上进行拖动即可。

任务实施

练一练

（1）打开文件"会计数据.xls"，根据图 1.35 完成报销单中数据的输入并保存。

（2）在工作表中利用自动填充功能输入下列数据。

① 星期一至星期日。

② 1 月 1 日—1 月 15 日。

任务三　工作表的操作

任务导入

小李能运用 Excel 创建工作簿文件，并且掌握了输入数据的方法。现要将工作簿文件中不需要的工作表删除，并且插入工作表以完成本月员工工资数据的处理，将完成的工作表分别复制一个备份到当前工作簿文件和新工作簿文件中。

任务要求

在工作簿文件中插入工作表，并将其命名为"员工工资表"，然后将该工作表在当前工作簿文件中移动位置，并复制到其他工作簿文件中，删除当前工作簿中文件的工作表"Sheet2"。

知识准备

Excel 中工作表与工作簿的关系类似于活页簿和活页的关系。在一个活页簿中有多个活页，活页的多少也可以根据需要进行增删。Excel 工作簿也是这样，工作簿中默认有 3 张工作表，分别命名为"Sheet1""Sheet2""Sheet3"。

在财务工作中，各类表格远远不止 3 张。Excel 工作簿用于处理会计数据时，常常需要增加工作表，有时也会将一些废弃的工作表删除；对工作表也需要重新命名，以便查看相关的报表和数据。所有这些都是工作表的操作。

一、工作表标签

在工作簿文件中，窗口底端左侧是一组工作表标签，底色为白色的是当前工作表。当创建一个新的工作簿文件时，系统默认第一张工作表"Sheet1"为当前工作表。

工作表标签是工作表的标志，通过它可以完成对工作表的多项操作。单击工作表标签，可以选择当前工作表，右击工作表标签，可以弹出快捷菜单，进行工作表的插入、删除、重命名、选择、改变标签颜色等操作。

二、插入工作表

当需要增加 Excel 工作簿文件中的工作表时，可插入新的工作表。插入工作表可以通过在"插入"菜单中选择"工作表"命令进行操作；也可以右击工作表标签，在弹出的快捷菜单中选择"插入"命令进行操作。

三、重命名工作表

Excel 命名的工作表默认采用"Sheet+数字序号"的形式，如"Sheet1""Sheet2"等。

而在实际工作中，对工作表按其作用或性质进行命名显然更便于使用。特别是财务工作表，数据繁多，表格种类也很丰富，如果将工作表按其作用命名，在查看数据和应用工作表时会更快捷。通过对工作表的重命名操作，使工作表标签能按用户的需求进行命名。

四、删除工作表

Excel 工作簿文件中如果有不再需要的工作表，可以进行工作表的删除操作。工作表的删除是不可恢复的，由于财务数据的重要性，建议一般情况下不要使用工作表的删除功能，除非能非常确定该工作表确实可以废弃不用了。

五、工作表的复制和移动

在实际工作中，Excel 工作表中的数据常常会用在多处。当一张工作表中的数据要在别处使用时，可运用工作表的复制操作或移动操作来实现。Excel 中工作表复制和移动操作有两种情形：一种是在同一工作簿文件中进行复制或移动，可以通过菜单或鼠标的拖动来完成操作；另一种是在不同的工作簿文件间进行复制和移动，可以通过菜单来完成操作。

任务操作

在工作簿文件"长江股份有限公司.xls"的工作表"报销单"之后插入新工作表，并命名为"员工工资表"；删除工作表"Sheet2"；将"员工工资表"在当前工作簿文件中移动到最后，并将数据输入"员工工资表"中，然后复制到工作簿文件"新工资表.xls"中。

操作步骤

1. 在工作表"报销单"之后插入工作表

（1）打开工作簿文件"长江股份有限公司.xls"。

（2）单击工作表"Sheet2"的标签，使其成为当前工作表。

（3）选择"插入"菜单中的"工作表"命令，如图 1.39 所示。

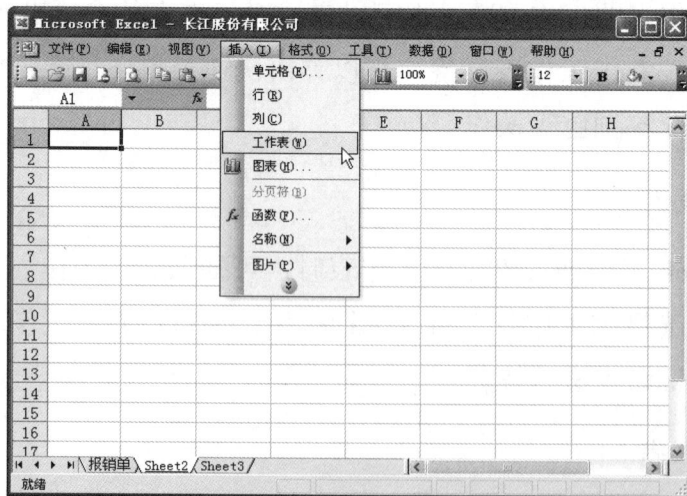

图 1.39　选择"插入"菜单中的"工作表"命令

此时在当前工作表"Sheet2"之前插入了一个新工作表，并自动命名为"Sheet4"，如图 1.40 所示。

图 1.40 在当前工作表之前插入新工作表

除使用菜单操作外，也可以右击工作表标签，通过快捷菜单，在当前工作表前插入一张新工作表。具体操作步骤如下。

（1）右击工作表"Sheet2"的标签，弹出快捷菜单。

（2）选择"插入"命令，打开"插入"对话框，如图 1.41 所示。

（3）在"插入"对话框的"常用"选项卡中选择"工作表"选项，如图 1.42 所示。

（4）单击"确认"按钮，在当前工作表之前插入一个新工作表，并将其命名为"Sheet4"。

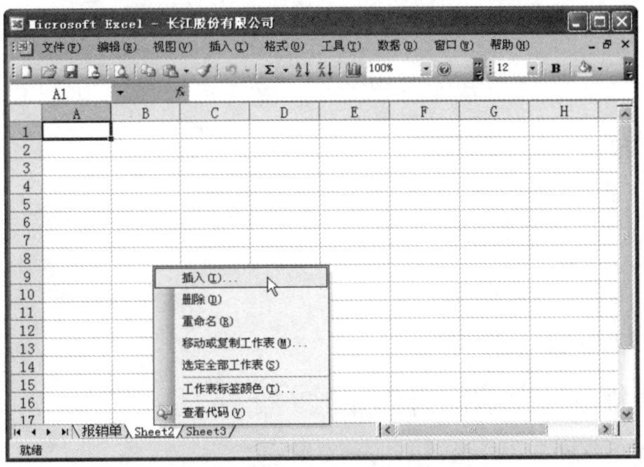

图 1.41 右击工作表标签，选择"插入"命令

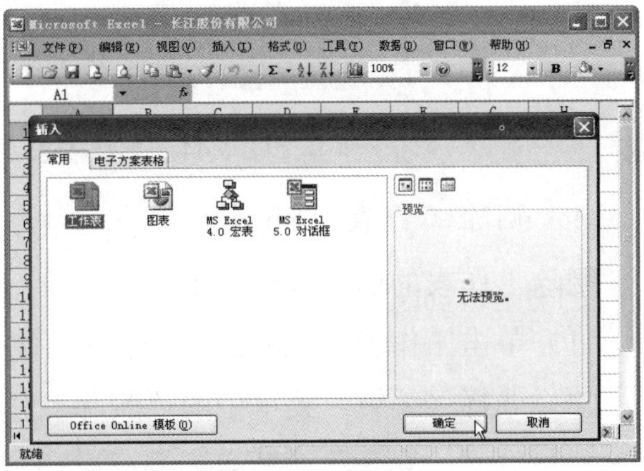

图 1.42 选择"工作表"选项，单击"确定"按钮

2. 将工作表"Sheet4"重命名为"员工工资表"

工作表重命名的具体操作步骤如下。

（1）双击要重新命名的工作表"Sheet4"的标签，使该工作表成为当前工作表，标签反白显示，处于可编辑状态，如图 1.43 所示。

图 1.43　重命名工作表

（2）输入新的工作表标签"员工工资表"后按回车键。

（3）这时原来的工作表标签"Sheet4"已改为"员工工资表"，鼠标回到当前工作表的单元格中，如图 1.44 所示。

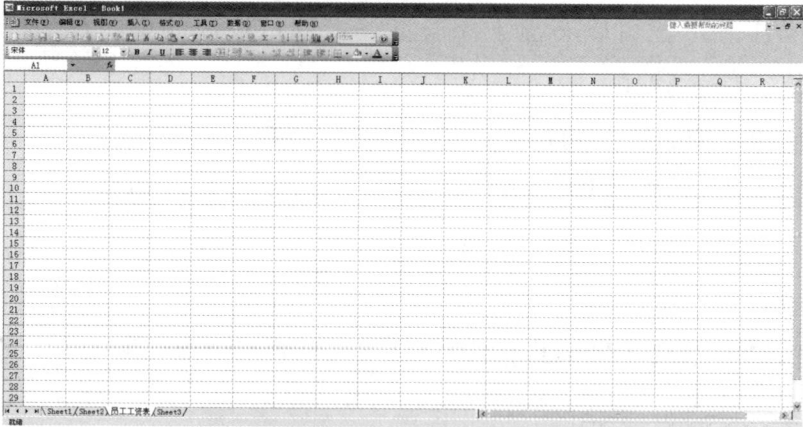

图 1.44　工作表被重命名为"员工工资表"

3．删除工作表"Sheet2"

删除工作表的操作步骤如下。

（1）单击工作表"Sheet2"的标签，使其成为当前工作表。

（2）选择"编辑"菜单中的"删除工作表"命令，如图 1.45 所示。

图 1.45　选择"编辑"菜单中的"删除工作表"命令

（3）Excel 弹出警告提示对话框，提示当前工作表中有数据，一旦删除将不可恢复，如图 1.46 所示。

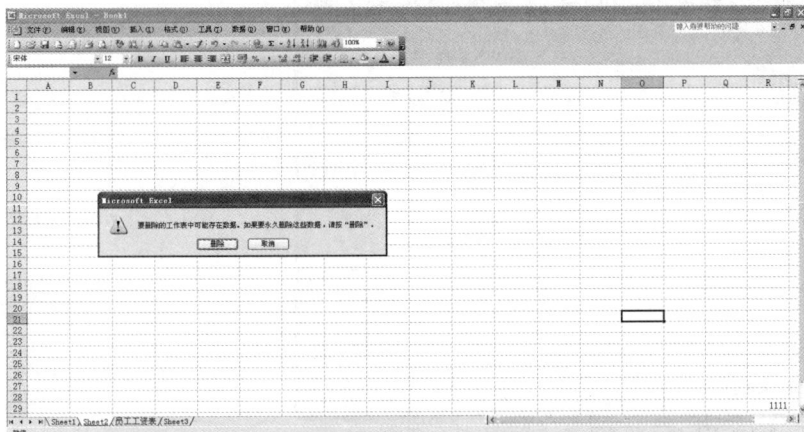

图 1.46 删除工作表时的警告提示对话框

（4）若确认删除，可单击"删除"按钮删除当前工作表。如果要撤销删除，则单击"取消"按钮取消当前的删除工作表操作。

提示： 如果被删除的工作表是没有任何数据的空工作表，则 Excel 将不会出现警告提示对话框，直接删除当前工作表。

右击工作表标签，也可以进行工作表的删除操作。右击要删除的工作表"Sheet2"的标签，在弹出的快捷菜单中选择"删除"命令，这种方法和菜单操作方法一样，会根据被删除的工作表中有无数据而出现或不出现警告提示对话框。

4. 在当前工作簿中移动工作表"员工工资表"到最后

在同一工作簿文件中移动和复制工作表可以用多种方式进行，最简捷的方法是使用鼠标进行拖动。操作方法如下。

（1）在工作表"员工工资表"的标签上按下鼠标左键，鼠标下会出现一张工作表的图标，这时可拖动鼠标，如图 1.47 所示。

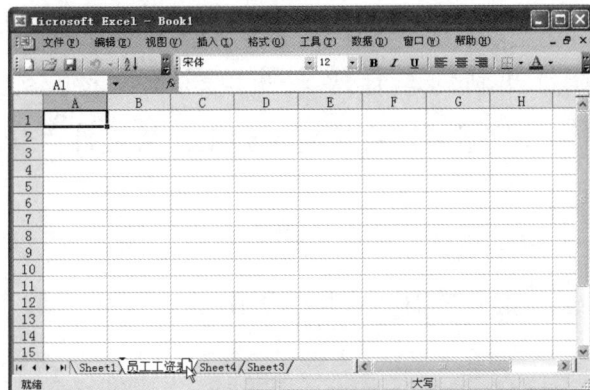

图 1.47 在工作表标签上按下鼠标左键

（2）当鼠标移动时，在工作表的标签间会出现一个黑色下三角图标，表示复制或移动的工作表将要放置的位置，如图 1.48 所示。

（3）当黑色下三角图标位于"Sheet3"之后时，松开鼠标左键，将工作表"员工工资表"移动到新的位置，如图 1.49 所示。

图 1.48　拖动鼠标到要移动的目标位置　　　　　拖动鼠标到要移动的目标位置

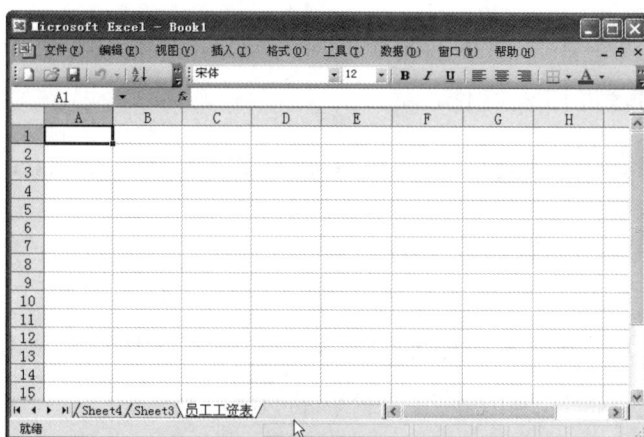

图 1.49　直接松开鼠标，工作表被移动

提示：如果是复制工作表，拖动工作表移动到目标位置时，放开鼠标左键前按下键盘上的 Ctrl 键，就可以将工作表复制到目标位置。

如果用菜单进行移动工作表的操作，其步骤与不同工作簿间移动工作表类似，同样地，也可以用鼠标右击工作表标签，用弹出快捷菜单的方式进行工作表的移动和复制操作。

5．将"员工工资表"复制到工作簿文件"新工资表.xls"中

在"员工工资表"中输入数据后，将其复制到工作簿文件"新工资表.xls"中，具体操作步骤如下。

（1）打开工作簿文件"新工资表.xls"。

（2）将工作簿文件"长江股份有限公司.xls"中的工作表"员工工资表"选择为当前工作表，如图 1.50 所示。

（3）选择"编辑"菜单中的"移动或复制工作表"命令，如图 1.51 所示。

（4）打开"移动或复制工作表"对话框，展开对话框中的"工作簿"下拉列表，选择要复制工作表的目标工作簿文件"新工资表.xls"。

（5）在"下列选定工作表之前"列表框中选择工作簿文件"新工资表.xls"中的工作表"Sheet2"，以确定复制后的工作表置于工作表"Sheet2"之前。

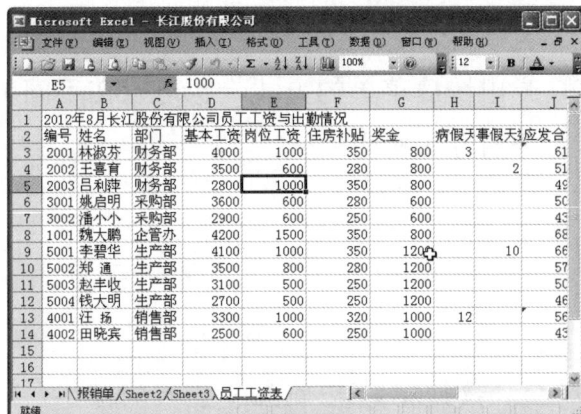

图 1.50 选择要复制的工作表为当前工作表

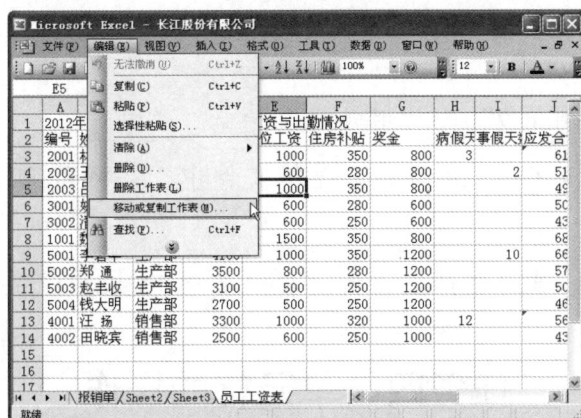

图 1.51 选择"移动或复制工作表"命令

（6）勾选"建立副本"复选框，如图 1.52 所示。

（7）单击"确定"按钮，选择的工作表就被复制到工作簿文件"新工资表.xls"中指定的位置，如图 1.53 所示。

图 1.52 设置复制工作表的选项

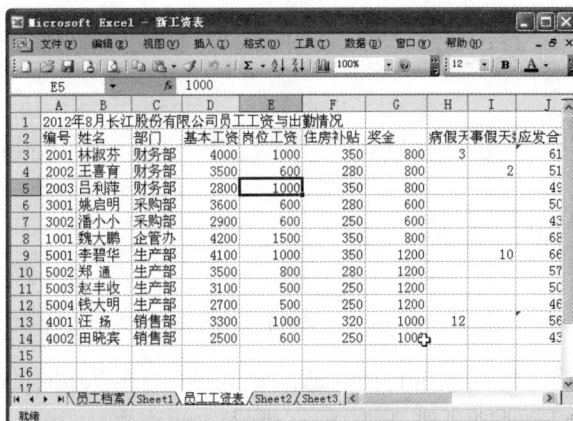

图 1.53 工作表被复制到目标工作簿文件中指定的位置

提示：若要将工作表复制到一个新的工作簿文件中，在"移动或复制工作表"对话框的"工作簿"下拉列表中选择"新工作簿.xls"，其余操作相同，这时 Excel 会创建一个新的工作簿文件，其中只有一张新复制的工作表。若要在不同工作簿文件间移动工作表，操作与复制工作表相似，只是在"移动或复制工作表"对话框中不勾选"建立副本"复选框，单击"确定"按钮进行工作表的移动。

采用右击工作表标签，弹出快捷菜单的方式，也可以在不同工作簿间复制和移动工作表，其操作步骤与用菜单命令的方法相同。

任务实施

练一练

要求：在工作簿文件"会计数据.xls"中进行工作表的操作。

（1）在工作表"报销单"前插入 3 张工作表，将其中两张工作表分别命名为"报销单 2"和"报销单 3"。

（2）删除工作表"Sheet3"。

（3）移动工作表"报销单 2"到"报销单"之后。

（4）复制工作表"报销单 2"到新的工作簿文件中，并将新工作簿文件命名为"复制和移动工作表.xls"。

（5）移动工作表"报销单 3"到工作簿文件"复制和移动工作表.xls"中，置于最后。

任务四 单元格的操作

任务导入

将财会处小李创建的工作簿文件"长江股份有限公司.xls"用于会计数据的处理，对已输入的数据进行核对，并对工作表进行编辑修改。

任务要求

小李对已创建的工作簿文件进行单元格操作，使会计数据能正确显示。

知识准备

单元格是 Excel 工作簿文件中数据操作的基本操作单元，对单元格的操作是 Excel 的基本操作，Excel 的许多操作都以单元格为操作对象，学习和掌握单元格的操作是能熟练运用 Excel 的重要基础。

在 Excel 中，单元格区域是由多个单元格组成的一个区域，对单元格的设置和操作，同样可以在单元格区域中实现。单元格的操作包括编辑、修改、插入、删除、格式化等，这些操作在单元格区域进行时的方法与在单元格进行时的方法相同。

一、单元格的编辑和修改

在 Excel 工作表中输入数据实际就是对单元格的编辑操作。当选择某个单元格时，在地址栏内会显示其单元格地址，在编辑栏会显示当前单元格的内容。编辑和修改单元格的内容具体操作如下。

1. 在单元格中输入新数据

单击单元格，输入数据后按回车键，或者单击单元格后在编辑栏中输入数据，这样就在单元格中输入了新数据。

2. 修改单元格中的数据

若要对单元格中已有的数据进行编辑、修改，可双击单元格，当鼠标图标变为"I"形时，可在单元格中进行数据的修改和编辑；也可单击单元格，然后在编辑栏中对数据内容进行修改。

3. 删除单元格中的数据

单击单元格后按 Delete 键，即可删除单元格中的数据。这时，单元格中的格式等属性仍被保留。

二、单元格数据样式与格式的设置

1. 数据样式的设置

应用 Excel 处理的会计数据，大部分是由数字组成的数据，有些是数值，有些是日期，还有些是作为文本的数字。对于这些不同的数字样式，Excel 大多能正确判断类型并自动设置相应的样式。但 Excel 提供的功能并不能完全满足所有工作的需要，这就要对数字样式进行恰当的设置。对数字样式进行设置可以改变数据（包括日期数据）在单元格中的显示形式，但是不会改变其在编辑区的显示形式。数字格式的分类主要包括"常规""数值""分数""日期""时间""货币""会计专用""百分比""自定义""特殊"等。

在 Excel 中，可对数字设置的样式有多种，通常情况下，默认为常规方式。以数字"12345"为例，"数字"选项卡中主要选项的含义及示例如表 1.1 所示。

表 1.1 "数字"选项卡中主要选项的含义及示例

样式分类	含 义	单元格中显示示例
常规	不包含任何特定的数字格式	12345
数值	用于一般数字的表示，可以设定小数位和负数的显示样式	指定两位小数位时显示"12345.00"
货币	用于表示一般货币数值，可以设定小数位、货币符号和负数的显示样式	设定为人民币时显示"￥12,345"
会计专用	可对数据设定货币符号和小数点对齐	设定为人民币、两位小数位时显示"￥12,345.00"
日期	将数据按设置的日期类型显示	1933-10-18
文本	将数字作为文本处理	12345
特殊	可将数字设置为邮政编码、中文小写数字和大写数字	设置为中文大写数字时显示为壹万贰仟叁佰肆拾伍

2. 数据格式的设置

在财务工作中需要大量的报表。这些报表中有文字、数值、日期等各类数据，这些数据中有些是报表标题，有些是表格内的数据值，有些是对数据的说明。对于不同的数据采用不同的格式会使报表的格局更合理，查看数据更方便。例如，报表的标题字体可粗重些，字号要大些；而对数据的说明，则可以比报表内的数据字号小些。数据的格式设置包括字体、字形、字号、颜色和特殊效果等。

在 Excel 中可以使用的字体有多种，各种适合 Windows XP 的字体都可以使用；字形有"常规""倾斜""加粗""加粗倾斜" 4 种；字号是以磅为计算单位的，Excel 给出的设定值最大为"72"，最小为"6"，如果要设定的字号大小不是系统给出的值，则可以在"字号"文本框中输入数字后按回车键自行设置文字大小。

3. 单元格的对齐方式

要让一份财务报表内的数据排列规整，不仅要设置数据的样式和格式，还需要调整数据在单元格中的位置。例如，表格的标题大多居中对齐显示，会计科目通常左对齐显示，而金额一般按小数点右对齐显示。

Excel 单元格的对齐方式分为水平对齐和垂直对齐两种。在会计表格中常用的水平对齐方式有左对齐、居中对齐、右对齐和跨列居中等。垂直对齐方式一般为居中和靠下对齐方式。除此之外，还可设置合并单元格。当单元格中文本数据内容较多时也可以设置在单元格中自动换行，使文本分行显示。

三、单元格的插入和删除

在 Excel 工作表中输入数据后，有时需要对工作表中的数据进行位置的调整或插入新的数据等操作，这时可通过插入或删除单元格，以及插入或删除行/列来达到目的。插入这些单元格区域时，会将原来位置上的行、列或区域向下或向右推移；删除时则相反，将原来位置上的行、列或单元格区域向上或向左移动。在实际运用时要注意原数据区域的移动方向，避免造成数据的错位。

任务操作

在"员工工资表"中，设置表格标题跨列居中，字体为"黑体"，字号为"16"磅，颜色为"绿色"；工作表的第二行及"编号""姓名""部门"这 3 列数据水平居中对齐，其余各列的数据样式均为"数值""两位小数""使用千位分隔符"；"实发合计"列中的数值样式为"会计专用"格式。

操作步骤

1. 数字样式的设置

（1）在"员工工资表"中，选择 D3:O14 单元格区域，如图 1.54 所示。

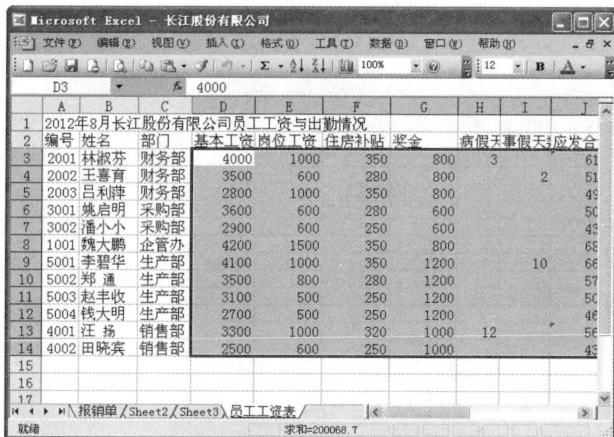

图 1.54 选择 D3:O14 区域

（2）选择"格式"菜单中的"单元格"命令，如图 1.55 所示。

（3）打开"单元格格式"对话框，在"数字"选项卡的"分类"列表框中选择"数值"选项，在其右侧的"小数位数"文本框中输入"2"，勾选"使用千位分隔符"复选框，如图 1.56 所示。

（4）单击"确定"按钮，完成对单元格中数字样式的设置，如图 1.57 所示。

图 1.55 选择"单元格"命令

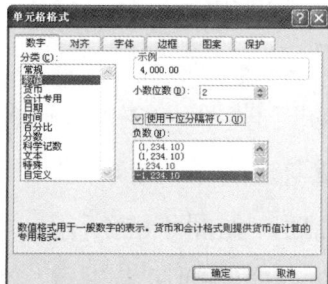

图 1.56 在"数字"选项卡中设置选项

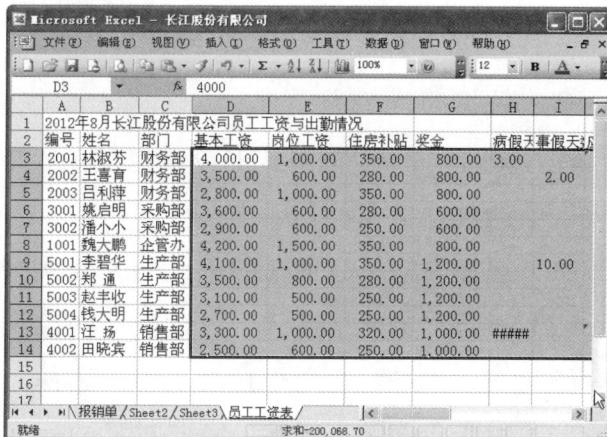

图 1.57 完成数字样式的设置

（5）选择"实发合计"列的数据，如图 1.58 所示。

图 1.58　选择设置样式区域

（6）选择"格式"菜单中的"单元格"命令，打开"单元格格式"对话框，在"数字"选项卡的"分类"列表框中选择"会计专用"选项，在其右侧的"小数位数"文本框中输入"2"，"货币符号"选用人民币符号"￥"，如图 1.59 所示。

（7）单击"确定"按钮，完成对单元格中数字样式的设置，如图 1.60 所示。

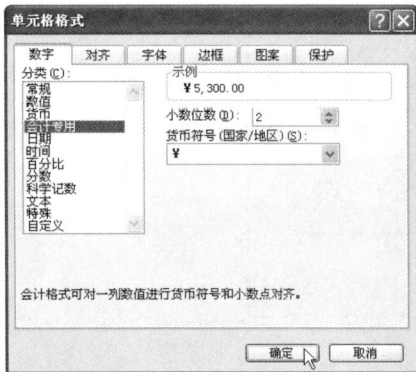

图 1.59　设置会计专用数字样式

图 1.60　完成数字样式的设置

2. 数据格式的设置

在 Excel 中，数据格式的设置也是在"单元格格式"对话框中进行的。设置"员工工资表"中的数据格式，具体操作步骤如下。

（1）选择表格标题所在的单元格区域 A1:P1，选择"格式"菜单中的"单元格"命令。

（2）打开"单元格格式"对话框，切换到"对齐"选项卡。

（3）在"水平对齐"下拉列表中，选择"跨列居中"选项，如图 1.61 所示。

（4）单击"确定"按钮，完成对第一行标题在 A 列至 P 列的跨列居中设置，如图 1.62 所示。

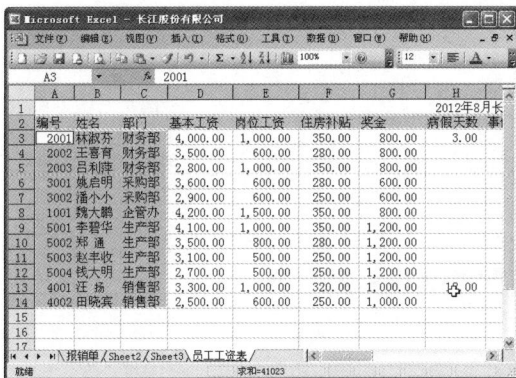

图 1.61 设置标题行跨列居中

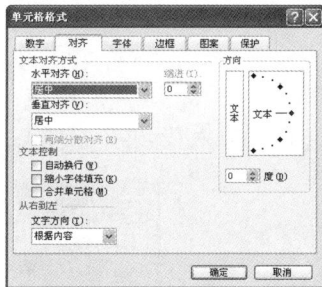

图 1.62 标题跨列居中显示

（5）选择工作表中的 A2:P2 单元格区域，按 Ctrl 键，选择 A3:C14 单元格区域。这时，同时选择两个单元格区域，如图 1.63 所示。

（6）选择"格式"菜单中的"单元格"命令，打开"单元格格式"对话框。在"对齐"选项卡中，选择"水平对齐"下拉列表中的"居中"选项，如图 1.64 所示。

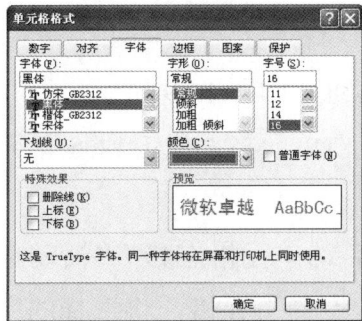

图 1.63 同时选择两个单元格区域

图 1.64 设置水平对齐方式为居中

（7）单击"确定"按钮，完成设置。

（8）单击 A1 单元格，选择"格式"菜单中的"单元格"命令，打开"单元格格式"对话框。在"字体"选项卡中选择"字体"列表框中的"黑体"选项，"字号"设置为"16"磅，"颜色"选择"绿色"，如图 1.65 所示。

（9）单击"确定"按钮，完成标题的格式设置，如图 1.66 所示。

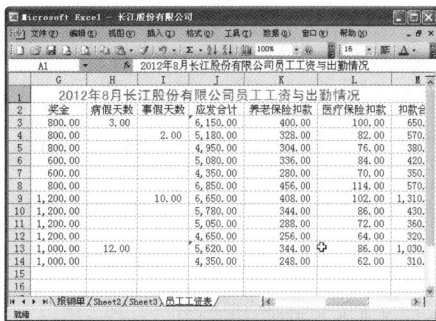

图 1.65 设置标题的
字体格式

设置标题的
字体格式

图 1.66 标题格式
设置完成

标题格式
设置完成

提示： 对工作表数据的格式进行设置时，运用"格式"工具栏更为便捷。在"格式"工具栏中，通过工具按钮" <u>黑体 ▼ 16 ▼ **B** *I* U A ·</u> "可以方便地进行字体格式和颜色的设置。通过工具按钮" <u>≡ ≡ ≡ ≡</u> "可以快速地设置水平对齐方式。

3. 插入空白单元格（或单元格区域）

在工作表中插入单元格的操作步骤如下。

（1）选择要插入单元格的 B4:C5 单元格区域，如图 1.67 所示。

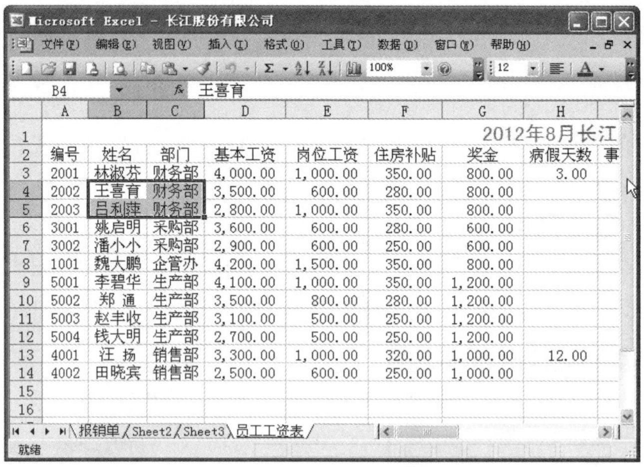

图 1.67　选择插入单元格区域

（2）选择"插入"菜单中的"单元格"命令，如图 1.68 所示。

图 1.68　选择"插入"菜单的"单元格"命令

（3）打开"插入"对话框，选中"活动单元格下移"单选按钮，如图 1.69 所示。

（4）单击"确定"按钮，完成操作，在选择区域就会插入空白单元格，原 B4:C5 单元格区域的数据下移到 B6:C7 单元格区域，如图 1.70 所示。

在"插入"对话框中，4 个单选按钮对应的选项分别为"活动单元格右移""活动单元格下移""整行"和"整列"。前两项是按所选区域的大小插入空白单元格，将选择的区域右移/下移而让出空间给插入的单元格；后两项选择是按所选单元格区域的行/列数在选定范围内插入空白的行/列。

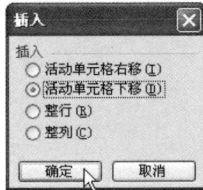

图 1.69 在"插入"对话框中选中"活动单 元格下移"单选按钮

图 1.70 在选择区域插入空白单元格，原数据下移

如果要插入整行或整列，也可选择需要插入的行/列的标签，在"插入"菜单中直接选择"行"或"列"命令，这样就将所选的行/列插入了当前行/列的位置，原来的行/列将会向下/右推移。也可以选择多行/列的标签，这样插入的行/列数与选择的行/列数相同。

4. 插入带有数据的单元格

如果要将带有数据的单元格或单元格区域复制后再插入新的位置，可按下列步骤进行操作。

（1）选择要插入的数据所在的单元格区域 A3:C4，并进行复制，如图 1.71 所示。

图 1.71 复制带有数据的单元格区域

（2）选择要插入数据所在的单元格 A13。

（3）选择"插入"菜单中的"复制单元格"命令，如图 1.72 所示。

（4）打开"插入粘贴"对话框，选中"活动单元格下移"单选按钮，如图 1.73 所示。

（5）单击"确定"按钮，所选择的数据区域就复制到 A13:C14 单元格区域，原 A13:C14 单元格区域下移到 A15:C16 单元格区域，如图 1.74 所示。

图 1.72　选择"复制单元格"命令

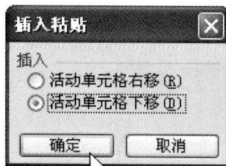

图 1.73　选中"活动单元格下移"单选按钮

图 1.74　插入复制完成

　　以上是将已有数据复制到新的位置的操作。如果要将数据区域进行移动，则将上述操作中的复制原区域操作改为剪切操作，在"插入"菜单中选择"剪切单元格"命令即可对数据区域进行移动。

　　使用这种方法进行数据区域的复制和移动操作比较简单。如果通过单元格的复制或移动来完成这些操作，则必须先在复制或移动的数据区域插入空白单元格，然后将数据复制或移动到空白单元格区域中，再将原来的数据区域中的数据删除。而使用此方法可直接将需要的数据按要求进行复制或移动。

　　5. 删除单元格（或单元格区域）

　　删除单元格的操作步骤如下。

　　（1）选择要删除的单元格区域 B4:C5，如图 1.75 所示。

　　（2）选择"编辑"菜单中的"删除"命令，如图 1.76 所示。

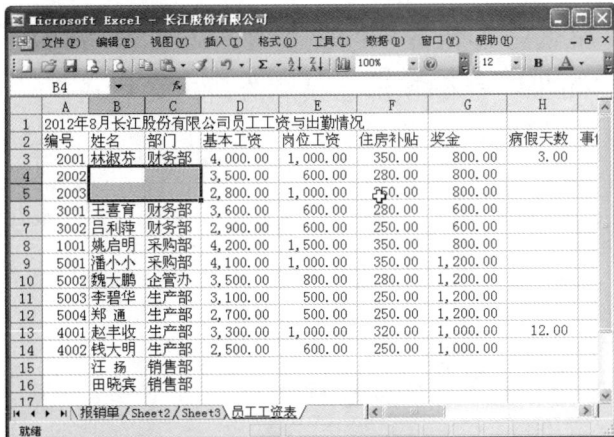

图 1.75 选择要删除的单元格区域

图 1.76 选择"删除"命令

（3）打开"删除"对话框，选中"下方单元格上移"单选按钮，如图 1.77 所示。

（4）单击"确定"按钮完成单元格的删除，B4:C5 区域单元格被删除，其下 B6:C7 单元格区域被上移到 B4:C5 单元格区域，如图 1.78 所示。

图 1.77 在"删除"对话框中选中"下方单元格上移"单选按钮

图 1.78 删除单元格区域后，其下单元格区域上移

注意： 在"删除"对话框中，4 个单选按钮对应的选项分别为"右侧单元格左移""下方单元格上移""整行""整列"。前两项是将删除位置的单元格区域由其右/下的相应区域

来填充；后两项选择是将所选单元格区域的整行/列删除。在选择行标或列标删除行、列时，选择"编辑"菜单中的"删除"命令可以直接删除所选的行或列。

任务实施

练一练

按下列要求完成操作。

（1）设置"报销单"中所有的数值数据样式为"数值型"，显示为"两位小数""使用千位分隔符"。

（2）将"报销单"中的报销日期样式设置为"二O一二年八月四日"。

（3）设置"员工工资表"中第一行的标题在 A～P 列合并居中，字体设置为"黑体""18 磅"格式，表中第二行标题行文字格式为"宋体"加粗"蓝色"，表中"编号"列的数据样式为"文本"，D～P 列的所有数值数据样式设置为"会计专用"，货币符号为人民币符号"￥"，小数位为"0"。

任务五　格式化工作表

任务导入

财会处小李在工作簿文件"长江股份有限公司.xls"中创建了一些会计表格，王会计负责查看小李所编制的会计表格，并给予指导。小李需要先对这些表格进行格式化，使表格更规范，更易于阅读。但其中有些表格中的数据非常重要，还需要对工作表进行保护，以更好地保护表格中的数据。

任务要求

小李对已创建的工作簿文件中的工作表进行格式化，并且通过保护工作表的操作，使其中的重要数据不致被破坏。

知识准备

工作表中的数据输入完成后，常常需要对工作表进行格式化。通过格式化工作表，可以使工作表更规范、美观，有利于信息的表达。Excel 有多种方法对工作表进行格式化，控制工作表在屏幕上的显示和打印效果。Excel 工作表的格式化操作，大多可以在"格式"菜单中实现。除了前述的数据样式、文字格式及单元格对齐等设置，还有边框线、颜色、图案设置，以及行高、列宽等设置。

一、边框线与图案

1. 边框线

表格边框线是指包围一个单元格或单元格区域的边框线条。边框线设置是单元格格式化的组成部分。通过设置边框线，即可以更明确地区分工作表的不同区域，凸显含有重要数据的单元格区域，也可以更方便地绘制表格中的斜线。对财务工作中需要的表格来说，几乎都要设置相应的表格边框线。在 Excel 中，表格边框线的设置一般可以在表格内容全部输入完成后再进行，这样有利于对表格布局的整体把握。可以使用的边框线线型有多种，还可以对边框线设置不同的颜色。

2. 颜色与图案

如果要突出显示财务表格中的一些数据，可以给相应的单元格加上颜色和图案，以区别于其他数据。还可以通过这种方式标志一些特殊数据，这样有利于人们在查看报表时对数据的阅读和理解。

二、行高与列宽

Excel 中系统默认的工作表的行高和列宽都是均一的，系统会按照设置的字体大小自动增加或减少行高，以容纳变化的字体。但在实际工作中，每张表对行高和列宽都有各自的要求，不同列、不同行所存放的数据不同，这时可以根据需要进行行高或列宽的设置。

调整行高时，可将鼠标移动到两行的行标签之间，直到指针变为带有上下方向箭头的水平线，这时按下鼠标左键并拖动鼠标，可改变鼠标上面行的行高，调整到需要的高度时放开鼠标左键。在上下拖动鼠标时，行高值会显示在该行的右上角，如图 1.79 所示。

用鼠标调整列宽的操作类似于调整行高的操作，将鼠标置于两列的列标签之间，当指针变为带左右方向箭头的竖线时，按下鼠标左键并拖动鼠标可调整竖线左侧的列宽。在鼠标变为带左右方向箭头的竖线时双击，可将选择的列自动调整到合适的宽度，如图 1.80 所示。

调整行高和列宽同样可以使用菜单来进行。通过菜单进行调整可精确设置行高和列宽，选择"格式"菜单中的"行"命令的子菜单可调整行高；选择"格式"菜单中的"列"命令的子菜单可调整列宽。

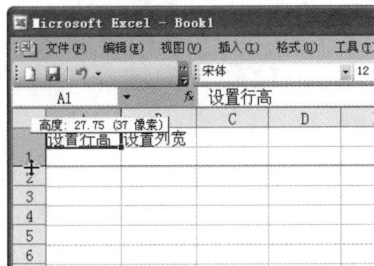

图 1.79　利用鼠标拖动调整行高

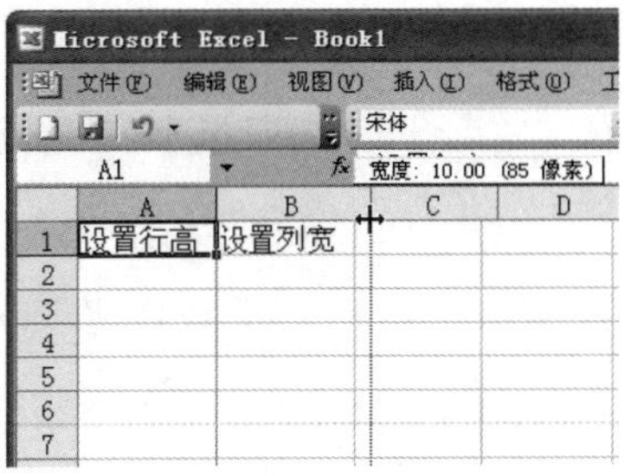

图 1.80　利用鼠标拖动设置列宽

三、保护单元格

在财务工作中，有许多数据在输入完成后不允许修改，只有在特定情况下才允许专人进行修改。由于电子文档中数据的修改不像纸质文档那样会留下明显的痕迹，在软件运用于财务工作中的会计电算化工作时，需要对信息的安全进行保护。在用 Excel 处理会计数据时，可以使用 Excel 中提供的单元格保护功能来限制对数据的修改，通过设置，可以在工作表中对一些重要的数据加以保护，防止工作表被错误修改，以免造成不必要的损失。

1. 工作表的锁定

系统默认用户所创建的工作表单元格已标为"锁定"。当设置了文档保护后，锁定的单元格就不能被修改，这样有利于数据的保护。

2. 设置可编辑区域

在被锁定和保护的工作表中，可以设定一些可编辑区域，供有权限的用户进行编辑，但在编辑时需要提供密码才能进行操作。如果要设置可编辑区域，必须先在工作表设置保护前设定好，一旦工作表设置了保护，就不能再设置可编辑区域了。

任务操作

对已创建的工作表"现金日记账"设置边框线，外框为红色双线，内框为蓝色细实线；对表格的列标题添加浅绿色底纹；对从人事部获得的工作表"员工档案"中的数据进行保护；将"员工档案"表中的"工资卡号"数据列设置为可编辑区域。

操作步骤

1. 设置工作表"现金日记账"的边框线

具体操作步骤如下。

（1）在工作表"现金日记账"中选择要设置边框线的单元格区域 A2:A10。

（2）选择"格式"菜单中的"单元格"命令，打开"单元格格式"对话框，在"边框"选项卡中设置"边框"，如图 1.81 所示。

（3）在"线条"栏中选择"双线"样式，在"颜色"下拉列表中选择"红色"选项，单击"预置"栏中的外边框按钮"▣"，如图 1.82 所示。

（4）在"线条"栏中选择"细实线"样式，在"颜色"下拉列表中选择"蓝色"选项，单击"预置"栏中的内部按钮"⊞"，如图 1.83 所示。

（5）这时可在对话框中预览到设置好的表格框线的具体效果，单击"确定"按钮，完成设置，如图 1.84 所示。

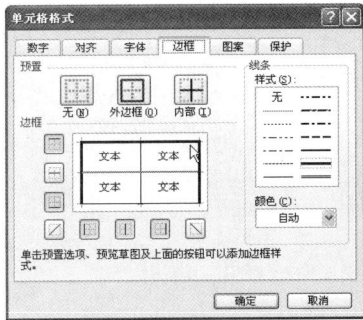

图 1.81 在"边框"选项卡中
设置边框

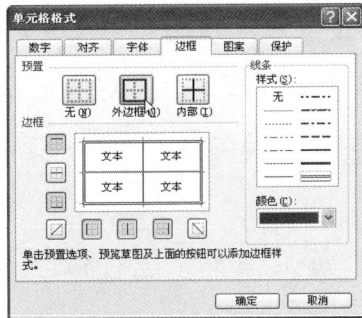

图 1.82 设置"外边框"
为红色双线

设置"外边框"
为红色双线

图 1.83 设置"内部"
为蓝色细实线

设置"内部"
为蓝色细实线

图 1.84 设置完成的
边框线效果

设置完成的
边框线效果

提示： 对表格边框线的设置也可使用工具栏中的边框按钮"⊞▾"来进行，单击其右侧的下三角图标，展开下拉列表，在其中选择需要的样式，单击后就为选定的单元格加上了对应的边框线。

2. 设置工作表"现金日记账"列标题的图案

具体操作步骤如下。

（1）选择工作表中要设置颜色的单元格区域 A2:H3。

（2）选择"格式"菜单中的"单元格"命令，打开"单元格格式"对话框。

（3）切换到"图案"选项卡，在"单元格底纹"栏中单击"浅绿色"，如图 1.85 所示。

（4）单击"确定"按钮，选择的单元格中被添加了底纹，如图 1.86 所示。

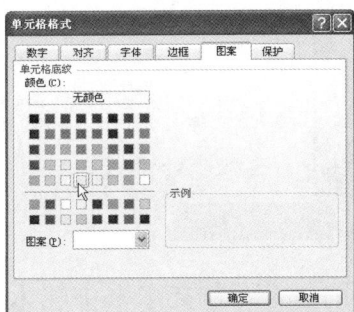

图 1.85 在"图案"选项卡
中选择底纹颜色

在"图案"选项卡
中选择底纹颜色

图 1.86 设置了底纹的
单元格

设置了底纹的
单元格

提示： 对单元格设置底纹颜色，用工具栏中的填充色按钮 " ⬧ " 进行设置更为快捷方便。如果要在单元格中添加图案，可以在 "图案" 下拉列表中选择图案。Excel 提供了 10 多种图案样式，可根据需要选用。在对话框中的 "示例" 栏可预览选择的图案和颜色的效果。

3. 对工作表 "员工档案" 进行保护

具体操作步骤如下。

（1）将工作表 "员工档案" 选择为当前工作表。

（2）选择 "格式" 菜单中的 "单元格" 命令，打开 "单元格格式" 对话框。

（3）切换到 "保护" 选项卡，勾选 "锁定" 复选框，单击 "确定" 按钮，如图 1.87 所示。

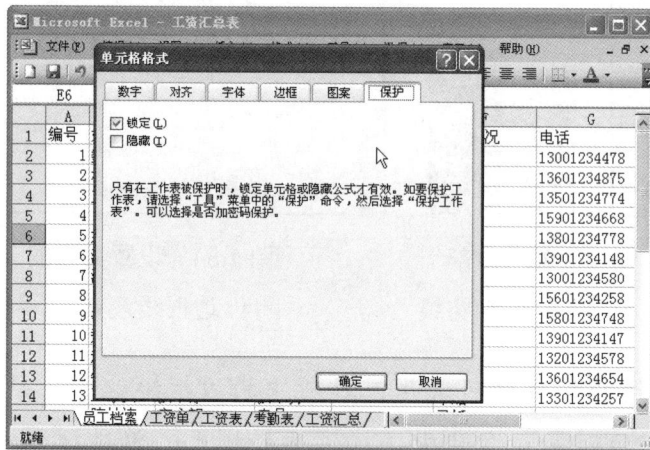

图 1.87　在 "保护" 选项卡中勾选 "锁定" 复选框

（4）选择 "工具" 菜单中的 "保护" 命令，从子菜单中选择 "保护工作表" 命令，如图 1.88 所示。

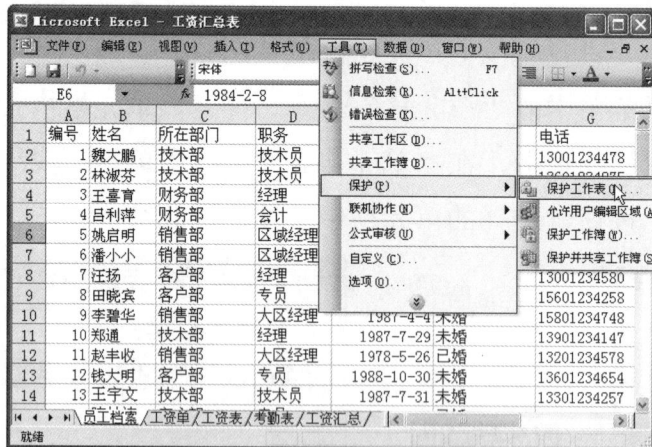

图 1.88　选择 "保护工作表" 命令

（5）打开 "保护工作表" 对话框，在 "取消工作表保护时使用的密码" 文本框中输入密码 "12345"，如图 1.89 所示。

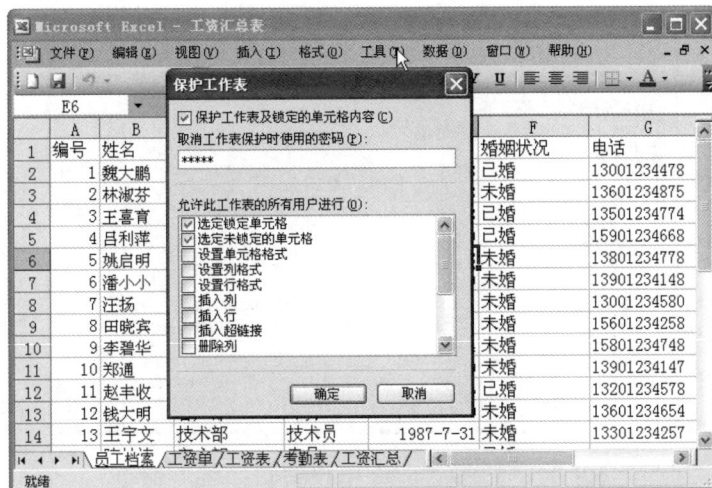

图 1.89 在"保护工作表"对话框中输入密码

（6）单击"确定"按钮，系统要求再输入一次密码，以确认密码无误。在"重新输入密码"文本框中输入密码"12345"，单击"确定"按钮，完成工作表的锁定和保护操作，如图 1.90 所示。

图 1.90 再次输入以确认密码

锁定和保护工作表后，在工作表中双击任意单元格都会弹出警告提示对话框，提示这是被保护的工作表，如图 1.91 所示。

图 1.91 警告信息提示对话框

4. 设置"员工档案表"中的"工资卡号"数据列为可编辑区域

具体操作步骤如下。

步骤（1）～步骤（3）与上述工作表的保护设置是一样的，后续操作如下。

（4）选择"工具"菜单中的"保护"命令，从子菜单中选择"允许用户编辑区域"命令，如图 1.92 所示。

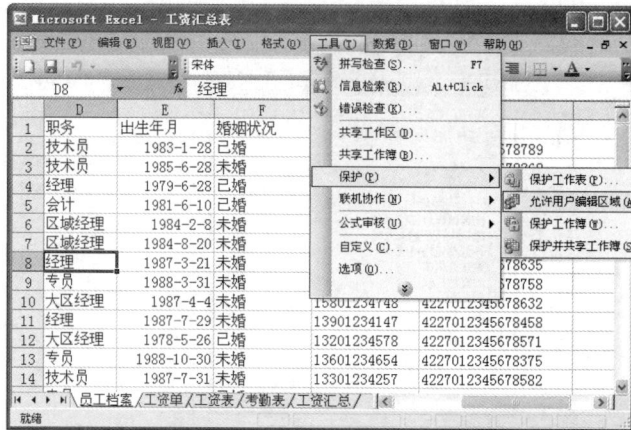

图 1.92　选择"允许用户编辑区域"命令

（5）打开"允许用户编辑区域"对话框，单击"新建"按钮，如图 1.93 所示。

图 1.93　"允许用户编辑区域"对话框

（6）打开"新区域"对话框，新建一个可编辑区域。在对话框的"标题"文本框中输入区域 1 的名称"A"，在"引用单元格"文本框中选择可编辑区域 H1:H16，在"区域密码"文本框中输入该区域编辑时需要的密码"123"，如图 1.94 所示。

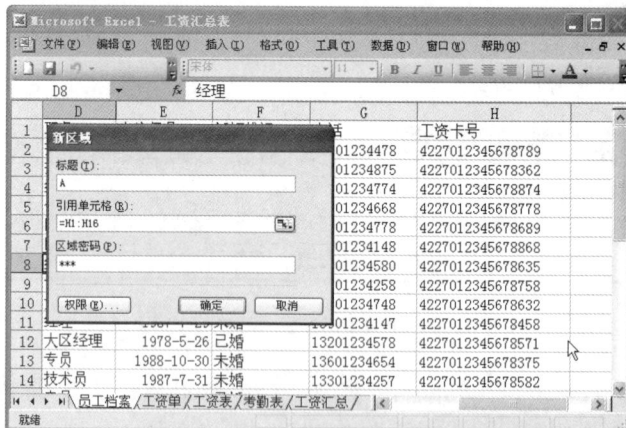

图 1.94　设置可编辑区域标题、可编辑区域和密码

（7）单击"确定"按钮后再输入一次密码，再单击"确定"按钮，回到"允许用户编辑区域"对话框，这时创建了一个可编辑区域，如图 1.95 所示。

图 1.95 创建可编辑区域

（8）如有需要，可用相同的步骤新建区域 2、区域 3……创建完成后，在对话框中会列表显示这些可编辑区域的标题和具体区域。

（9）单击"确定"按钮，完成对可编辑区域的设置。

接着可按上例中的步骤（4）～步骤（6）完成工作表的保护设置。至此，对工作表的保护和可编辑区域的设置操作完成。此时，除在可编辑区域可以通过输入密码进行编辑外，工作表的其他区域均不可编辑。双击可编辑区域中的单元格，将打开"取消锁定区域"对话框，输入该区域的密码，即可对该区域进行编辑，如图 1.96 所示。

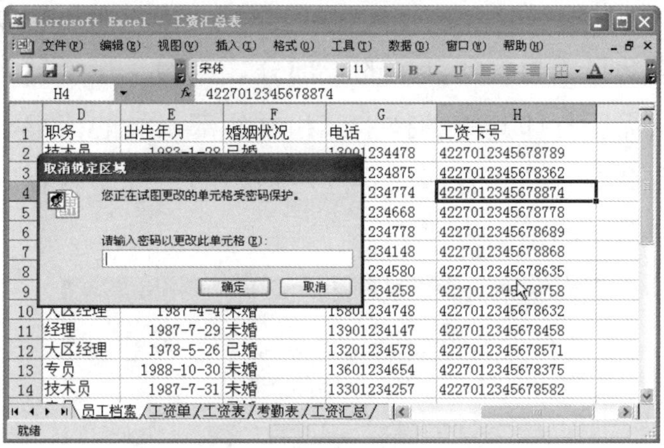

图 1.96 输入该区域的密码即可编辑

任务实施

练一练

按下列要求对工作表"员工工资表"进行设置。

（1）外边框为蓝色的粗实线，内框线为黑色的虚线。

（2）第一行行高为"30"，第二～第十四行行高为"25"；A～C 列列宽为"8"。

（3）A～P 列的第一行设置底纹颜色，第二行设置图案。

（4）将该工作表设为锁定和保护，在其中设置单元格区域 C3:C14 为可编辑区域。

任务六　打印工作表

任务导入

财会处小李编制的会计表格，经过王会计的查看，得到了王会计的认可。现在要将已完成的会计表格中的数据打印输出，以纸质文档保存会计数据。在打印之前需要进行一系列的打印设置。

任务要求

小李将已创建的工作簿文件进行打印设置，然后打印输出。

知识准备

在财务工作中，很多表格都需要打印保存或上报，这就需要工作人员能够进行 Excel 的打印设置。对工作表的打印设置主要是进行页面设置，包括页面、页边距、标题行、页眉页脚、打印区域等的设置。

一、选定打印区域

在打印工作表时常常只需要打印其中的一部分。例如，在"员工档案表"中有各部门员工的档案信息，现只需要打印其中的技术部和财务部人员的档案，这时可先选定需要打印的区域，再执行打印命令，在"打印内容"对话框的"打印内容"选区中选中"选定区域"单选按钮，完成打印，如图 1.97 所示。

图 1.97　在"打印内容"选区中选中"选定区域"单选按钮

也可以通过分页符来选定打印区域。Excel 中系统的自动分页符的作用是使用细虚线来显示分页位置，如果这些分页符位置不合适，则可以手动插入分页符，强制 Excel 分页，使分页符合用户的要求。在"打印内容"对话框中指定页码范围，就可以打印选定的区域。如果要在"员工档案表"中只打印前 5 位员工的数据，可以通过插入分页符来进行，将鼠标置于要开始新页处右下方的单元格 A8，选择"插入"菜单中的"分页符"命令，分页符将会在当前单元格的左上角出现，如图 1.98 所示。

图 1.98 在工作表中插入分页符

对分页符位置的调整，可以在分页预览视图方式下用鼠标拖动的方法直观、便捷地进行。选择"视图"菜单中的"分页预览"命令，工作表切换到"分页预览"模式，显示比例缩小，系统的自动分页符以蓝色粗虚线显示，手动插入的分页符以蓝色粗实线显示，这时移动鼠标，将鼠标移动到分页符上，鼠标变为双向箭头，按下鼠标左键就可将分页符移动到需要的位置，如图 1.99 所示。

图 1.99 分页预览视图下可拖动分页符　　　　分页预览视图下可拖动分页符

如果要删除已插入的分页符，则可选择分页符右下方的单元格为当前单元格，选择"插入"菜单中的"删除分页符"命令，即可将当前单元格左上角的分页符删除，如图 1.100 所示。

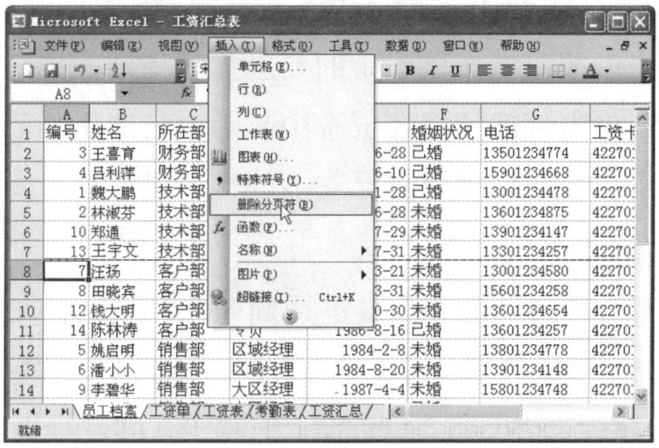

图 1.100 删除插入的分页符

提示： 系统的自动分页符是不能删除的，但可以通过插入分页符的方式，使 Excel 按此分页符重新调整后续文档的分页。

二、页面设置

Excel 中的页面设置是对纸张大小、方向等的设置。Excel 默认的页面是 A4 页面、纵向纸张，一般可直接按此页面进行打印。但财务报表中有许多较宽、较长的表格，对于这些特殊规格的表格，就需要进行纸张大小和方向的设置。对于财务表格中的发票等页面的套打，纸张大小和打印位置必须进行严格的设置，才能保证打印的数据有效和有用。

1．页面设置

选择"文件"菜单中的"页面设置"命令，打开"页面设置"对话框，在"页面"选项卡中进行页面设置，如图 1.101 所示。

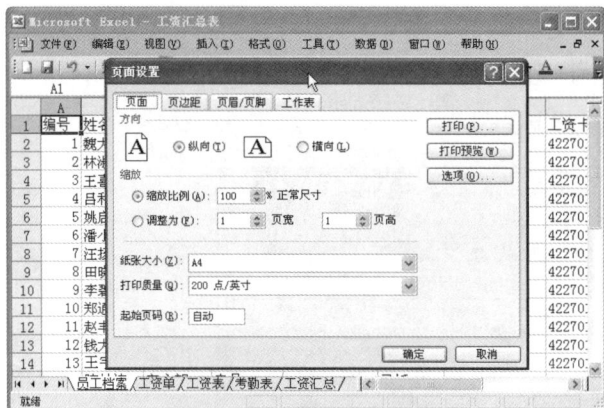

图 1.101 "页面"选项卡

在"页面"选项卡中可进行方向、缩放比例、纸张大小、打印质量和起始页码的设置，各项参数及按钮的作用如下。

- 方向：指纸张的方向，用于设置打印时工作表在页面上是横向还是纵向放置的。
- 缩放比例：指打印时按指定的比例打印工作表，也可以将指定的内容缩小到一页中打印。
- 纸张大小：在下拉列表中选择纸型，确定打印纸张的大小。
- 打印质量：指打印时的分辨率，如果打印质量低，可提高打印速度，节省打印介质。
- 起始页码：系统默认的"自动"模式下由 Excel 自动识别，也可以手动输入起始页码。
- "打印"按钮：单击该按钮将按所设定的要求打印指定的内容。
- "打印预览"按钮：单击该按钮将在屏幕中显示设定的工作表打印效果。
- "选项"按钮：单击该按钮后可以对已安装的打印机进行设置。

2．页边距

打印输出时，在页面上打印的内容会与纸边间留空，页边距就是指打印的工作表的内容与纸张边缘间的距离。为适应不同大小的表格打印，可以设置不同的页边距。

在"页面设置"对话框中，切换到"页边距"选项卡，可进行页边距的设置，如图 1.102 所示。

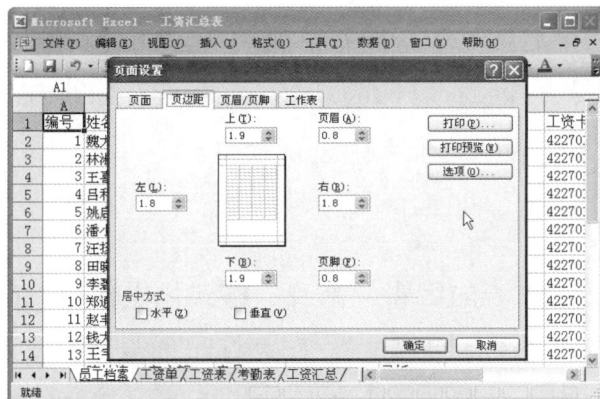

图 1.102　"页边距"选项卡

在"页边距"选项卡中有以下参数。

- 上、下、左、右：分别设定打印时工作表内容与上、下、左、右四边的页边距大小。
- 页眉、页脚：分别设定页眉、页脚打印时与纸边的距离。
- 居中方式：可选择工作表在打印时在纸面上水平和垂直居中。

用对话框调整页边距时，不能直接看到设置的效果，要通过"打印预览"才能看到页边距设置是否恰当，如果不恰当则要返回重新修改。建议在"打印预览"状态下进行页边距设置，方便、快捷、所见即所得。在对话框中单击"打印预览"按钮，打开"打印预览"窗口，单击"页边距"按钮，在页面上出现了上下各 2 条、左右各 1 条的虚线，分别表示页边距的大小和页眉/页脚位置，这时将鼠标移动到页边距的虚线上，当鼠标成为双向箭头时按下鼠标左键并拖动即可调整页边距的大小（见图 1.103），设置恰当后，单击"关闭"按钮，可关闭"打印预览"窗口。

图 1.103　在"打印预览"状态下设置页边距

3．页眉和页脚

财务工作中有品种多样的表格，但有些表格的形式比较接近，因此在打印的报表上加上页眉或页脚，可以更方便地使用。设置页眉和页脚可在"页面设置"对话框的"页眉/页脚"选项卡中进行。

4．设置重复的标题行

标题行指的是表格的表头所在行。通常，标题行说明了表格中各列数据的内容、含义和关系。在会计报表中，有许多表格的数据内容行数很多，在打印时通常用一页无法打印完，要分成多页打印，如果后续页无标题行，则将无法阅读和理解，给工作带来不便。

Excel 提供了在每页设置标题行打印的功能，如果要使每页都打印表格的标题行，可在"页面设置"对话框的"工作表"选项卡中进行设置。

三、打印预览

当在 Excel 中完成了工作表的编辑、修改、格式化操作后，在实际打印之前可以预先查看打印的实际效果，这就是"打印预览"。在"打印预览"状态下，还可以对一些不合适的设置及时进行调整和修改，直到满意为止。然后迅速、方便地打印文档，避免打印失误造成的浪费。

若要进行"打印预览"，可单击工具栏中的打印预览按钮""，打开"打印预览"窗口，如图 1.104 所示。

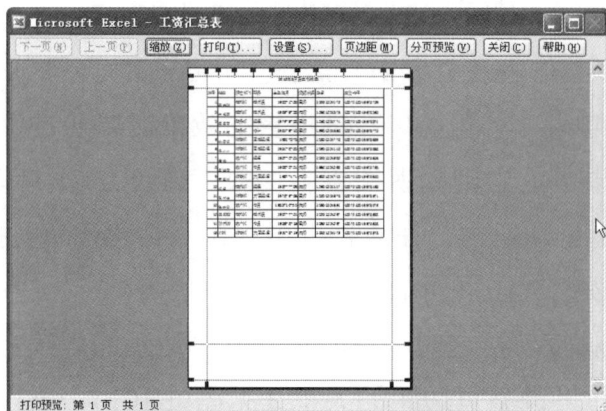

图 1.104 "打印预览"窗口

窗口中有多个按钮，各按钮功能如下。

- "下一页""上一页"按钮：对多页文档预览时进行上、下翻页，如果只有一页，则这两个按钮无效。
- "缩放"按钮：在全页视图和放大视图之间切换，缩放操作不影响表格打印的大小。
- "打印"按钮：单击该按钮可关闭"打印预览"窗口，返回文档并打开"打印"对话框。
- "设置"按钮：单击该按钮可打开"页面设置"对话框。在"打印预览"状态下可进行大部分页面的设置，但不能进行打印区域和打印标题行的设置。在"页面设置"对话框中单击"确定"按钮，返回"打印预览"窗口，查看页面设置的效果。
- "页边距"按钮：单击该按钮后将在预览页面上显示表示页边距的控制柄，可方便地通过鼠标拖动调整页边距和列宽。
- "分页预览"按钮：单击该按钮可切换到"分页预览"状态。
- "关闭"按钮：单击该按钮可关闭"打印预览"窗口并返回工作表。

任务操作

将工作表"员工档案"和"员工工资表"中的数据进行页面设置并打印输出。在"员工工资表"中添加页眉"长江股份有限公司"和工资表的时间及页码；设置"员工档案"
的标题行重复，并按部门分页打印员工档案数据。

操作步骤

1. 对工作表"员工档案"进行打印设置并输出

具体操作步骤如下。

（1）单击工作表"员工档案"的标签，使其成为当前工作表。

（2）根据数据中部门的排列，分别在第四行、第八行、第十二行前插入分页符。

（3）选择"文件"菜单中的"页面设置"命令，打开"页面设置"对话框。

（4）在"页面"选项卡中，设置"方向"为"横向"、"纸张大小"为"A4"，如图 1.105
所示。

（5）在"工作表"选项卡中，设置"顶端标题行"为第一行，如图 1.106 所示。

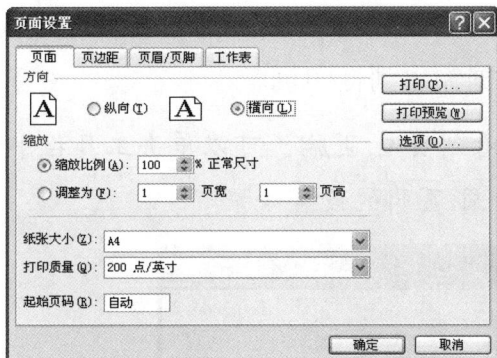

图 1.105　设置"方向"和"纸张大小"　　　图 1.106　设置"顶端标题行"

（6）单击"确定"按钮，完成打印设置。通过"打印预览"查看打印输出的效果。

（7）单击工具栏的打印按钮"　"，将工作表"员工档案"按部门分页打印输出。

提示： 如果要设置多行作为每页都要打印的标题行，则这些行必须是连续的。设置完
成后，在工作表的编辑状态并不能看到重复的标题，只有在"打印预览"状态下才能看到
每页都重复出现已设置的标题行。

2. 对工作表"员工工资表"进行打印设置并输出

具体操作步骤如下。

（1）单击工作表"员工工资表"的标签，使该工作表成为当前工作表。

（2）选择"文件"菜单中的"页面设置"命令，打开"页面设置"对话框。

（3）在"页面"选项卡中，设置"方向"为"横向"、"纸张大小"为"A4"。

（4）切换到"页眉/页脚"选项卡，单击"自定义页眉"按钮，如图 1.107 所示。

（5）打开"页眉"对话框，对话框中有"左""中""右"3 个文本框，分别表示页眉
的内容为靠左对齐、居中、靠右对齐。将鼠标定位在"左"文本框中，输入"长江股份有
限公司"；移动鼠标定位在"中"文本框中，单击工具按钮"　"，输入页码；再移动鼠标

定位到"右"文本框中，输入"2012 年 8 月"，如图 1.108 所示。

图 1.107 "页眉/页脚"选项卡

图 1.108 输入自定义页眉的内容

（6）单击图标"Ａ"可对页眉进行字体设置。

（7）单击"确定"按钮返回"页面设置"对话框，再单击"确定"按钮完成页面设置。

（8）单击"打印预览"按钮，查看打印设置的效果。

（9）选择"文件"菜单的"打印"命令，打开"打印内容"对话框（见图 1.109），对打印选项进行设定，单击"确定"按钮将工作表数据输出到打印机。

提示：设置完成后，在工作表编辑状态并不能看到页眉/页脚，可以单击工具栏中的打印预览按钮"🔍"，打开"打印预览"窗口，查看页眉/页脚的设置效果。

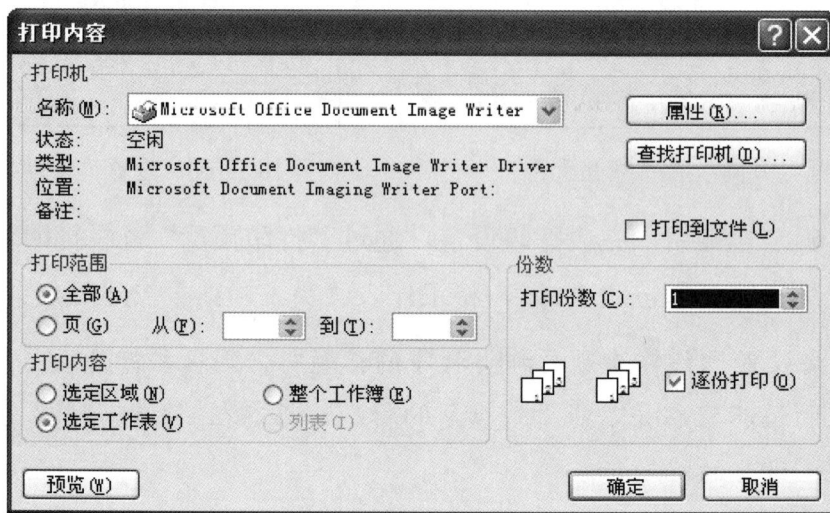

图 1.109 "打印内容"对话框

任务实施

练一练

按下列要求对工作表"员工工资表"和"员工档案"进行打印设置。

（1）设置"员工档案"表要求如下。

① "纸张大小"为"A4"，页边距上、下、左、右均为"2.5"。

② 设置页脚左侧显示"长江股份有限公司员工档案表"，右侧显示页码，格式为"第×页"。

③ 打印时只输出最后 5 位员工的数据。

（2）设置"员工工资表"要求如下。

① "纸张大小"为"A4"，"方向"为"横向"。

② 按部门分页打印员工的工资数据。

③ 设置表格的第一行为标题行重复。

Excel 的数据操作

📖 项目引领

小李，会用电子表格创建会计表格还不够哦，会计表格中有许多数据需要运算和各种统计，这些操作你会吗？

　　小李在日常工作中，除了创建会计表格的文档，还经常要对会计表格中的数据进行各种处理，有时需要根据原始数据进行运算，有时需要对销售收入、支出情况进行统计分析，或者根据领导的需要筛选出符合条件的数据以帮助领导决策。这些操作往往需要利用 Excel 的数据操作功能，对工作表中的原始数据进行进一步的分析和处理。这将是本项目要解决的问题。

🎯 项目目标

知识目标

（1）学习 Excel 中单元格的引用及方式。

（2）掌握公式和函数的知识。

（3）掌握数据排序、筛选及分类汇总的内容。

能力目标

（1）利用公式和函数对数据进行运算。

（2）学习如何隐藏公式。

（3）掌握对数据进行排序的方法。

（4）能运用数据筛选处理数据。

（5）掌握对数据分类汇总的方法。

任务一　Excel 公式的使用

任务导入

每月一度的工资即将发放，在发放工资前，小李要完成"员工工资表"数据的计算。在"员工工资表"中，每个员工的基本工资、岗位工资和奖金数据已输入完成，现在要正确计算"员工工资表"中的工资合计、医疗保险和应发工资等数据，并填入相应单元格中。

任务要求

在会计表格"员工工资表"中，根据员工的基本工资、岗位工资和奖金，运用公式计算出第一个员工的工资合计、医疗保险及应发工资等数据，检查无误后，通过公式的复制和自动填充计算每个员工的工资数据，计算完成后隐藏所编辑的公式。

知识准备

Excel 的公式应用非常广泛，工作表中公式的运用大大增强了 Excel 的数据处理能力，使 Excel 在会计电算化中占有一席之地并起到了重要作用。在财务数据处理中，大量公式的运用经常会涉及引用。在实际工作中会用到各种引用方式，大家可以根据不同的情况采用不同的引用方式。

一、单元格的引用

在 Excel 中，很多对数据的处理会涉及对单元格数据的引用，这时可通过对单元格地址的引用来取得单元格数据。通过对单元格数据的引用，可以更方便地处理工作表中的各项数据。正确理解引用的概念、掌握引用的方法，对后续的公式、函数的学习将很有帮助。

1．何谓引用

引用是指在公式或函数中使用的数据是通过指明该数据所在的单元格地址而得到的。引用的内容实际是数据所在的单元格地址，也就是单元格的列标和行标。在进行单元格引用时，一般不用手动输入其地址，大多通过鼠标来选择。简单来说，引用就是当前单元格对所引用的单元格内容的引述。

在图 2.1 中，分别在 A2:C2 单元格中输入 1、2、3，在 B3:D3 单元格中输入 4、5、6，在 E3 单元格中求 C3 和 D3 单元格值的和，通过引用 C3 和 D3 单元格而得到这两个单元格中数值的和为 11。当 C3 单元格中的值变为 1 时，E3 单元格中的值相应变为 7，如图 2.2 所示。上例说明，无论公式中被引用的单元格或单元格区域的内容如何变化，引用都可以自动更新。

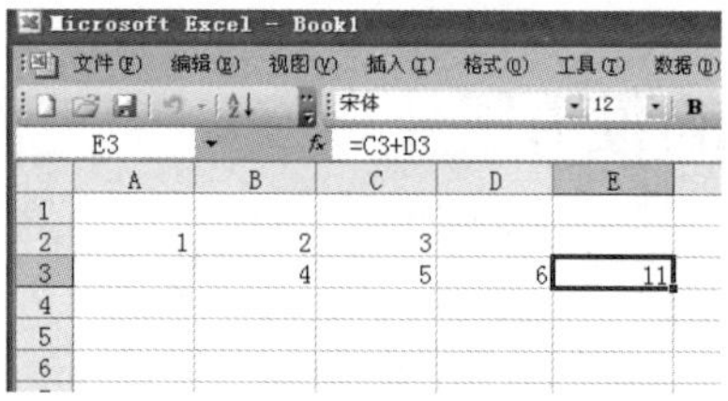

图 2.1 在公式中引用单元格

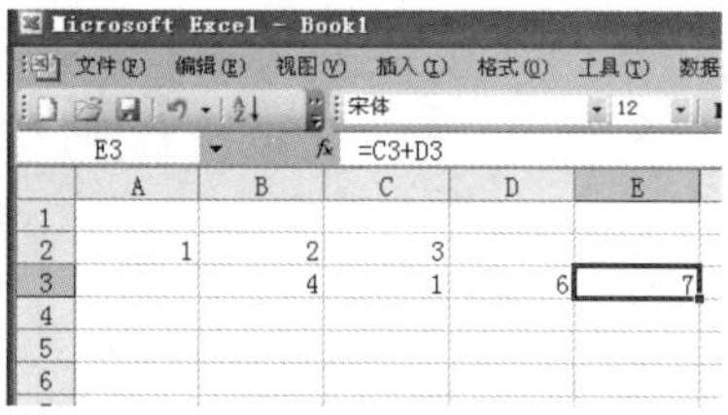

图 2.2 E3 单元格的内容随 C3 单元格而变化

2. 相对引用和绝对引用

在实际工作中，常常会对公式进行复制，以简化公式的输入工作。当复制公式时，相对引用和绝对引用将使公式有不同的结果。在创建公式时，应确定是相对引用还是绝对引用。

相对引用是指引用时采用 "A1"（列号行号）的形式。进行相对引用，在公式复制到其他单元格时，行和列的引用会根据原来的公式发生相应的改变。

例如，E3 单元格中的公式 "=C3+D3" 就是引用了该单元格同一行左侧的两个单元格 C3 和 D3，求得这两个单元格值的和，如果将 E3 单元格中的公式复制到 D2 单元格，D2 单元格中的公式会变为求 B2 单元格和 C2 单元格值的和，也就是引用的单元格做了相应的改变，如图 2.3～图 2.5 所示。

图 2.3 复制 E3 单元格中的公式

图 2.4 将公式粘贴到 D2 单元格

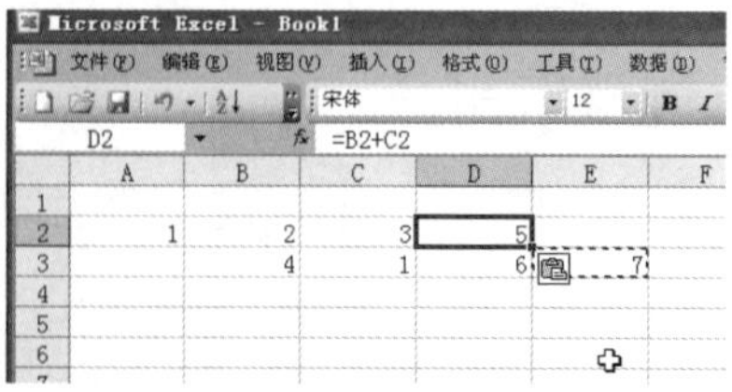

图 2.5 复制后的公式变为 "=B2+C2"

绝对引用是指引用时采用"$A$1"（$列号$行号）的形式。进行绝对引用，在公式复制到其他单元格时，行和列的引用不会发生变化。

例如，B4 单元格中的公式"=$B$2+$B$3"就是绝对引用了单元格 B2 和 B3，求得这两个单元格值的和为 6，将 B4 单元格中的公式复制到 C4 单元格时，C4 单元格仍然得到的是 B2 和 B3 两单元格的值的和，说明引用的单元格未做改变，如图 2.6 和图 2.7 所示。

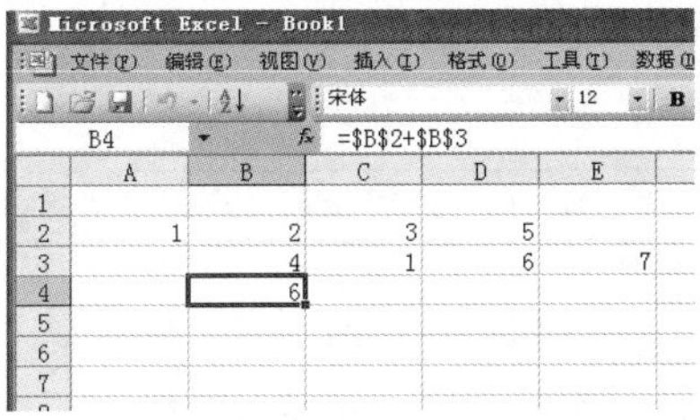

图 2.6　在 B4 单元格中绝对引用 B2、B3 单元格 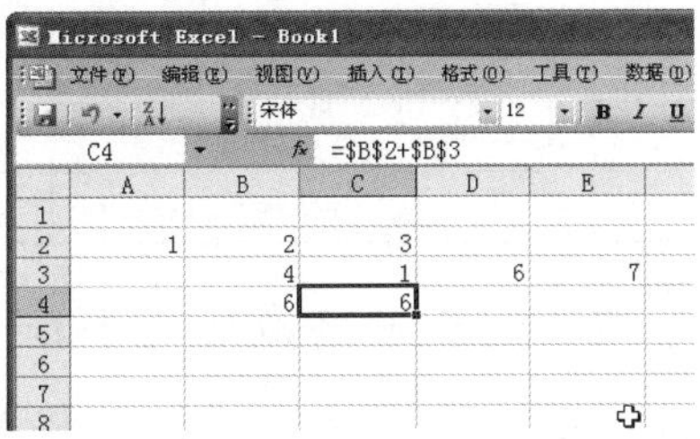　　图 2.7　将 B4 单元格中的公式复制到 C4 单元格，单元格引用不变

3. 混合引用

除了相对引用和绝对引用两种方式，也可以将相对引用和绝对引用混合使用，这时行或列中有一个是相对引用，另一个是绝对引用，采用"$A1"（列是绝对引用，行是相对引用）或"A$1"（列是相对引用，行是绝对引用）的形式。

4. 跨工作表引用

单元格引用的一般格式为"[工作簿文件名]工作表名!单元格地址"。

在引用当前工作表中的单元格地址时，"[工作簿文件名]工作表名!"可以省略；在引用当前工作簿文件中的单元格地址时，"[工作簿文件名]"可以省略，只注明所引用单元格所在的工作表及单元格地址；在引用其他工作簿文件中的单元格地址时，需要加上文件名、工作表名和单元格地址。

二、公式的组成

公式是 Excel 工作表中进行数值计算的等式，是由"="开头并使用运算符连接操作数组成的有确定值的式子。公式由用户自行定义，可以根据需要对数据进行各种计算和处理。

Excel 公式是由"="开头并由常数、函数、单元格引用及运算符组成的公式，并在相应的单元格中显示该公式的值。单元格引用既可以是相对引用或绝对引用，也可以是混合引用。

在 Excel 公式中，运算符包括算术运算符、比较运算符、字符连接运算符等，公式中的运算符确定了公式值的类型，如算术运算的值为数值数据、比较运算的值为逻辑值……在同一个公式中也可以运用不同类型的运算符，前提是在运算符两侧的运算对象类型一致。不同的运算符优先级各异，公式运算时按优先级的高低决定运算的顺序。在会计表格中最常用的是算术运算符。表 2.1 所示为 Excel 运算符及运算优先级。

表 2.1　Excel 运算符及运算优先级

运算符类别	运 算 符	运 算 功 能	优 先 级
算术运算	()	括号	1
	−	负号	2
	%	百分号	3
	^	乘方	4
	*，/	乘、除	5
	+，−	加、减	6
文本运算	&	文本链接	7
关系运算	=, <, >, <=, >=, <>	等于，小于，大于，小于或等于，大于或等于，不等于	8

提示： 在 Excel 中只能使用小括号，需要多重括号时，可使用小括号嵌套，最内层的优先级最高；"&"运算符的作用是将其前后两个文本字符串连接成一个字符串。

三、公式的输入

1. 输入公式

在实际运用中，Excel 公式可以说是无处不在，对数据的处理起着很大的作用。在会计工作中，除了大量的原始数据，还有很多是计算结果，如期初数、期末数和利润等，这些都是通过运算得到的结果。对数据的运算或处理离不开 Excel 公式。Excel 公式的输入方法主要有两种：一种是直接输入公式，在单元格中直接编辑公式，将数值、运算符、单元格引用等通过键盘一一输入；另一种是通过鼠标单击引用的单元格来输入公式。

2. 复制公式

在工作表中，如果某些单元格有相同的计算关系，就可以在一个单元格的公式输入完成后进行公式的复制操作。公式的复制可以通过复制、粘贴或自动填充的方法进行。

公式中大多含有单元格地址的引用。在公式复制时，单元格地址的正确引用十分重要，在公式中采用不同的引用方式会导致复制后的结果不同。

如果公式中引用单元格地址时采用的是相对引用方式，那么在复制到新的目标单元格时，公式不是照搬原来的单元格地址，而是根据公式原来的位置和复制到的目标位置推算出公式中单元格地址相对原位置的变化，使用变化后的单元格地址进行计算。

如果公式中引用单元格地址时采用的是绝对引用方式，那么无论公式复制到哪个单元格，公式中所引用的单元格地址永远是照搬的原来的单元格地址。

如果公式中引用单元格地址时采用的是混合引用方式，那么公式在复制到新的目标单元格时，Excel 会根据当前地址推算出公式中相对地址部分相对原位置的变化，而绝对地址部分不会发生变化，然后根据混合变化后的单元格地址中的数据进行计算。

四、公式的隐藏

在查阅工作表时，通常会用鼠标进行单击、定位等操作，有时会导致已编辑好的公式因误操作被破坏。为避免这种情况，可以运用上述的"单元格"保护操作来保护单元格数据不会被人为改动。还可以通过公式的隐藏操作，指定某些单元格为"隐藏"特性，利用这种特性可以将单元格中的公式隐藏起来不显示，使单元格只显示公式的值，既避免公式遭到破坏，又保证在阅读报表数据时不显示公式，从而使数据更直观。这种特性的设置也需要通过保护工作表的操作来实现。

任务操作

运用公式计算员工的工资合计、医疗保险及应发工资等数据，并通过公式的复制和自动填充完成所有员工的数据，计算完成后隐藏所编辑的公式。

操作步骤

1. 输入公式

通过输入公式计算第一个员工的各项工资数据，各项数据的运算关系如下：

工资合计=基本工资+岗位工资+奖金

医疗保险=（基本工资+岗位工资）×2%

应发工资=工资合计-医疗保险

根据表中已有的数据计算员工工资，输入公式进行计算。具体操作步骤如下。

（1）计算"工资合计"：选择 G3 单元格，在其中输入"="，表示该单元格中要输入公式，接着输入"D3+E3+F3"，此时 G3 单元格中显示公式"=D3+E3+F3"，如图 2.8 所示。按回车键，得到第一个员工的"工资合计"值 5 800，如图 2.9 所示。

（2）计算"医疗保险"：选择 H3 单元格，在其中输入"=(D3+E3)*0.02"，然后按回车键，得到第一个员工的"医疗保险"值 100。

（3）计算"应发工资"：选择 I3 单元格，在其中输入"="后单击 G3 单元格，此时 I3 单元格中显示"=G3"，如图 2.10 所示。

图 2.8 在 G3 单元格中输入"= D3+E3+F3"

图 2.9　显示公式的值

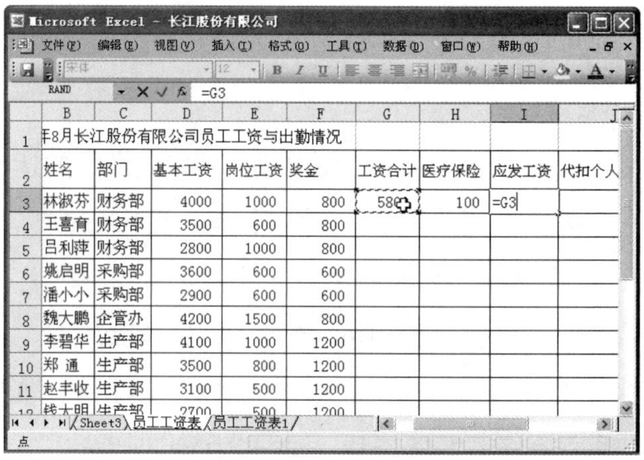

图 2.10　单击 G3 单元格

（4）输入运算符"-"后单击 H3 单元格，此时 I3 单元格中显示公式"=G3-H3"，如图 2.11 所示。

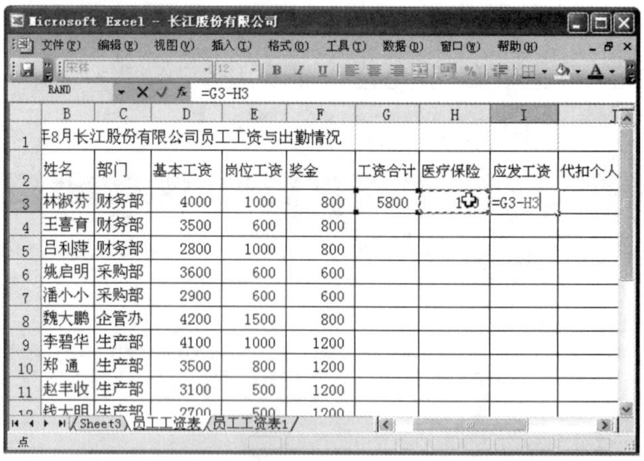

图 2.11　在单元格中输入运算符"-"后再单击 H3 单元格

（5）按回车键，完成公式的输入，I3 单元格中显示第一个员工的"应发工资"值 5 700。

公式输入完成后，依次选择 G3、I3 单元格，可以看到在单元格中显示的是公式的值 5 800、5 700（见图 2.12），而在编辑栏中分别显示的是公式"=D3+E3+F3"和"=G3-H3"。如果双击单元格，那么在单元格中会显示公式，可以对公式进行编辑，如图 2.13 所示。

图 2.12 在单元格中显示值，编辑栏显示公式

图 2.13 双击单元格显示公式

在上述操作中，计算"工资合计"和"医疗保险"时采用的是全部手动直接输入公式的方法，而计算"应发工资"时是通过鼠标单击单元格和手工输入结合的方法编辑公式的。第一种方法应用得较少，一般用于简单的公式输入；后一种方法应用得较为广泛，特别是公式中引用单元格较多、公式相对复杂时更能体现这种方法的优势。

提示： 在输入公式时，无论是通过鼠标单击单元格还是直接输入单元格地址，每个单元格地址都会显示出不同的颜色，与之对应的单元格边框出现相同颜色的虚线闪烁，提示当前的单元格引用位置，以便确认引用的单元格是否正确。

在公式输入完成后，如果改变员工的基本工资 D3 单元格或岗位工资 E3 单元格中的值，则 G3、H3 及 I3 单元格中的值也会随之改变。在 G3、H3 两个单元格输入的公式中，都引用了 D3 和 E3 单元格，在此表示引用这两个单元格的数据参与算术运算，引用单元格的值会随着被引用单元格中的数据值的变化而变化。

2. 复制公式

为了得到所有员工的工资值，在确认第一位员工的工资数据计算无误后，可以通过公式的复制，将运算关系进行复制，从而得到所需要的结果，具体操作步骤如下。

（1）复制计算"工资合计"值的公式，选择要复制的单元格 G3，单击工具栏中的复制按钮"⬚"，如图 2.14 所示。

图 2.14　复制 G3 单元格中的公式

（2）将鼠标移动到要复制的目标单元格 G4，单击工具栏中的粘贴按钮"[图标]"，如图 2.15 所示。

图 2.15　将公式粘贴到目标单元格 G4

（3）完成公式的复制。

复制公式后，在 G4 单元格中显示公式的值，在编辑栏中显示复制后的公式为"=D4+E4+F4"，如图 2.16 所示。此处的公式为相对引用，复制到 G4 单元格后，其公式相应地变化为"= D4+E4+F4"。

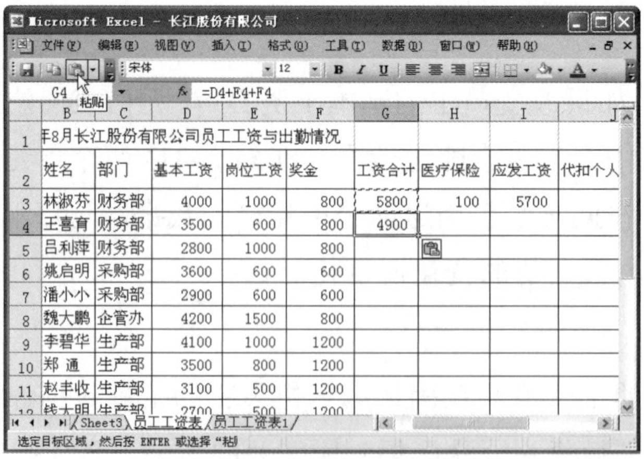

图 2.16　复制完成

（4）复制计算"医疗保险"的公式，选择要复制公式的 H3 单元格，将鼠标移至 H3 单元格右下角的填充柄处，鼠标变为黑色的实心"十"字形，如图 2.17 所示。

图 2.17 将鼠标置于 H3 单元格右下角的填充柄处

（5）按下鼠标左键，拖动单元格的自动填充柄到要复制公式的相邻单元格 H4，如图 2.18 所示。

图 2.18 拖动填充柄到相邻单元格 H4

（6）松开鼠标左键，完成相邻单元格的公式复制，如图 2.19 所示。

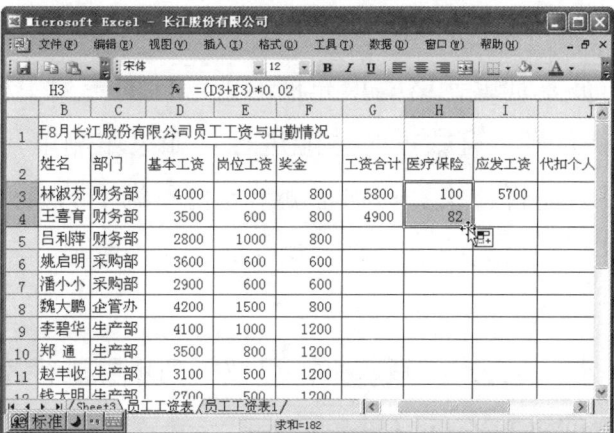

图 2.19 松开鼠标左键完成公式的复制

（7）使用复制或拖动单元格填充柄进行公式的复制，计算所有员工的"工资合计""医疗保险"。

（8）复制计算"应发工资"的公式，选择要复制公式的 I3 单元格，将鼠标置于 I3 单元格右下角的填充柄处，鼠标变为黑色的实心"十"字形，如图 2.20 所示。

图 2.20　将鼠标置于 I3 单元格右下角的填充柄处

（9）双击，向该列其余空白单元格复制公式，如图 2.21 所示。

图 2.21　双击完成公式的复制

在上述操作中，复制公式采用了 3 种方法：一是复制、粘贴公式，此方法一般应用于向不相邻的单元格复制公式；二是通过拖动被复制单元格的填充柄的方法向相邻的单元格复制公式，此方法一般应用于将公式复制到相邻单元格中，通过拖动在同一行或同一列中复制公式；三是使用双击被复制单元格的填充柄的方法向同一列中相邻的单元格复制公式，但此方法只有在其左侧单元格中有数据时才能进行，如果左侧单元格中无数据或出现空白单元格，则双击填充柄时只能将公式复制到左侧单元格不为空的该列单元格中。在实际应用中可根据情况选用不同的复制公式的方法进行操作。

3．隐藏公式

将 G3:I14 区域单元格中的公式隐藏起来，可按下列步骤进行操作。

（1）选择要隐藏公式的单元格 G3:I14。

（2）选择"格式"菜单中的"单元格"命令，打开"单元格格式"对话框。

（3）切换到"保护"选项卡，勾选"锁定"和"隐藏"复选框，单击"确定"按钮，如图 2.22 所示。

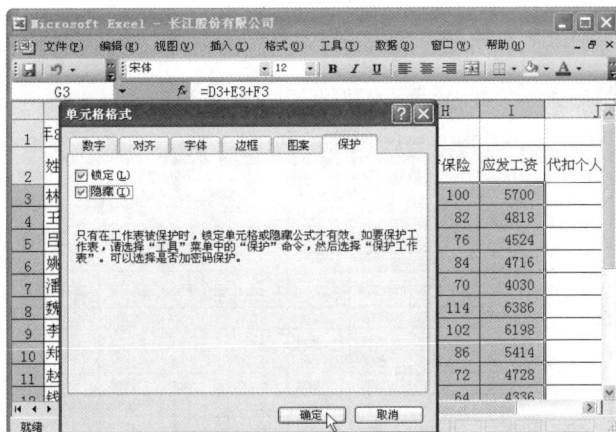

图 2.22 "保护"选项卡

在"保护"选项卡中，系统提示"只有在工作表被保护时，锁定单元格或隐藏公式才有效。"

（4）选择"工具"菜单中的"保护"命令，从子菜单中选择"保护工作表"命令，如图 2.23 所示。

（5）打开"保护工作表"对话框，在"取消工作表保护时使用的密码"文本框中输入密码"123"，如图 2.24 所示。

（6）单击"确定"按钮，系统要求重新输入密码，以确认密码无误；输入密码后，再次单击"确定"按钮，完成工作表的锁定和保护操作，返回到工作簿窗口，如图 2.25 所示。

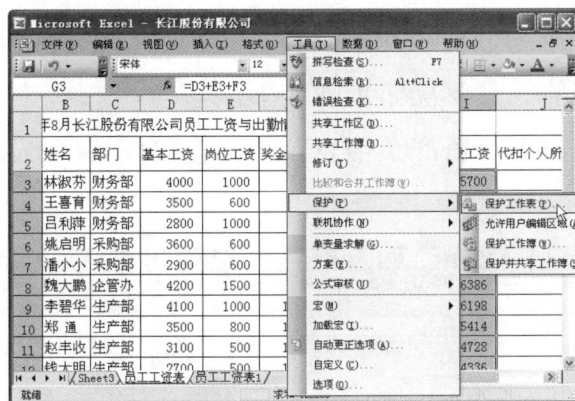

图 2.23 选择"保护工作表"命令

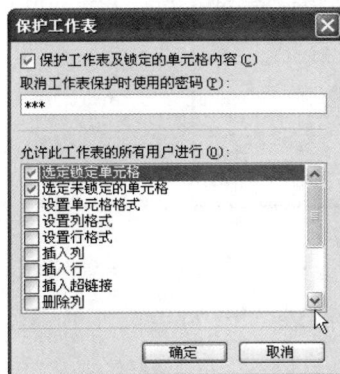

图 2.24 输入密码

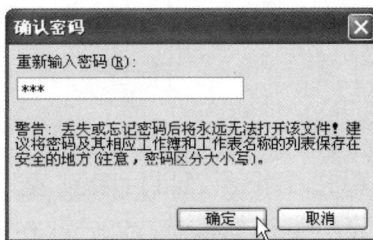

图 2.25 重新输入密码

当完成工作表保护操作后，再选择 G3:I14 单元格区域中的任意单元格，则只能在单元格中看到值而无法在编辑栏中看到公式，如图 2.26 所示。

图 2.26　隐藏公式

若双击编辑公式，就会弹出保护工作表的提示警告框，提示这是被保护的工作表。

4. 跨工作表引用

在会计表格"资产负债表"中，许多数据都依赖于"科目余额表"，按下列计算关系计算资产负债表中应收票据的期末数。

资产负债表的应收票据期末数＝科目余额表的应收票据期末余额

在上述计算关系中，等号左侧的应收票据期末数的值在工作表"资产负债表"中，而等号右侧的应收票据的期末余额在工作表"科目余额表"中，这时可以运用跨工作表引用单元格多方法来获得相应值。具体操作步骤如下。

（1）将鼠标定位在工作表"资产负债表"的应收票据期末数所在的 D7 单元格，输入"="，如图 2.27 所示。

图 2.27　在 D7 单元格中输入"="

（2）单击工作表"科目余额表"的标签，将"科目余额表"设为当前工作表，单击"应收票据"的"期末余额"所在的 F8 单元格，这时编辑栏中显示已编辑的公式"=科目余额表!F8"，如图 2.28 所示。

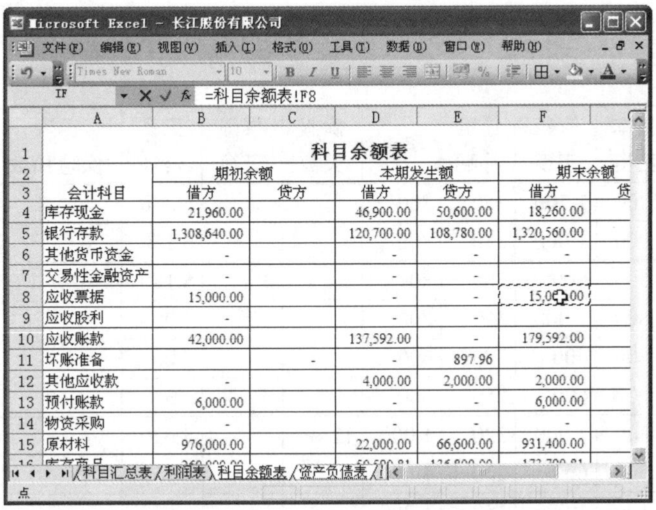

图 2.28　单击"科目余额表"中的 F8 单元格

（3）此时公式输入完成，按回车键，鼠标返回到"资产负债表"的 F8 单元格中，单元格中显示计算结果"15,000.00"，编辑栏中显示公式"=科目余额表!F8"，如图 2.29 所示。

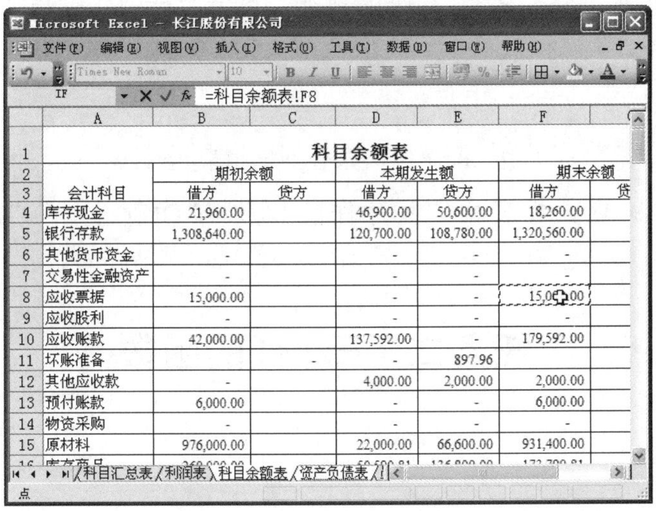

图 2.29　编辑栏中显示公式

从上例可看出，跨工作表引用单元格与在同一工作表中引用单元格的方法相同，都可以通过鼠标单击相应的单元格来引用，不同的是跨工作表引用单元格时在被引用的单元格前加上了"工作表名!"。如果引用的是不同工作簿文件中的单元格，那么在引用的单元格前将加上"[工作簿文件名]工作表名!"。无论是同一工作表还是不同工作表，抑或是不同工作簿文件，绝对引用和相对引用的使用方法相同。

任务实施

练一练

某公司 2012 年 8 月员工工资表如表 2.2 所示，按要求运用公式计算表格中所有员工的工资数据。

表2.2　某公司 2012 年 8 月员工工资表

单位：元

编号	姓名	部门	基本工资	岗位工资	住房补贴	奖金	病假天数	事假天数	工资合计	养老保险扣款	医疗保险扣款	扣款合计	应发工资
1001	魏大鹏	企管办	4 200	1 500	350	800			6 850		114		
2001	林淑芬	财务部	4 000	1 000	350	800	3		6 150		100		
2002	王喜育	财务部	3 500	600	280	800		2	5 180		82		
2003	吕利萍	财务部	2 800	1 000	350	800			4 950		76		
3001	姚启明	采购部	3 600	600	280	600			5 080		84		
3002	潘小小	采购部	2 900	600	250	600			4 350		70		
4001	汪扬	销售部	3 300	1 000	320	1 000	12		5 620		86		
4002	田晓宾	销售部	2 500	600	250	1 000			4 350		62		
5001	李碧华	生产部	4 100	1 000	350	1 200		10	6 650		102		
5002	郑通	生产部	3 500	800	280	1 200			5 780		86		
5003	赵丰收	生产部	3 100	500	250	1 200			5 050		72		
5004	钱大明	生产部	2 700	500	250	1 200			4 650		64		

（1）计算"养老保险扣款"：养老保险扣款=（基本工资+岗位工资）×8%。

（2）计算"扣款合计"：扣款合计=病假天数×50+事假天数×100+养老保险扣款+医疗保险扣款。

（3）计算"应发工资"：应发工资=工资合计-扣款合计。

（4）计算完成后，设置数据表内"医疗保险扣款""扣款合计""应发工资"3列中的公式隐藏。

任务二　Excel 的函数

任务导入

小李在计算员工的工资时发现，无法用输入的公式来计算每个员工应缴纳的个人所得税。另外，如果要知道当月员工工资的总和及平均工资，那么运用公式计算时所需要引用的单元格会很多，输入公式不太方便。有没有什么办法可以让小李顺利地完成工作呢？

任务要求

在会计表格"员工工资表"中，根据已完成的员工工资数据，运用 Excel 的函数计算员工当月应交所得税税额，并求得员工当月工资合计、应发工资、实发工资、个人所得税的总额和平均值。

知识准备

函数是 Excel 预定义的公式，将一些特定的计算过程通过公式固定下来，通过参数所给的值按特定的顺序或结构完成计算。函数作为 Excel 处理数据的一个重要手段，功能十分强大，可以应用到生活和工作的方方面面。在会计电算化的数据处理过程中，可以通过函数设计复杂的统计表格。函数是 Excel 对数据的自动处理和计算的强大功能的重要体现。

一、了解 Excel 的函数

Excel 有 10 多种类型、上百种函数，在会计的数据运算中主要用的是数学类和财务类函数。

无论是哪种类型的函数，其组成和表示方式都是相同的，即由"="开头，后接函数名，以及用括号括起来的参数。

函数中的等号不需要手动输入，在插入函数时，Excel 会自动在单元格中输入"="，以便后接函数名和参数。

函数的每个组成部分都有其意义。

- "="：表示这是一个公式，在单元格中要显示函数的值，没有"="Excel 就不会进行计算。
- 函数名：系统预先定义好的一些特定的计算的名称。
- 括号：用来界定函数，函数的参数置于成对的小括号内。
- 参数：每个函数至少有一个参数，不同的函数有不同的参数。参数可以是常数、公式、表达式、单元格引用或函数。有多个参数时，参数间以逗号间隔。其中，函数最常用的参数是单元格引用。

虽然每个函数的组成和表示方式相同，但各函数因其参数的类型、个数不同，而且每个函数都有自己特定的语法，所以在使用函数时，必须遵守其语法规则才能得到正确的结果。例如，SUM 函数（求和函数）的参数只能是若干数值数据；而 SUMIF 函数（条件求和函数）的参数除若干数值数据外，还必须包含指定的条件。

二、输入函数

函数在使用时，先要输入单元格中。输入函数时，可以选择"插入"菜单中的"函数"命令，打开"插入函数"对话框进行操作，也可以单击编辑栏左侧的插入函数按钮"𝑓ₓ"进行输入。运用菜单和工具按钮输入函数时，Excel 将在单元格中自动先输入"="，不需要再手工输入。如果操作人员对函数名及参数非常熟悉，也可以像输入公式一样进行手工输入。同样地，在手工输入函数时先要输入"="。

函数在使用时可以嵌套，当将函数作为参数时，称为函数的嵌套。Excel 最多允许包含 7 级嵌套函数。例如，SUM 函数是求和函数，POWER 函数是求某数的乘幂的函数，那么运用函数"=POWER(SUM(A1:A6),2)"，可以将单元格区域 A1:A6 的所有数据求和后再求其平方值，SUM 函数成为 POWER 函数的一个参数，这种形式就是函数的嵌套。

三、函数与公式的关系

1. 函数与公式的关系

Excel 中函数与公式既有区别，又相互联系。函数是公式的一种，是系统预先定义好的完成特定计算功能的公式。无须关心函数的计算方法、内容和过程，了解函数的功能即可使用。Excel 函数的计算方式已确定，在使用时只能通过改变函数参数的方式来改变函数的计算结果。

在公式中计算关系是需要操作人员自行定义的，而函数提供了大量的已定义好的计算关系，根据不同的处理目的去选择并提供参数去套用即可。公式包含函数公式及其他公式。

在复制函数时，如果参数中有单元格引用，那么方法和原则与公式中的单元格引用一样，需要根据引用方式确定参数的值。

2. 关于错误信息

在单元格中编辑公式或输入函数后，有时不能正确地计算出结果，并在单元格内显示一个错误信息。错误信息一般以"#"开头。这些错误有的是因公式本身产生的，有的是使用不当造成的，常见的公式和函数错误信息的原因及解决方法如表 2.3 所示。

表 2.3　常见的公式和函数错误信息的原因及解决方法

错误信息	原　因	举　例	解 决 方 法
####	单元格中的数据太长，以致结果在单元格中无法完整显示		增加列的宽度，使结果能够完全显示
#DIV/0	除数为 0，在公式中除数使用了空单元格或包含零值单元格的单元格引用	=2/0	修改除数，或者在用于除数的单元格中输入不为零的值
#N/A	引用了无数据可用的单元格		在等待数据的单元格内填充上数据，或者重新引用有数据的单元格
#NAME?	使用了 Excel 所不能识别的文本；或者没有将文字串置于双引号中，引用的单元格区域无冒号，也会产生此错误值	=AVERAGA(3,5,6) =if(分数>60,及格) =SUM(D2D8)	① 若使用了不能识别的函数名，改正函数名； ② 将公式（函数）中的文字串置于双引号中； ③ 确认公式中使用的所有区域引用都使用了冒号（:）
#NULL!	引用交叉单元格区域时，单元格区域间以空格间隔，但两个区域无公共单元格范围	=SUM(A1:A10 C1:C10)	修改单元格区域的引用范围，或者将两个范围之间的空格改为逗号，变成引用两个并列区域
#NUM!	函数的参数无效，或者公式的结果超出范围，无法在工作表中表示	=SQRT(−6) =POWER(10,309)	确认函数中使用的参数类型正确。如果公式结果太大或太小，则要修改公式，使其结果在 $-10^{307} \sim 10^{308}$ 的范围内
#REF!	在公式中引用了单元格，然后删除了该单元格	在 C1 单元格中输入"=A1+B1"，然后删除单元格 A1	恢复被引用的单元格范围，或者重新设定引用范围
#VALUE!	使用了不正确的运算符或函数参数	=1+"c" =TRUE()+"文本"	修改公式或函数所需的运算符或参数

掌握函数的出错信息及解决方法，便于在使用函数时自行排除一些简单的错误，使函数能够在工作中发挥更大的作用。

任务操作

运用 Excel 的 SUM 函数、AVERAGE 函数（平均值函数），计算员工当月工资合计、应发工资、实发工资、应缴个人所得税的总额、平均值，将结果置于数据所在列的最后。运用 IF 函数（条件函数）计算工作表"员工工资表"中员工当月应缴个人所得税税额，将结果置于表中"个人所得税"数据列；运用 ROUND 函数（四舍五入函数）将所求的工资平均值计算结果四舍五入为整数。

操作步骤

1. 计算员工应发工资、工资合计、实发工资、个人所得税的总额

（1）在工作表"员工工资表"中，选择 A15 单元格，在其中输入"本月工资总和"。

（2）选择存放"应发工资"总和的 I15 单元格，选择"插入"菜单中的"函数"命令，如图 2.30 所示。

（3）打开"插入函数"对话框，在"或选择类别"下拉列表中选择"常用函数"选项，在"选择函数"列表框中选择"SUM"选项，如图 2.31 所示。

（4）单击"确定"按钮，打开"函数参数"对话框，在对话框中有该函数的作用和使用说明。选择全部员工的应发工资数据区域 I3:I14，也就是设置了 SUM 函数的参数，如图 2.32 所示。

（5）设置完成后，单击"确定"按钮，完成函数的输入。

函数输入完成后，和公式相同，在 I15 单元格中显示的是函数运算的值，在编辑栏中显示的是函数"=SUM(I3:I14)"，如图 2.33 所示。

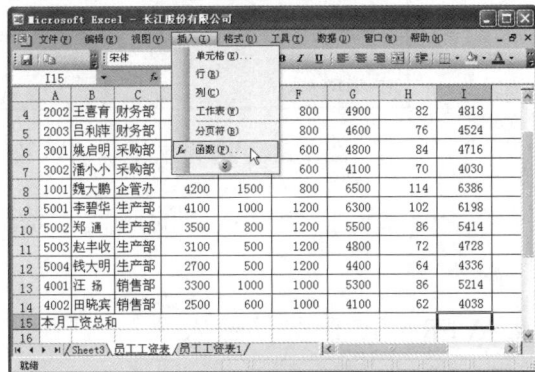

图 2.30　选择"插入"菜单的"函数"命令

图 2.31　"插入函数"对话框

图 2.32　设置 SUM 函数参数

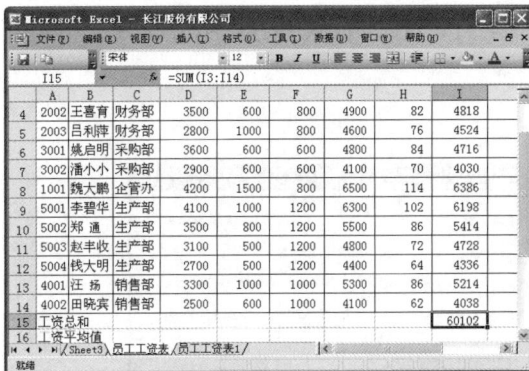

图 2.33　单元格显示值，编辑栏显示函数

使用相同的方法，可以计算出工资合计、个人所得税和实发工资的总额，分别置于 G15、

J15 和 K15 单元格中。还可以通过复制公式的方法，将 I5 单元格中的函数复制到 G15 单元格中，这样也能得到相同的结果。此时，因"个人所得税"列中无数据，所以这列数据的总和为 0。选择 J15 单元格，可以看到在编辑栏中显示的是函数"=SUM (J3:J14)"。

提示： 在对一列或一行单元格中的数值求和时，单击工具栏中的求和按钮"Σ"可以便捷地直接求出当前单元格左侧或上方的所有数值数据的总和。Excel 会自动根据当前单元格周围的数据情况进行判断，若求和范围不正确，可手动修改。

2. 计算员工应发工资、工资合计、实发工资、个人所得税的平均值

（1）选择 A16 单元格，在其中输入文本"本月工资平均值"。

（2）选择存放"应发工资"平均值的 I16 单元格，单击编辑栏左侧的插入函数按钮"fx"（见图 2.34），这时在单元格中自动输入"="，并打开"插入函数"对话框。

（3）在"插入函数"对话框中的"或选择类别"下拉列表中选择"常用函数"选项，在"选择函数"列表框中选择"AVERAGE"选项，如图 2.35 所示。

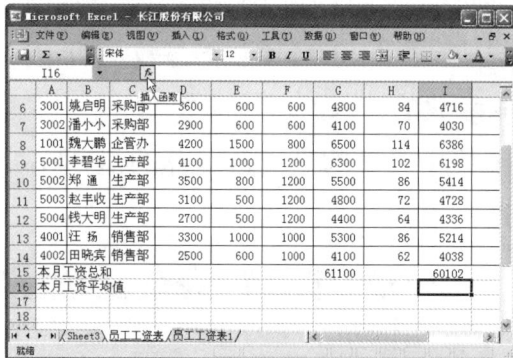

图 2.34　单击"插入函数"工具按钮

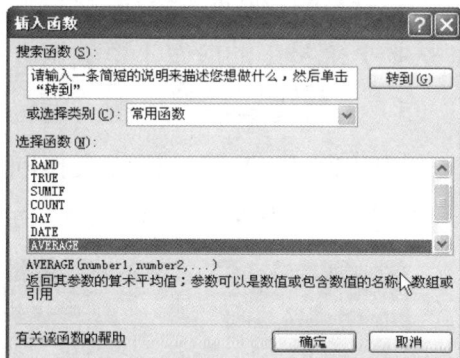

图 2.35　选择求平均值函数

（4）单击"确定"按钮，打开"函数参数"对话框，选择全部员工的应发工资数据区域 I3:I14，设置函数参数，如图 2.36 所示。

（5）设置完成后，单击"确定"按钮，完成 AVERAGE 函数的输入。

函数输入完成后，通过拖动单元格右下角的填充手柄将函数复制到右侧的单元格中。由于"个人所得税"列中尚无数据，求平均值时除数为 0，因此在 J16 单元格中会显示出错信息"#DIV/0"，如图 2.37 所示。

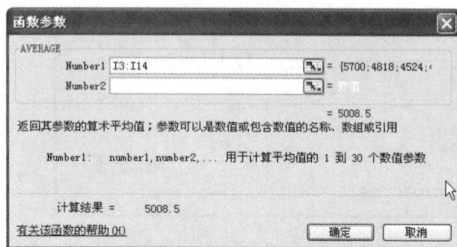

图 2.36　设置函数参数

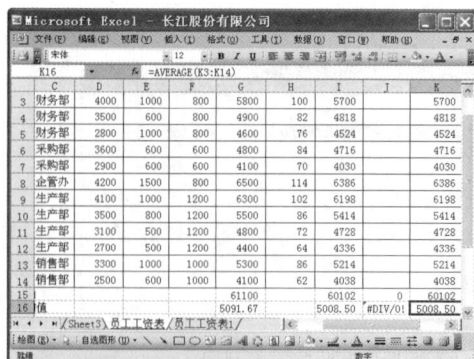

图 2.37　显示出错信息

3．使工资平均值四舍五入为整数

在上例中，用 AVERAGE 函数求员工的工资平均值为小数，如果要得到的结果为整数，可以在其下的单元格中输入 ROUND 函数，将 G16 单元格的值取舍为整数，这样会使工资平均值在两个单元格中显示，也可以将 AVERAGE 函数作为 ROUND 函数的参数，也就是将 AVERAGE 函数嵌入 ROUND 函数内，应用嵌套的函数直接在 G16 单元格中运算得到结果。运用嵌套函数的方法可按下列步骤进行操作。

（1）选择 G16 单元格，记下 AVERAGE 函数"AVERAGE(G3:G14)"的函数名和参数，然后删除单元格中的函数。

（2）单击插入函数按钮"fx"，打开"插入函数"对话框，在"或选择类别"下拉列表中选择"数学和三角函数"选项，在"选择函数"列表框中选择"ROUND"选项，单击"确定"按钮，如图 2.38 所示。

（3）在"函数参数"对话框中，输入 ROUND 函数的第一个参数，也就是 AVERAGE 函数"AVERAGE(G3:G14)"的函数名和参数，此处不需要输入"="。在第二个参数框中，参照对话框中对参数的说明，可知应输入"0"，如图 2.39 所示。

图 2.38　选择函数

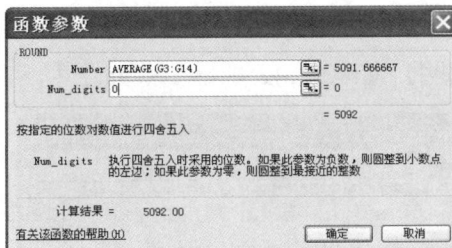

图 2.39　ROUND 函数的第一个参数是 AVERAGE 函数

（4）单击"确定"按钮，G16 单元格中的值为整数值"5092.00"，此处有两位小数是因为数据的样式中设置为显示两位小数，所以应发工资的平均值还是有小数位的，如图 2.40 所示。

图 2.40　平均值四舍五入为整数

（5）将 G16 单元格中的公式分别复制到 I16、J16 和 K16 单元格中，使每个平均值均四舍五入为整数。

提示：函数嵌套时，如果无法记下作为参数的函数名和参数，可以先用输入函数的方法作为参数的函数，然后将其除"="外的函数名和参数复制到另外的单元格中。在输入外层函数时，将复制的内容粘贴到参数位置即可。

4. 计算个人所得税

个人所得税计算按下列条件进行：当应发工资低于 3 500 元时，税率为 0；当应发工资不低于 3 500 元时，超出部分按 5%的税率征收个人所得税。

这种需要分条件进行的计算可以利用 IF 函数进行，IF 函数的结构是 IF(条件,A,B)。在进行函数运算时，先判断条件是否满足，如果条件满足，则函数值为 A；如果条件不满足，则函数值为 B。计算个人所得税的操作步骤如下。

（1）选择 J3 单元格，计算第一个员工的"个人所得税"。选择"插入"菜单中的"函数"命令或单击编辑栏左侧的插入函数按钮" *fx* "，这时在单元格中自动输入"="，并打开"插入函数"对话框。

（2）在"或选择类别"下拉列表中选择"常用函数"选项，在"选择函数"列表框中选择"IF"选项，如图 2.41 所示。

（3）单击"确定"按钮，打开"函数参数"对话框，在对话框中有对函数使用和参数作用的说明，如图 2.42 所示。

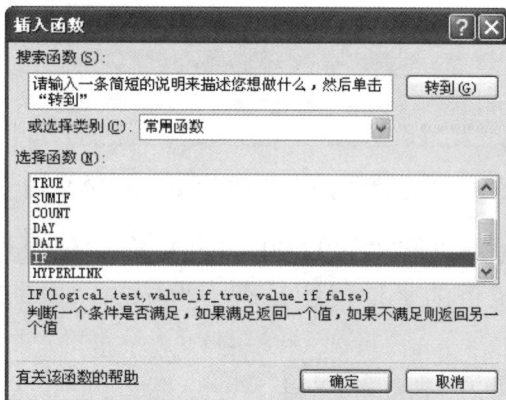

图 2.41　选择 IF 函数　　　　　　　　图 2.42　"函数参数"对话框

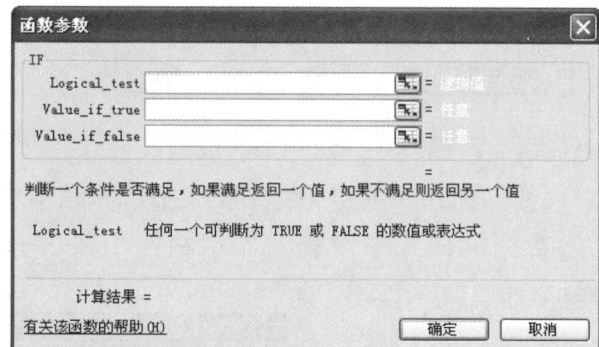

（4）将鼠标定位到第一个参数框中，在对话框下方出现对此参数的说明："任何一个可判断为 TRUE 或 FALSE 的数值或表达式"，也就是在此处输入函数中的判断条件。这时可通过鼠标选择 I3 单元格，接着输入">=3500"，如图 2.43 所示。

（5）将鼠标定位到第二个参数框，此框中的运算结果是当条件成立时的函数值，输入"(I3-3500)*0.05"。

（6）将鼠标定位到第三个参数框，此框中的运算结果是当条件不成立时的函数值，输入"0"，如图 2.44 所示。

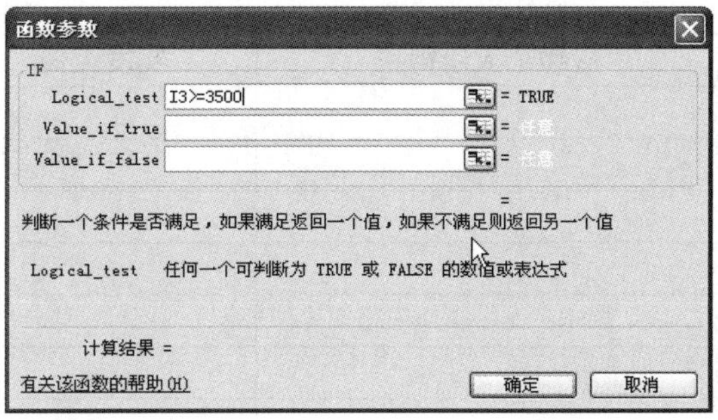

图 2.43　设置 IF 函数的条件参数

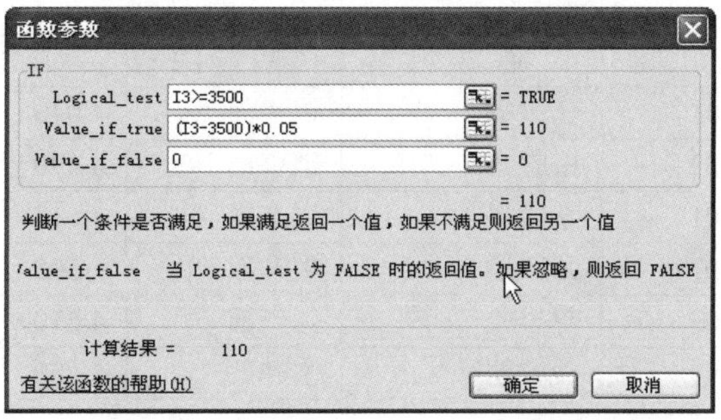

图 2.44　设置 IF 函数其余的参数

（7）设置完成后，单击"确定"按钮，完成函数的输入。

函数输入完成后，可以通过复制将函数复制到本列中其他员工的"个人所得税"单元格中，复制完成后，原来求个人所得税平均值的出错信息消失，得到正确的值，如图 2.45 所示。

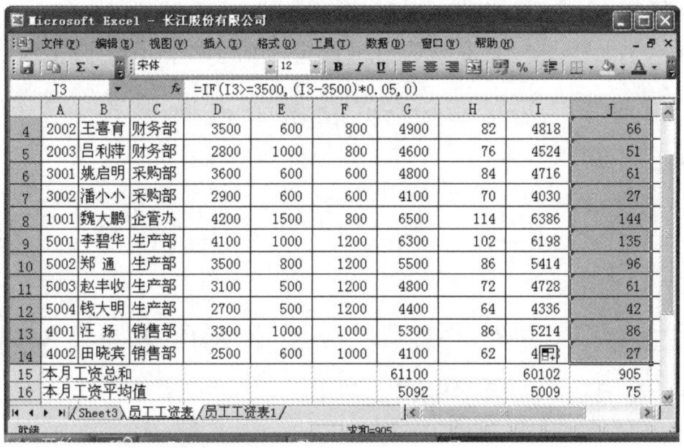

图 2.45　得到正确的值

IF 函数在实际工作中运用得较多，特别是将 IF 函数嵌套使用可以对多重条件进行判断，并按条件得到各种不同的值。在本例中，如果计算个人所得税时分 3 种及 3 种以上的情况，就可使用 IF 函数嵌套进行计算。

任务实施

练一练

某公司 2012 年 8 月员工工资表部分数据如表 2.4 所示，按要求运用公式和函数计算表中员工的工资数据，并完成工资数据下方的统计数据。

表 2.4　某公司 2012 年 8 月员工工资表部分数据

单位：元

编　号	姓　　名	部　　门	应发工资	应缴个人所得税	实发工资
1001	魏大鹏	企管办	4 660		
2001	林淑芬	财务部	4 000		
2002	王喜育	财务部	4 690		
2003	吕利萍	财务部	4 330		
3001	姚启明	采购部	5 350		
3002	潘小小	采购部	5 340		

编　号	姓　　名	部　　门	应发工资	应缴个人所得税	实发工资
4001	汪　扬	销售部	4 040		
4002	田晓宾	销售部	4 590		
5001	李碧华	生产部	4 610		
5002	郑　通	生产部	5 500		
5003	赵丰收	生产部	4 570		
5004	钱大明	生产部	6 280		
本月工资最高值					
本月工资总和					
本月工资平均值					

（1）计算"应缴个人所得税"。

按下列条件进行计算：应发工资低于 4 000 元时，不缴个人所得税；当应发工资不低于 4 000 元时，超出部分按 8% 的税率计征个人所得税。

（2）计算"实发工资"：实发工资=应发工资-应缴个人所得税。

（3）分别求出"实发工资""应发工资""应缴个人所得税"3 列数据中的最大值，置于"本月工资最高值"一行中。

（4）分别计算"实发工资""应发工资""应缴个人所得税"3 列数据的总和，置于"本月工资总和"行中。

（5）分别计算"实发工资""应发工资""应缴个人所得税"3 列数据的平均值，计算结果保留两位小数，置于"本月工资平均值"行中。

任务三　Excel 数据的排序

任务导入

小李将员工工资表计算完成后，交给财务部门主管查看。在查看工资表时，财务主管请小李将本月工资按从大到小的顺序排列，以更方便地了解本月每个员工收入情况，还提出是否可按部门将同一部门的员工工资进行排序。那么，小李怎样才能完成任务呢？

任务要求

在会计表格"员工工资表"中，根据已完成的员工工资数据，运用 Excel 的排序功能，按指定条件排列员工的工资数据。

知识准备

数据排序是按照一定的规则对数据进行重新排列，便于浏览或为进一步处理数据做准备。对工作表中的数据进行排序时可以根据指定列的内容重排工作表中数据行的顺序。排序时，指定列的列标题称为排序关键字。如果关键字是数值，则按数值大小进行排序；如果关键字是字母数据，则按字母表中的顺序排序；如果关键字是汉字，则系统默认根据汉字的拼音字母顺序进行排序。在进行排序时，所选择的列内容可按升序（从小到大）或降序（由大到小）进行排序，最多可同时按 3 个关键字进行排序。

一、按单个关键字排序

按单个关键字排序是指以表格中某一列为排序条件，也就是将该列中的数据值作为排序依据。排序时只指定单个关键字，数据行的排列顺序取决于该列数据的大小。这是对数据排序时使用最多的操作。

按单个关键字排序时，既可以用"数据"菜单中的"排序"命令进行排序，也可以用工具按钮快速进行排序。工具栏中的两个排序按钮"↓""↓"分别表示"升序排序"和"降序排序"。操作时，将鼠标定位在排序关键字所在列的任意单元格，然后单击工具按钮"↓"，可以按鼠标所在列的数据对数据区域的各数据行进行升序排序。

在进行排序操作时，选择排序数据区域中的某个单元格，Excel 在排序时会自动选择整个表格的数据进行排序，如果选择了某个区域的数据，则 Excel 会认为只对该区域的数据进行排序。特别要注意的是，如果选择了某列，仅对该列数据进行重新排序，则将会破坏原来表格中的数据关系，得到混乱的结果。

二、按多个关键字排序

按多个关键字排序是指以多列数据为依据进行数据排序。此时，Excel 先按指定的主要关键字进行排序，当主要关键字中有相同的数据值时，就依据第二个关键字的数据值确定数据行的排列顺序。当第二个关键字的数据值也相同时，就根据第三个关键字的数据值确定数据行的排列顺序。

按多个关键字排序的操作方法只能通过菜单命令进行，通过"排序"对话框指定多个关键字进行排序。

三、自定义序列排序

在会计数据中，由于工作需要，可能希望数据能按用户规定的某些特定顺序进行排序。例如，在员工工资表中，为方便查看，数据要按指定的部门顺序排序。若由 Excel 按系统默认进行排序，则按部门名称的拼音字母在英文字母表中的顺序排序；若要想按企业内部部门的顺序排列数据行，则需要先通过菜单命令设置自定义序列，再按已创建的自定义序列进行排序。

任务操作

通过 Excel 的排序功能，对"员工工资表"中的数据进行重新排序。比如，按基本工资值对数据进行排序，按部门、岗位工资和奖金对数据进行排序，按自定义的部门顺序对数据进行排序。

✏️ **操作步骤**

1. 按基本工资值对数据进行排序

在工作表"员工工资表"中，按员工的基本工资值从大到小的顺序对数据进行排序，操作步骤如下。

（1）选择要排序的工作表"员工工资表"数据区域中的任意单元格。

（2）选择"数据"菜单中的"排序"命令（见图 2.46），打开"排序"对话框。

（3）在"排序"对话框中，"主要关键字"下拉列表中显示的是鼠标所在单元格的列标题，选择"基本工资"选项。

（4）在"主要关键字"右侧的"升序"和"降序"单选按钮中选中"降序"单选按钮，如图 2.47 所示。

（5）单击"确定"按钮，各数据行已按"基本工资"降序排序，如图 2.48 所示。

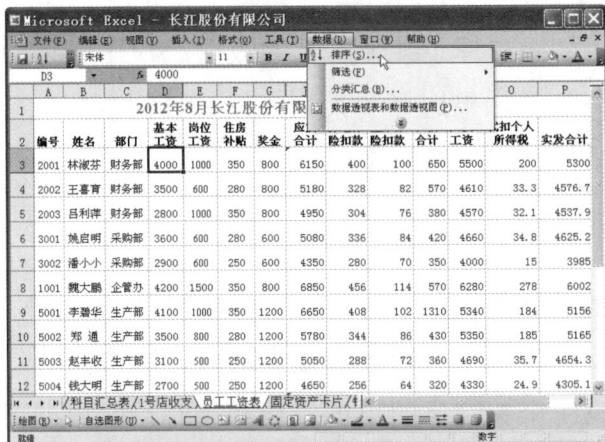

图 2.46 选择"排序"命令

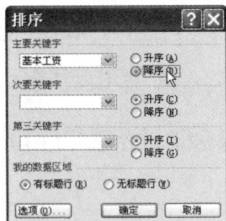

图 2.47 "排序"对话框

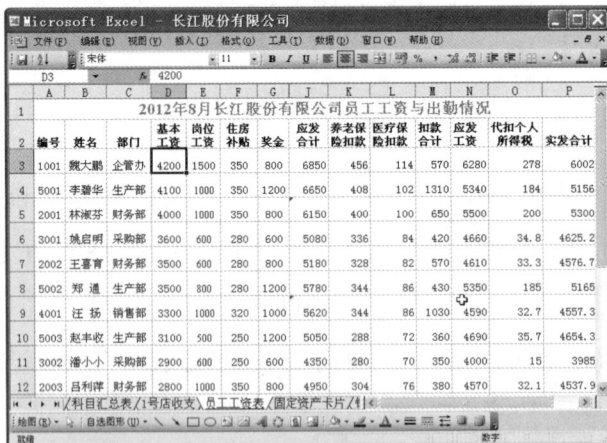

图 2.48 各数据行按"基本工资"降序排序

如果用工具按钮快速进行排序，可将鼠标定位在"基本工资"列中的任意单元格，单击工具栏的降序排序按钮"⇓"，即可完成按当前关键字对数据的降序排序。在操作时要注意，必须将鼠标定位在排序关键字所在列的单元格内，然后单击降序排序按钮"⇓"，即可完成按鼠标所在列的数据对工作表中各数据行的降序排序。

2. 按部门、岗位工资和奖金对数据进行排序

在"员工工资表"中按部门、岗位工资和奖金对数据进行升序排序，具体操作步骤如下。

（1）将鼠标定位于"员工工资表"数据区域中的任意单元格。

（2）选择"数据"菜单中的"排序"命令，打开"排序"对话框。

（3）在"排序"对话框中的"主要关键字"下拉列表中选择"部门"选项，在"次要关键字"下拉列表中选择"岗位工资"选项，在"第三关键字"下拉列表中选择"奖金"选项，如图 2.49 所示。

（4）在 3 个关键字右侧的单选按钮中均选中"升序"单选按钮。

（5）单击"确定"按钮，完成数据的排序操作，如图 2.50 所示。

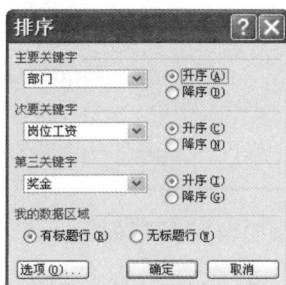

图 2.49　设置 3 个排序关键字　　　　图 2.50　依次按 3 个关键字排序的结果

从排序的结果中可以看出，进行数据排序时，先按"部门"数据对数据行进行升序排序，当部门相同时，根据岗位工资值的大小对数据行进行升序排序，当岗位工资也相同时，则根据奖金的多少对数据行进行升序排序。

3. 按自定义的部门顺序排序

在上例中，是按部门名称的拼音字母顺序对部门进行排序的，如果要按公司内部对部门的排列顺序进行排序，则要先建立作为排序依据的自定义序列，然后进行排序操作。具体操作步骤如下。

（1）选择"工具"菜单中的"选项"命令，如图 2.51 所示。

（2）打开"选项"对话框，切换到"自定义序列"选项卡，如图 2.52 所示。

（3）在"输入序列"文本框中分行输入各部门名称：采购部、生产部、销售部、财务部、企管办，单击"添加"按钮，如图 2.53 所示。

（4）输入的部门名称按顺序添加到"自定义序列"列表框中的最后一行，单击"确定"按钮完成自定义序列的设置，如图 2.54 所示。

图 2.51　选择"选项"命令

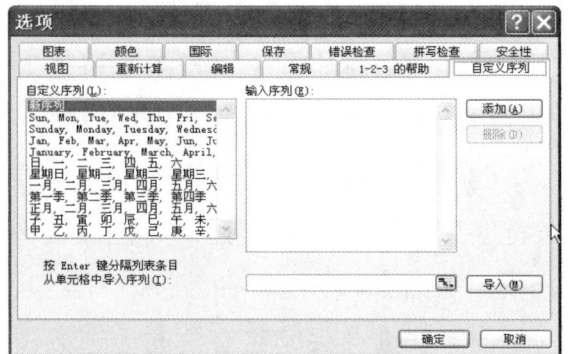

图 2.52　"自定义序列"选项卡

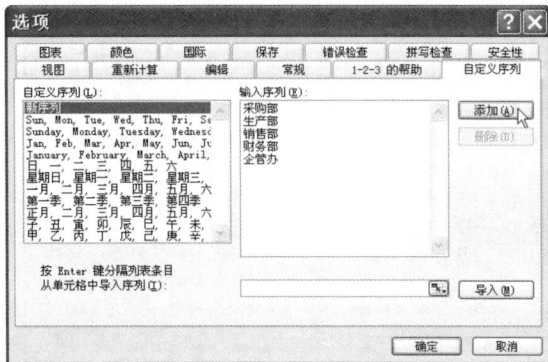

图 2.53　按自定义顺序输入序列

图 2.54　添加自定义序列

（5）单击数据区域中的任意单元格，选择"数据"菜单中的"排序"命令。

（6）在打开的"排序"对话框中，设置"主要关键字"为"部门"，如图 2.55 所示。

（7）单击"选项"按钮，打开"排序选项"对话框，在"自定义排序次序"列表框中选择已输入的部门序列，单击"确定"按钮（见图 2.56 所示），返回"排序"对话框。

图 2.55　设定"主要关键字"为"部门"

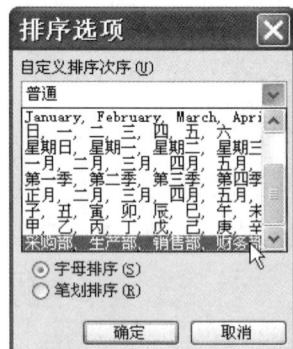

图 2.56　"排序选项"对话框

（8）单击"确定"按钮完成排序，数据表中的排列顺序为按自定义的部门顺序排序，如图 2.57 所示。

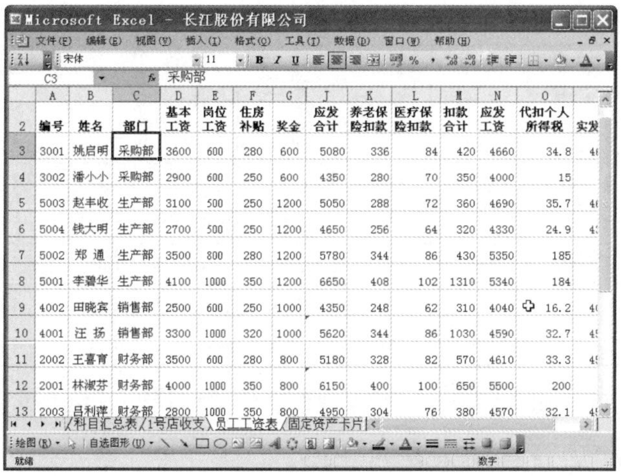

图 2.57 自定义排序结果

从图 2.57 中可以看到排序的结果，数据区域是按自定义序列对部门进行排序的，而不是按拼音的字母顺序排序的。

提示： 在创建自定义序列时，如果工作表的单元格中已存在序列的内容，则可通过对该区域中单元格的引用，直接导入序列内容，无须手工输入，这样创建序列时更为简便且不易出错。

在进行排序操作时，新手常常会出错，要注意以下几个方面。

（1）进行排序操作时切忌只选择数据区域中的某些列，这会在排序操作后破坏数据关系，导致数据混乱。

（2）进行排序的表格要有单行的列标题，如果对没有标题的数据区域进行排序，则要在"排序"对话框中要选中"无标题行"单选按钮。

（3）数据会按排序后的顺序排列，不能复原到原数据顺序，如果要在数据排序后再复原，可以在排序前先对数据行建立序号列，方便数据顺序的还原。

任务实施

练一练

某公司 2012 年 8 月员工工资数据表如表 2.5 所示，按要求对工资表中的数据进行排序。

表 2.5 某公司 2012 年 8 月员工工资数据表

单位：元

编号	姓名	部门	基本工资	岗位工资	住房补贴	奖金	工资合计	扣款合计	应发工资	应缴个人所得税	实发工资
1001	魏大鹏	企管办	4 200	1 500	350	800	6 850	570	6 280	278	6 002
2001	林淑芬	财务部	4 000	1 000	350	800	6 150	650	5 500	200	5 300
2002	王喜育	财务部	3 500	600	280	800	5 180	570	4 610	33.3	4 576.7
2003	吕利萍	财务部	2 800	1 000	350	800	4 950	380	4 570	32.1	4 537.9
3001	姚启明	采购部	3 600	600	280	600	5 080	420	4 660	34.8	4 625.2
3002	潘小小	采购部	2 900	600	250	600	4 350	350	4 000	15	3 985

续表

编号	姓名	部门	基本工资	岗位工资	住房补贴	奖金	工资合计	扣款合计	应发工资	应缴个人所得税	实发工资
4001	汪　扬	销售部	3 300	1 000	320	1 000	5 620	1 030	4 590	32.7	4 557.3
4002	田晓宾	销售部	2 500	600	250	1 000	4 350	310	4 040	16.2	4 023.8
5001	李碧华	生产部	4 100	1 000	350	1 200	6 650	1 310	5 340	184	5 156
5002	郑　通	生产部	3 500	800	280	1 200	5 780	430	5 350	185	5 165
5003	赵丰收	生产部	3 100	500	250	1 200	5 050	360	4 690	35.7	4 654.3
5004	钱大明	生产部	2 700	500	250	1 200	4 650	320	4 330	24.9	4 305.1

（1）按基本工资对数据进行升序排序，排序后查看排序结果是否正确；按工资合计对数据进行降序排序，排序后查看结果是否正确。

（2）按岗位工资和应缴个人所得税对数据进行降序排序，排序后查看排序结果是否正确。

（3）按部门升序、岗位工资降序、实发工资降序对数据进行排序。

（4）将部门按企管办、财务部、销售部、生产部、采购部的部门顺序对数据进行排序，排序后查看排序结果是否正确。

任务四　Excel 数据的筛选

任务导入

财务处小李已将本月员工工资计算完，需要分情况查看不同类型员工的工资情况。例如，按部门查看、按基本工资的大小查看、找出本月有病假或事假的员工等。如果按不同的关键字对工资表数据进行排序，也可以达到目的，但是否还有更简单的方法呢？既能随时变换查询的条件，又不改变数据表中数据的顺序，还能使需要查看的数据便捷地显示在窗口中。通过下述内容的学习就可以解决小李的问题了。

任务要求

在会计表格中，根据条件筛选出符合要求的数据，将不符合条件的数据隐藏起来，对数据表进行筛选操作。

知识准备

Excel 中的筛选是指让某些符合条件的数据行显示出来，而暂时隐藏不符合条件的数据行。这样可以更清楚地显示需要查看的数据。Excel 有自动筛选和高级筛选两种方式，一般情况下，通过自动筛选就可以完成大多数对数据进行筛选的需求，而对于某些复杂的筛选要求还需要用到高级筛选。

一、自动筛选

进行自动筛选操作时，一般先设置数据的筛选状态，通过简单的菜单操作即可实现。

设置筛选状态后，可以筛选出符合条件的数据行，窗口中只显示筛选出的数据行。若要更新筛选条件，则可以取消当前的筛选结果，返回到显示全部数据的状态。当筛选完成后也可以删除筛选的状态。

在自动筛选择还可以自定义筛选条件，这样的筛选称为自定义筛选。一般要筛选出在某特定范围内的数据，可以利用自定义筛选功能进行。

二、高级筛选

自动筛选多用于按单个条件进行数据筛选的情况，符合条件的记录显示在原来的数据表格中，操作起来比较简单。如果要对多个关键字进行筛选，则自定义筛选只能筛选出所有条件都同时满足的数据行。

如果对多个关键字的筛选条件是"或者"的关系，或者需要将筛选的结果在新的位置显示出来，则只能用高级筛选来实现。高级筛选的操作相对复杂，先要设置条件区域，然后在"高级筛选"对话框中进行设置，筛选出满足条件的数据行。筛选出的数据行既可以在原数据区域显示，也可以在新的区域显示。

任务操作

通过 Excel 的筛选功能，对"会计凭证表"中的数据进行筛选，筛选出科目为"银行存款"的所有数据行；对"员工工资表"中的数据进行筛选，筛选出基本工资为 3 000～4 000元的员工的数据，并筛选出本月缺勤（请病假或事假）员工的工资数据。

操作步骤

1. 在工作表"会计凭证表"中筛选科目为"银行存款"的数据

筛选出科目为"银行存款"的数据，具体操作步骤如下。

（1）鼠标定位在工作表"会计凭证表"数据区域中的任意单元格，选择"数据"菜单"筛选"子菜单中的"自动筛选"命令，如图 2.58 所示。

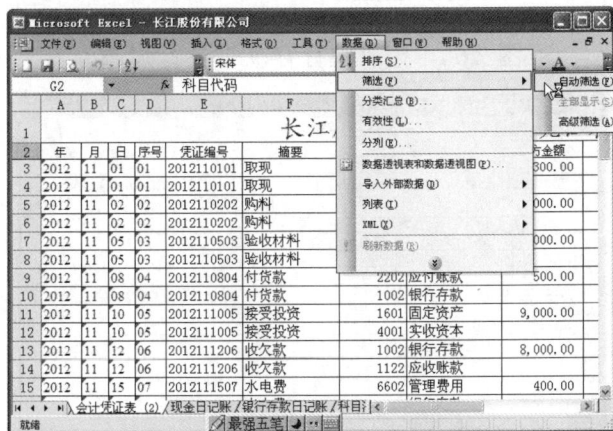

图 2.58 选择"自动筛选"命令

（2）在数据区域的标题行中，每个列标题右侧都出现了下三角图标，完成自动筛选的设置，如图2.59所示。

（3）在标题行中，单击"科目名称"列标题右侧的下三角图标，可以看到所有的科目名称以列表形式显示，选择"银行存款"选项，按"银行存款"进行筛选，如图2.60所示。

（4）完成自动筛选，此时数据区域中只显示科目为"银行存款"的数据行，其他科目的数据被隐藏，如图2.61所示。

如果要查看科目为"银行存款"、摘要为"销售"的数据，可以在筛选出所有的"科目名称"为"银行存款"的数据行后，单击"摘要"列标题右侧的下三角图标，在下拉列表中选择"销售"选项，这时工作表中只显示科目为"银行存款"、摘要为"销售"的数据行，其余数据被隐藏。

图 2.59 完成自动筛选的设置

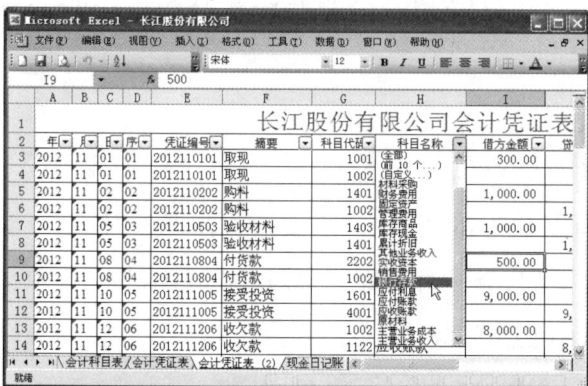

图 2.60 按"银行存款"进行筛选

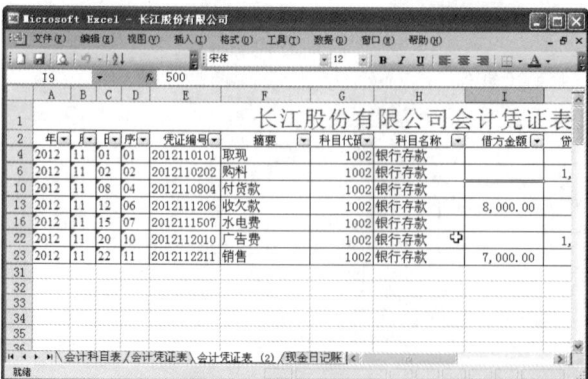

图 2.61 完成自动筛选

提示： 完成筛选后，凡是进行了筛选操作的列，其标题右侧的下三角图标显示为蓝色，其余的仍为黑色。

如果要取消当前的筛选结果，返回到显示全部数据的状态，则可以单击"科目名称"右侧的下三角图标，在下拉列表中选择"全部"选项，如图 2.62 所示。如果有多列数据需要筛选，则只要逐个单击显示为蓝色的下三角图标，在每个下拉列表中选择"全部"选项即可。

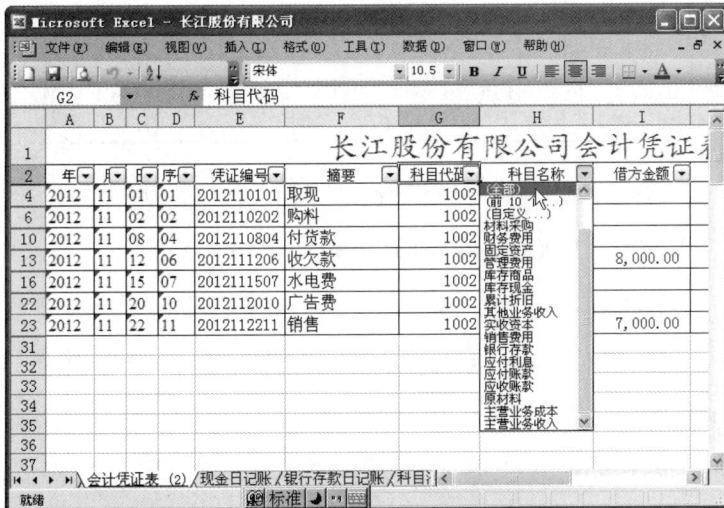

图 2.62 取消当前的筛选结果

若表格中的数据不再需要筛选，则可以删除数据区域的筛选。将鼠标定位在工作表数据区域中的任意单元格，选择"数据"菜单"筛选"子菜单中的"自动筛选"命令，如图 2.63 所示。将"自动筛选"命令前的"√"去除，删除设置的"自动筛选"。删除"自动筛选"后，工作表中列标题右侧的下三角图标全部消失，如图 2.64 所示。

图 2.63 删除"自动筛选"

图 2.64 "自动筛选"前的"√"已去除

2. 筛选出基本工资为 3 000～4 000 元的员工的数据

上例中所筛选的数据都是确定值。例如，科目为"银行存款"、摘要为"销售"的数据。如果要筛选基本工资为 3 000～4 000 元的员工的数据，也就是在某特定范围内的数据，则要利用自定义筛选功能进行。具体操作步骤如下。

（1）选择工作表"员工工资表"数据区域中的任意单元格，选择"数据"菜单"筛选"子菜单中的"自动筛选"命令。

（2）单击标题行中"基本工资"右侧的下三角图标，在下拉列表中选择"自定义"命令，如图 2.65 所示。

（3）打开"自定义自动筛选方式"对话框，设置自定义筛选的条件，如图 2.66 所示。

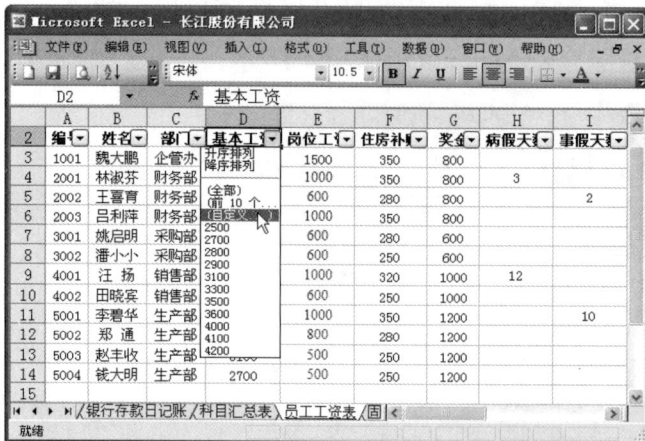

图 2.65 选择"自定义"命令

图 2.66 "自定义自动筛选方式"对话框

（4）在"显示行"栏中，展开第一行左侧的下拉列表，选择"大于或等于"选项，在其后的文本框中输入值"3000"。

（5）在"与"和"或"单选按钮中选中"与"单选按钮。

（6）展开第二行左侧的下拉列表，选择"小于或等于"选项，在其后的文本框中输入值"4000"。自定义筛选条件设置完成后如图 2.67 所示。

（7）单击"确定"按钮，完成筛选数据的操作，这时数据区域中只显示基本工资为 3 000～4 000 元的所有数据行，其他的数据被隐藏，如图 2.68 所示。

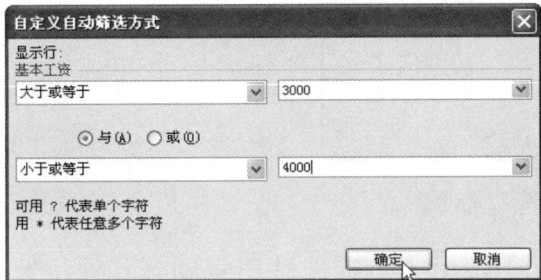

图 2.67　自定义筛选条件设置完成

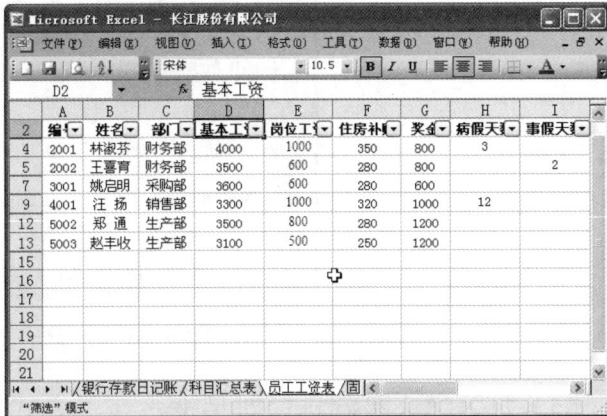

图 2.68　完成自定义筛选

3.　筛选缺勤员工的工资数据

在"员工工资表"中，如果要查看有请假记录的员工工资数据，则这时设置的筛选条件应该是"病假天数>0"，或者是"事假天数>0"，而用自动筛选进行操作时，只能筛选出既有病假又有事假的员工工资数据。也就是说，自动筛选在对多列数据进行筛选时，能进行的筛选操作是每列数据的筛选条件同时成立。对于这种两个条件中只要一个条件满足就筛选出结果的情况，就需要用到 Excel 中的高级筛选功能。进行高级筛选操作时，先要建立条件区域，然后进行筛选操作，筛选的结果可以选择置于原数据区域或复制到其他位置。具体操作步骤如下。

（1）在"员工工资表"中，将"病假天数"和"事假天数"两个列标题复制到工作表中的空白区域 B17:C17。

（2）在这两个列标题下输入条件，两个条件均为">0"，必须分行输入 B18 单元格和 C19 单元格中，如图 2.69 所示。

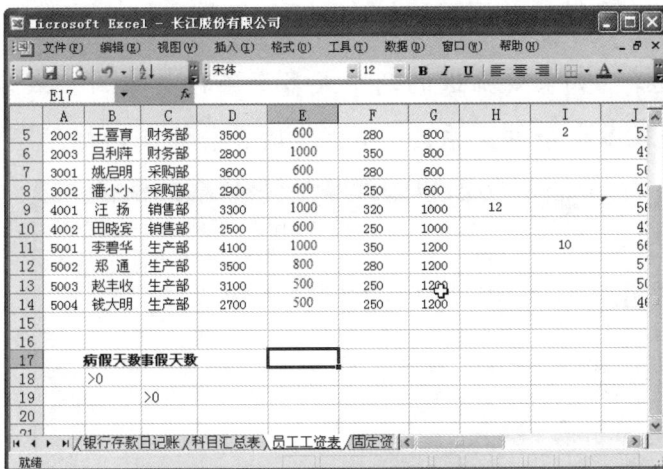

图 2.69　设置筛选条件

（3）选择"员工工资表"中数据区域的任意单元格。

（4）选择"数据"菜单"筛选"子菜单中的"高级筛选"命令，如图 2.70 所示。

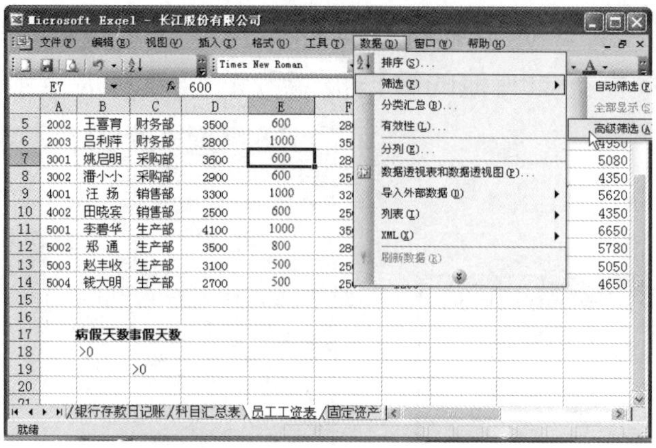

图 2.70　选择"高级筛选"命令

（5）打开"高级筛选"对话框，在"方式"选区中选中"将筛选结果复制到其他位置"单选按钮如图 2.71 所示。

（6）查看"列表区域"所选择的需要筛选的数据区域是否正确，若有误，可重新选择。

（7）选择"条件区域"为 B17:C19，在"复制到"文本框中指定筛选结果复制到区域左上角单元格地址"员工工资表!$A$21"，如图 2.72 所示。

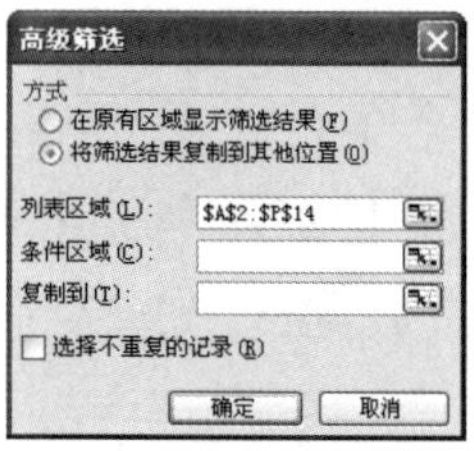

图 2.71　"高级筛选"对话框

图 2.72　设置筛选的参数

（8）单击"确定"按钮，完成数据的筛选操作。

完成高级筛选操作后，在筛选出的结果中可以看出，或有病假或有事假的员工工资数据已复制到当前工作表从 A21 开始的单元格区域中，而原数据区域中的数据不变，如图 2.73 所示。

提示： 在高级筛选择，如果要筛选的两个或多个条件关系为"或者"时，条件必须分行输入；当筛选时的两个或多个条件关系为"并且"时，条件在列标题下的同一行中进行输入。

图 2.73　完成高级筛选

若要取消筛选结果，则将显示筛选结果区域的数据全部删除即可。如果设置的是"在原有区域显示筛选结果"，则会在原数据区域显示有病假或有事假的员工的工资数据，其余数据行被隐藏。此时，若要取消筛选状态，则可以选择"数据"菜单"筛选"子菜单中的"全部显示"命令，如图 2.74 所示。

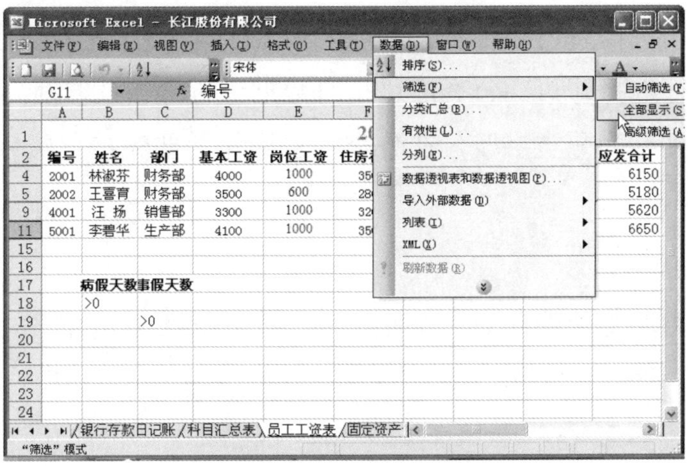

图 2.74 取消筛选状态

任务实施

练一练

表 2.5 所示为某公司 2012 年 8 月员工工资数据表，按要求对表中数据进行筛选。

（1）筛选出所有住房补贴为 350 元的员工工资数据。

（2）筛选出实发工资在 5 000 元以上的员工工资数据。

（3）筛选出生产部的岗位工资为 400～900 元的员工工资数据。

（4）筛选出奖金在 1 000 元以上，或者应缴个人所得税在 150 元以上的员工工资数据。

任务五 Excel 的分类汇总

任务导入

财务处小李通过 Excel 的排序和筛选功能，可以分部门或分情况查看员工工资。如果要按部门汇总各项数据，有没有更快捷的方法呢？

任务要求

在会计表格中，根据指定条件进行分类汇总，可以对数值数据进行计数、求和、求平均值等操作，从而方便地获取数据的汇总情况。

知识准备

在会计数据表格中，无论是销售报表还是日常支出费用报表，同一表格中的数据量都很大，常常需要分类查看。通过 Excel 的分类汇总功能可以先对工作表中的数据内容进行分类，然后统计同类数据的相关信息，从而能够进行求和、计数、平均值、最大值、最小值等操作，在使用时根据需要进行选择即可。分类汇总是对数据进行分析的一种常用方法，根据某一列的数据进行分类，该列称为分类字段，在分类汇总操作前要先按分类字段进行排序。

任务操作

通过 Excel 的分类汇总功能，对"员工工资表"中的数据进行分类汇总。

操作步骤

在"员工工资表"中对员工按部门分类汇总岗位工资和奖金，具体操作步骤如下。

（1）选择"员工工资表"中的"部门"数据列中的任意单元格，单击工具栏按钮"**↑↓**"，按"部门"对各数据行进行升序排序，如图 2.75 所示。

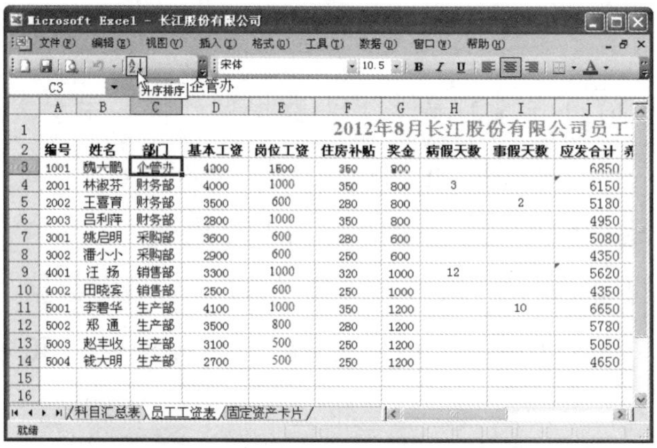

图 2.75 按"部门"升序排序

（2）选择"数据"菜单中的"分类汇总"命令（见图 2.76），打开"分类汇总"对话框。

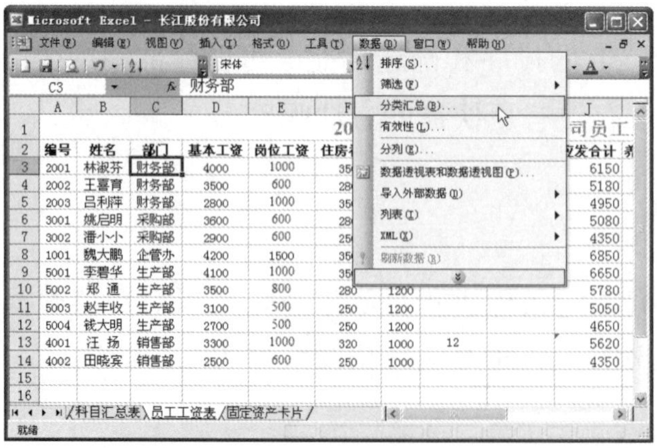

图 2.76 选择"分类汇总"命令

（3）在"分类字段"下拉列表中，选择"部门"选项，如图 2.77 所示。

（4）在"汇总方式"下拉列表中，选择"求和"选项。

（5）在"选定汇总项"列表框中，勾选"岗位工资"和"奖金"复选框，如图 2.78 所示。

如果要将汇总数据显示在数据下方，则勾选"汇总结果显示在数据下方"复选框，单击"确定"按钮，完成分类汇总的操作。

分类汇总完成后，在工作表的数据区域，各部门数据行之后均插入一行，该行中显示的是本部门员工的岗位工资和奖金的汇总数据，如图 2.79 所示。

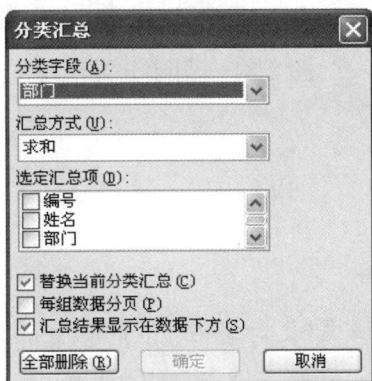

图 2.77　确定"分类字段"为"部门"　　　　图 2.78　设置"选定汇总项"

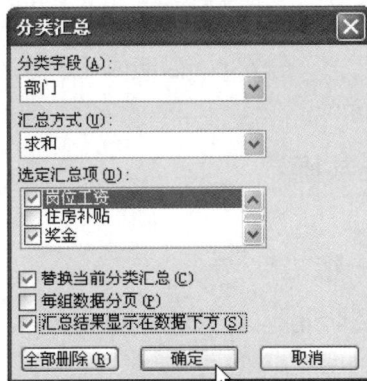

图 2.79　完成分类汇总

为方便查看数据，可以将分类汇总后暂时不需要查看的数据隐藏起来，当需要时再显示。单击工作表左边列表树的"−"按钮，可以隐藏当前部门的数据记录，只显示该部门的汇总信息。这时，"−"变为"+"，单击"+"按钮时，可以将隐藏的数据信息显示出来，如图 2.80 所示。

如果要删除分类汇总的显示状态，则打开"分类汇总"对话框，单击左下角的"全部删除"按钮即可，如图 2.81 所示。

图 2.80　隐藏或显示原数据信息

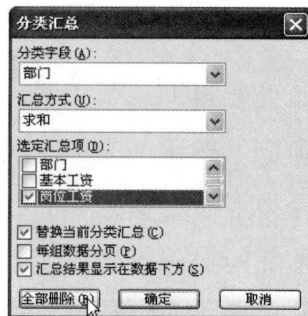

图 2.81　删除分类汇总的显示状态

任务实施

练一练

表 2.5 所示为某公司 2012 年 8 月员工工资数据表，按要求对表中数据进行分类汇总。

（1）按部门求出各部门员工的岗位工资、住房补贴、应缴个人所得税等数据的总和。

（2）按部门求出各部门扣款合计、应缴个人所得税、实发工资的平均值。

（3）通过分类汇总求出各部门的员工数。

项目三

Excel 高级工作表的特性

📖 项目引领

> 小李，你对电子表格中的一般操作掌握得还不错。将其他格式的文件导入电子表格中，创建图表分析数据，这些可以帮助你更有效地利用数据，所以也要学会哦！

小李通过运用 Excel 处理会计表格数据已经能较好地完成工作了，但对数据的统计分析能力还有待掌握和提高。随着对工作的熟悉，对于部门主管分配的工作，小李除了需要对原始数据进行输入及简单的分类查看和统计，还需要将人事部门的数据导入 Excel 中，用于创建新的工资数据表、统计各部门工资总额在公司总工资额中所占比例、分析部门支出费用等，这些都有赖于她对 Excel 高级工作表的特性的掌握和应用。

🎯 项目目标

知识目标

（1）了解在 Excel 中导入外部数据的方法。

（2）掌握图表的创建。

（3）掌握数据透视表的构建。

（4）了解数据有效性的基本内容。

能力目标

（1）掌握导入文本文件的操作。

（2）能选择数据表中的数据创建图表。

（3）掌握创建趋势线的方法。

（4）能运用数据透视表分析和统计数据。

（5）掌握数据有效性设置，规范数据的输入。

（6）学习多窗口的各种操作。

任务一　导入文本文件

任务导入

新一年招聘的员工已经到岗，每月一次的工资计算工作即将到来。在编制员工工资表之前，小李要从人事部获取所有员工的信息，以完成员工工资表的数据计算。从人事部获得的员工数据是文本格式（.txt）的文件，如果按照数据一项项地输入 Excel 表中，既费时又费力，还需要仔细核对以免产生差错，能不能直接将文本格式的数据导入 Excel 表中呢？

任务要求

将人事部门获得的"职工档案表.txt"文件的信息导入 Excel 表中，作为创建工资表的基本数据。

知识准备

在会计工作中，大部分数据需要会计人员手工输入。但有时，其他部门的一些数据表或从财务软件中导出的数据也可以通过导入数据功能直接拿来使用。这样，既提高了工作效率又减少了手工输入可能产生的错误。

一般的数据处理软件都能将其管理的数据导出为文本格式（.txt）的文件，这种格式的文件是包含很少格式信息的文字文件。从其他应用软件中导出文本格式数据时，通常其数据列的间隔符为制表符，有些也可以由用户指定间隔符。这样，在 Excel 中导入这些数据时，系统会自动识别数据列。

任务操作

从人事部门获取职工档案信息，将文本格式的数据导入 Excel 表中，作为编制员工工资表数据的依据。

操作步骤

将人事部门的"职工档案表.txt"导入Excel中，以计算员工工资，具体操作步骤如下。

（1）启动Excel，选择"文件"菜单中的"打开"命令，打开"打开"对话框。

（2）在"查找范围"中定位存放"职工档案表.txt"的文件夹，在"文件类型"下拉列表中选择"文本文件"或"所有文件"选项，如图3.1所示。

图3.1 设置"查找范围"及"文件类型"

（3）选择"文件名"下拉列表中的"职工档案表"选项，单击"打开"按钮，打开"文本导入向导"对话框。

（4）选中"分隔符号"单选按钮，如果导入的文本文件中的数据是固定列宽的，则可以选中"固定宽度"单选按钮。此表中数据从第二行开始，因此设置"导入起始行"为"2"，单击"下一步"按钮，如图3.2所示。

（5）勾选"分隔符号"栏中的"Tab键"复选框，查看"数据预览"窗格中的数据分隔是否正确，如不正确，则要重新勾选其他分隔符号的复选框，单击"下一步"按钮，如图3.3所示。

（6）在此步骤中，选择"数据预览"窗格中的各数据列，在对话框的左上角区域设定该列数据是否导入或跳过，如果导入，可指定导入列的数据类型，单击"完成"按钮，完成导入文本文件的操作，如图3.4所示。

完成导入后，返回到Excel窗口，文件命名为"职工档案表"，工作簿文件中只有一张工作表，该工作表也命名为"职工档案表"，如图3.5所示。在关闭文件之前，需要将文件保存为.xls格式。

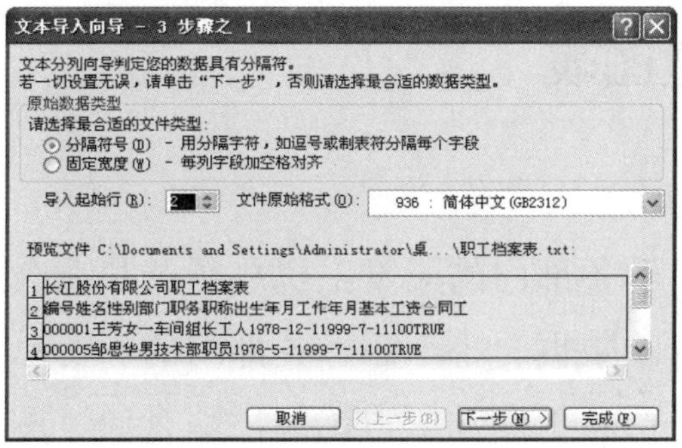

图3.2 文本导入向导-3步骤之1

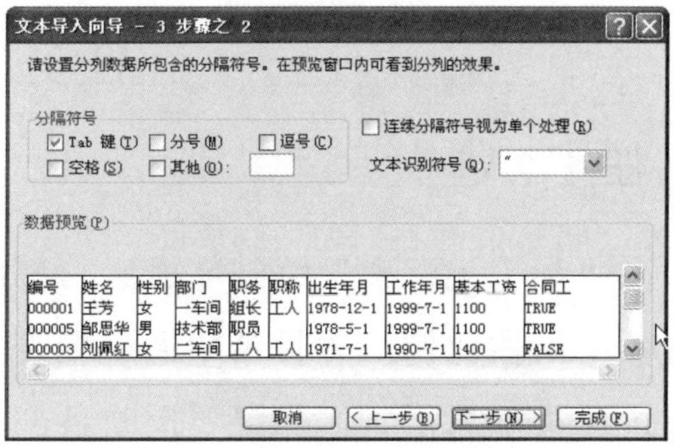

图3.3 文本导入向导-3步骤之2

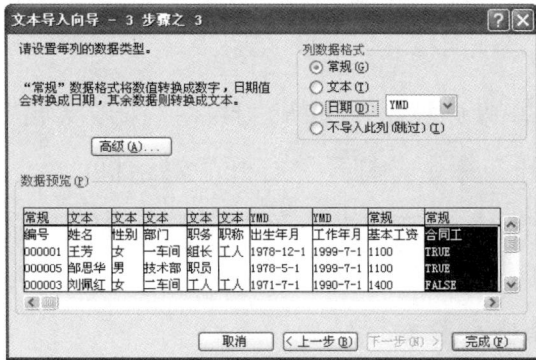

图 3.4　文本导入向导-3 步骤之 3

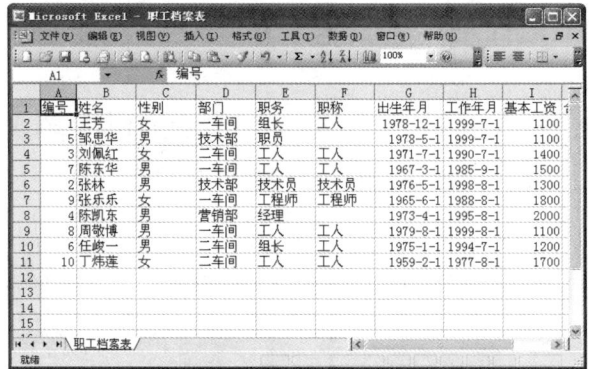

图 3.5　导入文本文件完成

任务实施

练一练

资料：2012 年 8 月长江股份有限公司员工工资与出勤情况数据如下。

编号，姓名，部门，基本工资，岗位工资，住房补贴，奖金，病假天数，事假天数
1001，魏大鹏，企管办，4 200，1 500，350，800，，
2001，林淑芬，财务部，4 000，1 000，350，800，3，
2002，王喜育，财务部，3 500，600，280，800，，2
2003，吕利萍，财务部，2 800，1 000，350，800，，
3001，姚启明，采购部，3 600，600，280，600，，
3002，潘小小，采购部，2 900，600，250，600，，
4001，汪　扬，销售部，3 300，1 000，320，1 000，12，
4002，田晓宾，销售部，2 500，600，250，1 000，，
5001，李碧华，生产部，4 100，1 000，350，1 200，，10
5002，郑　通，生产部，3 500，800，280，1 200，，
5003，赵丰收，生产部，3 100，500，250，1 200，，
5004，钱大明，生产部，2 700，500，250，1 200，，

要求：

请将数据内容输入文本文件中，以"员工工资基本数据.txt"为名进行保存，然后将此文件导入 Excel 表中，将文件保存为"员工工资数据.xls"。

任务二　创建图表

任务导入

在"员工工资表"编制完成后，部门主管要了解各部门的应发工资总额及其在公司总工资额中所占比例，并且希望通过图表的形式来反映数据。小李想，各部门的工资总额可以通过分类汇总得到，如果要反映各部门工资在公司总工资额所占比例，那么通过图表来反映是最直观的。

任务要求

对"员工工资表"按部门汇总员工应发工资，并在图表上标注出各部门的应发工资总额在公司总工资额中所占比例；根据收支费用表中的数据创建折线图，并添加趋势线。

知识准备

Excel 有强大的图表功能，此项功能使得多种图表的制作简单、方便，十分有利于数据的分析和交流。无论是进行会计数据分析还是向决策者提供直观的数据展示，都可以通过图表的形式来处理数据。Excel 提供了 14 种标准图表类型，每一种图表类型又分为多个子类型，人们可以根据不同需要选择不同类型的图表来处理数据。常用的图表类型有柱形图、条形图、拆线图、饼图、面积图、XY 散点图、圆环图、股价图、曲面图、圆柱图、圆锥图和棱锥图等。

1. 创建图表

创建图表时要注意正确选择数据区域作为图表的源数据，在选择时一般要将数据的列标题选入。通过单击工具栏中的图表向导按钮"📊"，打开"图表向导"对话框，利用 Excel 的"图表向导"便捷地创建所需要的图表。也可以通过"插入"菜单中的"图表"命令，打开"图表向导"对话框来创建图表。

2. 设置图表

在创建图表后，只要图表被选择或对图表进行操作，系统菜单中的"数据"菜单就会变换为"图表"菜单，以便对图表进行设置和编辑。图表可以直观地反映各项数据，如果要对图表进行更改或设置，如在图表中增加标记或具体数值，则可通过设置图表的背景或添加图表中的标志值等，使图表反映的数据更易阅读。通过对图表的编辑和修改，可以完成更改图表的源数据区域、改变图表类型、设置图表的外观、在图表中插入数据值等操作。对图表的编辑和修改可以通过"图表"菜单、"图表"工具栏或在图表区域右击打开"图表"快捷菜单进行操作。

3. 添加趋势线

在企业的财务数据分析中，如何对收入或支出费用进行分析是每个企业经营者都要面对的问题。通过在 Excel 图表中添加表示数据变化方向的趋势线，能帮助企业经营者对数据的走势情况进行预测。趋势线是一条表示数据起伏变化的线段，用于表示波动或预测数据的前后趋势。在 Excel 中，常见的趋势线有线性趋势线、指数趋势线、对数趋势线、多项式趋势线和幂趋势线。运用这些趋势线可以在图表中表示出数据的趋势是上升的还是下降的，明确数据的走势。如果在图表中添加趋势线，就要选择适当的图表类型，一般柱形图、条形图、拆线图和 XY 散点图等都可以添加趋势线，而饼图、面积图和圆环图等不能添加趋势线。

任务操作

对“员工工资表”进行分类汇总，获得各部门的应发工资总额，然后选择各部门的应发工资总额作为数据源创建饼图，通过图表的设置在饼图上标注各部门的工资及其在公司总工资额中所占比例，针对部门收支费用情况创建图表并添加趋势线。

操作步骤

1. 在工作表“员工工资表”中，对各部门应发工资总额创建图表

对于各部门工资支出在公司总工资额中的占比情况，可以使用图表直观显示。通过分类汇总得到各部门的应发工资总额，然后根据各部门的应发工资总额选用饼图显示各部门工资在公司总工资额中所占比例，具体操作步骤如下。

（1）将鼠标定位在“员工工资表”的数据区域，按部门排序，如图 3.6 所示。

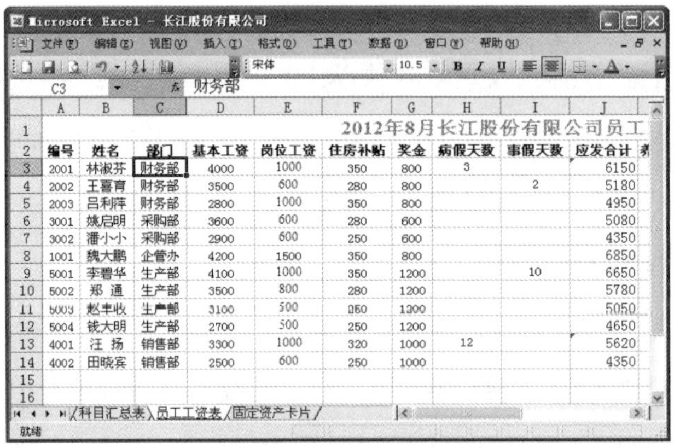

2012年8月长江股份有限公司员工

编号	姓名	部门	基本工资	岗位工资	住房补贴	奖金	病假天数	事假天数	应发合计
2001	林淑芬	财务部	4000	1000	350	800	3		6150
2002	王喜育	财务部	3500	600	280	800		2	5180
2003	吕利萍	财务部	2800	1000	350	800			4950
3001	姚启明	采购部	3600	600	280	600			5080
3002	潘小小	采购部	2900	600	250	600			4350
1001	魏大鹏	企管办	4200	1500	350	800			6850
5001	李碧华	生产部	4100	1000	350	1200		10	6650
5002	郑 通	生产部	3500	800	280	1200			5780
5003	赵丰收	生产部	3100	500	250	1200			5050
5004	钱大明	生产部	2700	500	250	1200			4650
4001	汪 扬	销售部	3300	1000	320	1000	12		5620
4002	田晓宾	销售部	2500	600	250	1000			4350

图 3.6 按部门对“员工工资表”排序

（2）按部门对员工的“应发合计”进行分类汇总，得到各部门的应发工资总额，如图 3.7 所示。

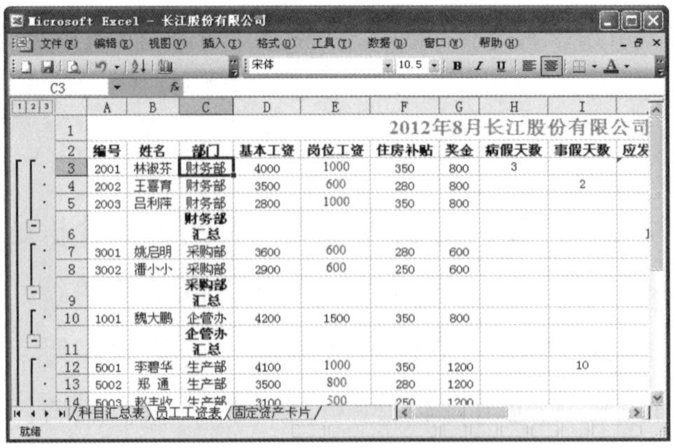

2012年8月长江股份有限公司

编号	姓名	部门	基本工资	岗位工资	住房补贴	奖金	病假天数	事假天数	应发
2001	林淑芬	财务部	4000	1000	350	800	3		
2002	王喜育	财务部	3500	600	280	800		2	
2003	吕利萍	财务部	2800	1000	350	800			
		财务部汇总							
3001	姚启明	采购部	3600	600	280	600			
3002	潘小小	采购部	2900	600	250	600			
		采购部汇总							
1001	魏大鹏	企管办	4200	1500	350	800			
		企管办汇总							
5001	李碧华	生产部	4100	1000	350	1200		10	
5002	郑 通	生产部	3500	800	280	1200			
5003	赵丰收	生产部	3100	500	250	1200			

图 3.7 按部门对员工的“应发合计”进行分类汇总

（3）单击左边列表树的“-”按钮，隐藏各部门的原始数据，只显示汇总的各部门应发

工资总额，如图 3.8 所示。

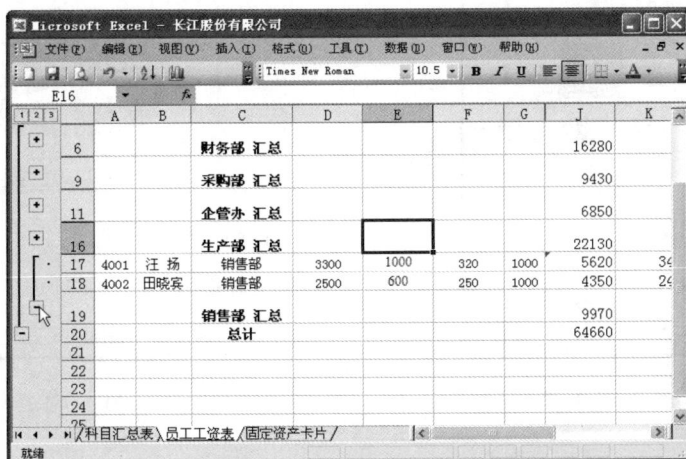

图 3.8　单击"-"按钮隐藏各部门原始数据

（4）将鼠标定位在数据区域中，单击工具栏上的图表向导按钮" "，如图 3.9 所示。

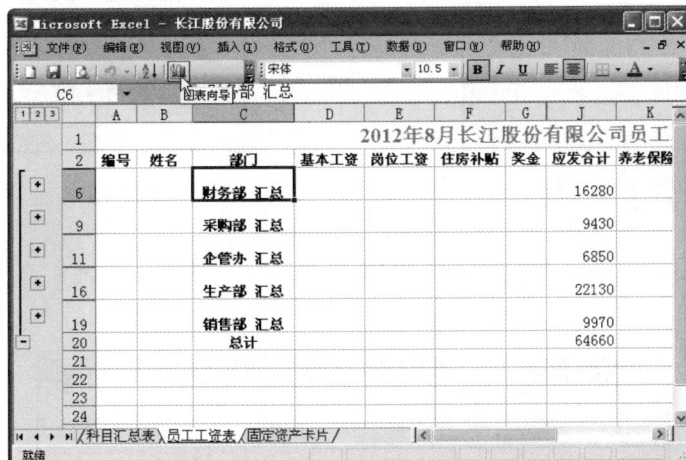

图 3.9　单击"图表向导"按钮

（5）打开"图表向导"对话框，进入"图表向导-4 步骤之 1-图表类型"对话框，选择图表类型。在"标准类型"选项卡中选择"饼图"类型中的"三维饼图"子类型，如图 3.10 所示。

（6）单击"下一步"按钮，进入"图表向导-4 步骤之 2-图表数据"对话框，选择图表源数据，单击"数据区域"右侧的" "按钮，选择"部门"所在列 C2:C19 单元格区域和"应发合计"所在列 J2:J19 单元格区域，如图 3.11 所示。

（7）单击"下一步"按钮，进入"图表向导-4 步骤之 3-图表选项"对话框，设置图表选项。在"图表标题"文本框中输入"各部门工资比例"，如图 3.12 所示。

（8）单击"下一步"按钮，进入"图表向导-4 步骤之 4-图表位置"对话框，设置图表位置。选中"作为其中的对象插入"单选按钮，将图表插入当前工作表"员工工资表"中，如图 3.13 所示。

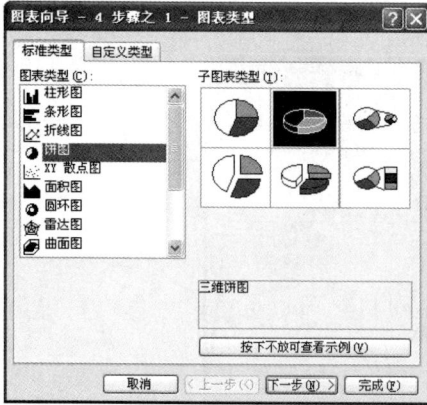

图 3.10　选择图表类型

图 3.11　确定图表源数据

图 3.12　设置图表选项

图 3.13　设置图表位置

（9）单击"完成"按钮，创建完成的图表将插入当前工作表"员工工资表"中，如图 3.14 所示。

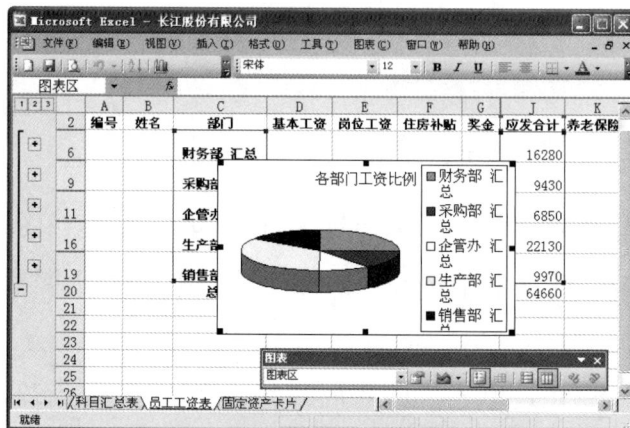

图 3.14　图表创建完成

创建图表完成时，"图表"工具栏显示在窗口中，以便对图表进行编辑。"图表"工具栏如图 3.15 所示。

图 3.15　"图表"工具栏

图表创建完成后，如果在图表区域内单击，即选择图表，Excel 的"数据"菜单会变为"图表"菜单，"图表"工具栏也会显示在窗口中，利用"图表"菜单或"图表"工具栏可以对图表进行编辑和修改。

提示：图表创建完成后，如果对源数据进行了修改，图表的信息也会随之发生变化，无须重新创建。Excel会根据源数据的变化更新图表中的数据信息。

2．对图表进行设置和修改

将"各部门工资比例"图表置于工作表中A21:G34单元格区域，图表类型改为"饼图"，图表标题设为"黑体""16"磅字，图例的字号设为"10"磅，在图中增加各部门工资的具体比例值。

对图表进行设置和修改可通过"图表"工具栏或"图表"菜单进行，具体操作步骤如下。

（1）在图表区域按下鼠标左键，拖动图表区域，使其左上角置于A21单元格。将鼠标移动到图表的右下角，当鼠标变为双向箭头形状时，按下鼠标左键，将图表边框拖动到G34单元格，从而设置图表的位置和大小，如图3.16所示。

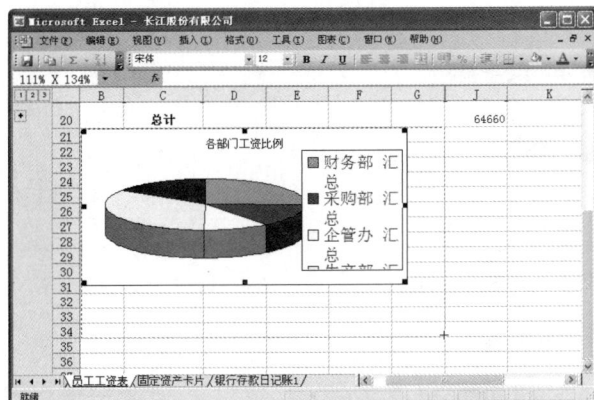

图3.16　设置图表的位置和大小

（2）选择"图表"菜单中的"图表类型"命令，如图3.17所示。

（3）打开"图表类型"对话框，选择"子图表类型"列表框中的"饼图"选项，单击"确定"按钮，完成类型修改，如图3.18所示。

（4）右击图表标题，在弹出的快捷菜单中选择"图表标题格式"命令，如图3.19所示。

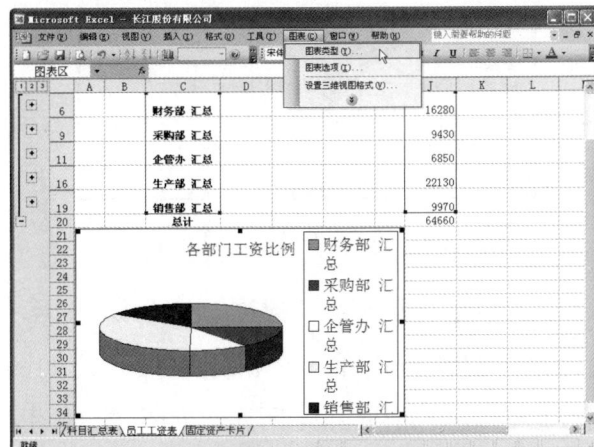

图3.17　选择"图表类型"命令

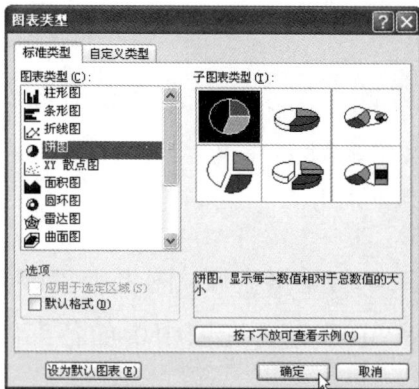

图 3.18 选择"子图表类型"列表框中的"饼图"选项　　图 3.19 选择"图表标题格式"命令

（5）打开"图表标题格式"对话框，选择"字体"选项卡，设置"字体"为"黑体"，"字号"为"16"磅，单击"确定"按钮，完成"图表标题格式"的设置，如图 3.20 所示。

（6）单击图例区域，在"图表"工具栏中单击图例格式按钮"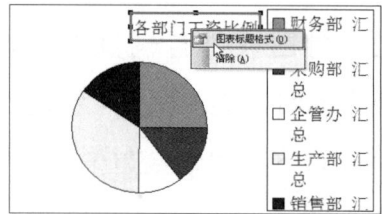"，如图 3.21 所示。打开"图例格式"对话框，在"字体"选项卡中设置图例的"字号"为"10"磅，单击"确定"按钮完成设置。

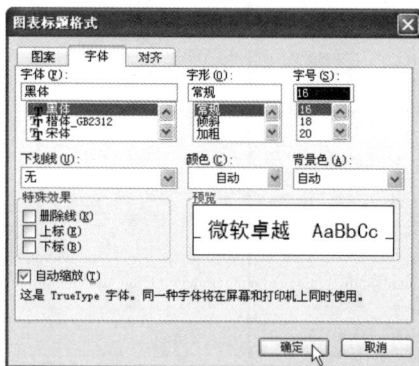

图 3.20 设置"图表标题格式"　　　　　图 3.21 单击"图例格式"按钮

（7）选择图表，选择"图表"菜单中的"图表选项"命令，如图 3.22 所示。

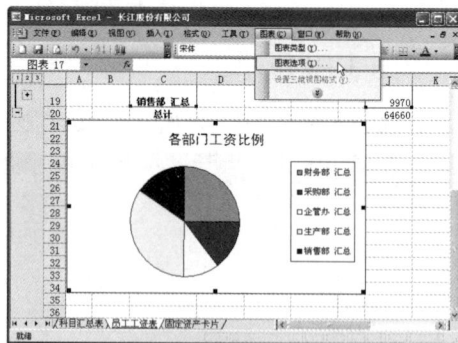

图 3.22 选择"图表选项"命令

（8）打开"图表选项"对话框，切换到"数据标志"选项卡，在"数据标签包括"下的 4 个选项中，勾选"百分比"复选框，单击"确定"按钮，如图 3.23 所示。

完成所有的设置和修改后，效果如图 3.24 所示。如果要对图表区的背景、显示数据值的小数位等进行进一步的修改，仍然可通过菜单、工具栏或快捷菜单进行。

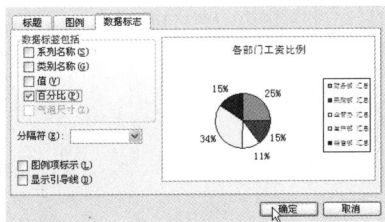

图 3.23　设置数据标志

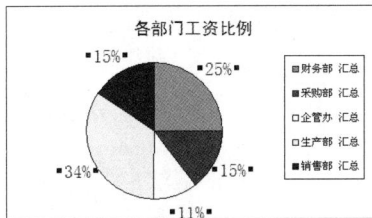

图 3.24　完成图表的设置和修改

3．在工作表"收支费用表"中按全年的收入和支出数据绘制折线图，并添加趋势线

具体操作步骤如下。

（1）将鼠标定位在"收支费用表"的数据区域，单击工具栏上的图表向导按钮"▦"，打开"图表向导"对话框。

（2）进入"图表向导-4 步骤之 1-图表类型"对话框，设置"图表类型"为"折线图"，选择第二行第一个子类型，如图 3.25 所示。

（3）单击"下一步"按钮，进入"图表向导-4 步骤之 2-图表源数据"对话框，确定图表源数据为 A2:C14 单元格区域，如图 3.26 所示。

（4）单击"下一步"按钮，进入"图表向导-4 步骤之 3-图表选项"对话框，在"图表标题"文本框中输入"2012 年收支费用分析"，如图 3.27 所示。

（5）单击"下一步"按钮，进入"图表向导-4 步骤之 4-图表位置"对话框，确定图表位置，选中"作为其中的对象插入"单选按钮，并在其下拉列表中选择"收支费用表"选项中，单击"完成"按钮，完成创建折线图，如图 3.28 所示。

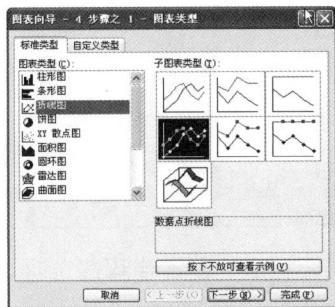

图 3.25　设置"图表类型"为"折线图"

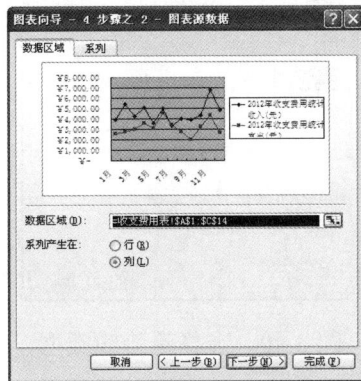

图 3.26　确定图表源数据

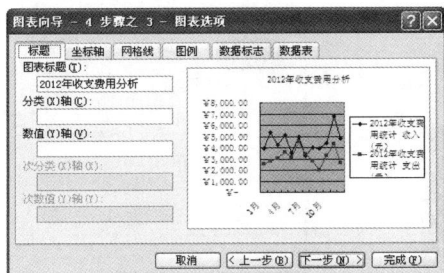

图 3.27　输入图表标题

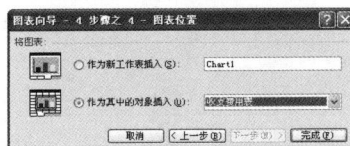

图 3.28　确定图表位置

（6）在图表区域中右击表示收入的蓝色折线，在弹出的快捷菜单中选择"添加趋势线"命令，如图 3.29 所示。

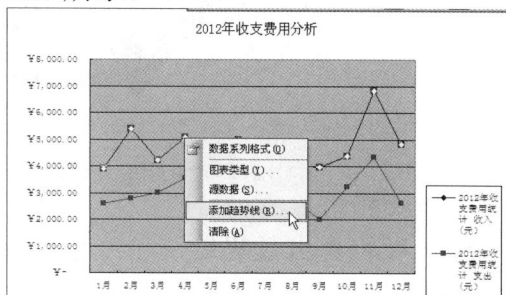

图 3.29 选择"添加趋势线"命令　　　　　选择"添加趋势线"命令

（7）打开"添加趋势线"对话框，在"类型"选项卡中选择趋势线类型为"线性"，如图 3.30 所示。

（8）在"选项"选项卡中，可设置趋势线的名称、向前或向后预测的周期等参数，设置完成后单击"确定"按钮，完成操作，如图 3.31 所示。

（9）在图表区域表示收入的蓝色折线中，穿插了一条黑色的趋势线，即对"收入费用"添加的趋势线，如图 3.32 所示。

（10）右击表示支出的红色折线，在弹出的快捷菜单中选择"添加趋势线"命令，打开"添加趋势线"对话框。

（11）在"类型"选项卡中，选择"线性"类型，单击"确定"按钮，完成"支出费用"的趋势线添加，如图 3.33 所示。

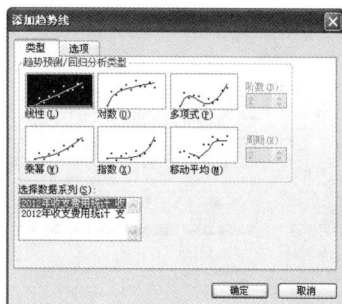

图 3.30 选择趋势线类型

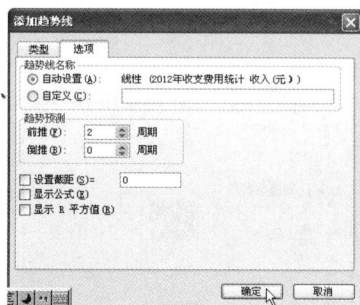

图 3.31 设置趋势线选项

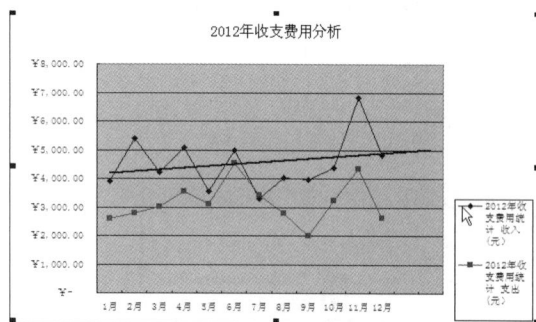

图 3.32 添加"收入费用"的
趋势线

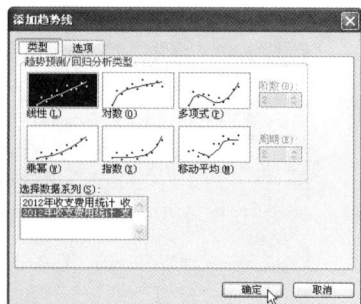

添加"收入费用"的
趋势线

图 3.33 添加"支出费用"的
趋势线

在图表区域表示支出的红色折线中，穿插了一条表示支出的趋势线。从图中可以看出，"收入费用"设置了趋势预测前推两个周期，所以"收入费用"的趋势线要比"支出费用"的趋势线多了两个周期的长度，如图 3.34 所示。趋势线也可进行格式设置，右击趋势线，在弹出的快捷菜单中选择"趋势线格式"命令，即可进行趋势线的格式设置。

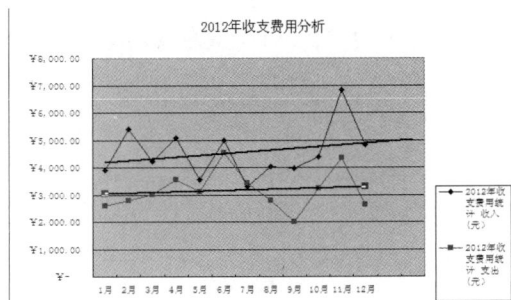

图 3.34 趋势线的比较

趋势线的比较

任务实施

练一练

资料：某公司一车间 2012 年收入支出费用表如表 3.1 所示。

表 3.1 某公司一车间 2012 年收入支出费用表

单位：元

月　份	收　入	支　出
1 月	3 500	1 900
2 月	2 300	1 540
3 月	4 300	2 760
4 月	3 200	1 653
5 月	2 260	1 240
6 月	3 400	1 890
7 月	4 800	2 380
8 月	3 630	2 310
9 月	4 980	2 970
10 月	6 520	4 120
11 月	3 260	1 980
12 月	4 100	2 230

要求：

（1）根据 1—12 月的收入数据情况创建柱形图，要求图表标题为"一车间收入情况图"，设为"黑体"、"14"磅字，清除图例，图表置于当前工作表中的 A16:G30 单元格区域。

（2）根据 1—12 月的支出数据创建"分离型饼图"，图表标题设为"一车间支出情况图"，标注每月支出占全年总支出费用的百分比，图表置于当前工作表中。

（3）将"一车间支出情况图"的图表类型改为"折线图"，并将其置于当前工作表中的 A31:G45 单元格区域。

（4）分别在两个图表中添加线性趋势线。

任务三　数据透视表

任务导入

小李在工作中涉及很多财务数据，其中，林林总总的支出费用表是数据量最大的会计表格，每月的记录数都很多。如果对这些数据进行重新组织和显示，如按日期、部门或类别、科目等进行组织、统计，则可以对各部门的各项费用进行汇总、分析。那么，有没有一种有效的方法可以达到此目的呢？

任务要求

对工作表"部门支出"中的数据分别按日期、部门或支出费用类别进行统计分析。

知识准备

数据透视表是 Excel 进行数据处理的一个强有力的工具。它从工作表数据中提取信息，对数据进行重新布局和分类汇总并生成动态总结报告。不必写入复杂的公式，可通过"数据透视表和数据透视图向导"创建一个交互式表格来自动组织和汇总数据，并且立即得到结果。数据透视表可以将大量、繁杂的数据行转化成简单的、可分析的、有意义的表示方式。

1. 创建数据透视表

创建数据透视表可以通过"数据透视表向导"进行，选择"数据"菜单中的"数据透视表和数据透视图"命令，可打开"数据透视表和数据透视图向导"对话框。在"数据透视表和数据透视图向导"对话框中，经过指定创建的类型（数据透视表或数据透视图）、选择源数据（需要进行统计和分析的数据区域）、指定数据透视表位置（当前工作表或新工作表）3 个步骤，使用户根据提示设置相关参数，方便地完成创建数据透视表的操作。至此，数据透视表的结构创建完成。但是，需要对数据透视表设置数据关系，才能完成所需要数据的统计和分析。

2. 设置数据透视表中的数据关系

数据透视表创建完成后，在数据透视表的布局中有 4 个区域，分别为页字段、行字段、列字段和数据项。根据对数据进行统计和分析的要求，将源数据表中的列标题通过拖动的方式置于各区域，可以完成对数据的统计。

表 3.2 中的数据为工作表"部门支出"中的部分数据，以该表数据为例，数据透视表布局各区域的意义如表 3.3 所示。

表 3.2　"部门支出"表中的部分数据

单位：元

日　　　期	类　　别	用　　　途	部　　　门	金　　　额	经手人
2012-8-1	财务费用	汇率净损失	财务部	143	林淑芬
2012-8-1	管理费用	咨询费	采购部	144.3	姚启明
2012-8-2	销售费用	包装费	销售部	76.5	汪扬
2012-8-2	销售费用	运输费	销售部	96.3	汪扬
2012-8-5	财务费用	汇率净损失	财务部	28.5	林淑芬
2012-8-5	管理费用	工会经费	办公部	360.3	魏大鹏
2012-8-6	财务费用	利息净支出	财务部	119.3	林淑芬
2012-8-6	销售费用	广告费	广告部	576.3	田晓宾
2012-8-7	财务费用	银行手续费	财务部	86.1	林淑芬
……					

表 3.3　数据透视表布局各区域的意义

布局区域	含　　义	实　　例（以"部门支出"表中的数据为例）
页字段	可以对该区域中的列进行筛选，使数据透视表中只显示"页"区域指定值的数据	将"日期"拖动到页字段区域，则可通过指定具体日期（如2012-8-1）使数据透视表只显示指定日期所发生的费用情况
列字段	设定作为透视表水平方向显示的类别	设定"列字段"为"类别"，在数据透视表的左侧行标题，将依次显示财务费用、管理费用、销售费用类别名称
行字段	设定在数据透视表的行中显示的类别	将"部门"置于行字段区域，在数据透视表的水平方向分别显示办公室、财务部、采购部等部门名称
数据项	设定要进行统计的数据项，可以根据需要对数据项设置不同方式的汇总，可以计数、求和、求均值等	若在页、列、行字段区域（如上述实例）中进行设定，将"金额"作为数据项，可以统计出指定日期各部门各类别发生的费用情况，可以求和、统计次数等

将源数据表中的列设定到数据透视表各区域，实际是在数据透视表中根据具体的统计要求设置相应的数据关系。在数据透视表中，不仅可设置为对数据项区域的数据进行简单的求和、计数、求均值、最大值、最小值、乘积或数值计数等统计汇总，也可设置标准偏差、总体标准偏差、方差和总体方差等进行统计汇总，根据需要进行设置即可。

3．修改数据透视表

若对同一源数据表有不同的统计要求，则不需要重新创建数据透视表，仅对已创建的数据透视表进行修改即可。通过重新设置页、行、列字段和数据项，即可对数据透视表进行修改，从而完成不同的数据统计要求。

4．数据透视表数据更新

数据透视表设置数据关系后，如果源数据表中的数据进行了修改，数据透视表中的统计结果并不会根据源表中的数据即时更新，这时不需要重新建立数据透视表，只要执行相应的命令即可更新数据透视表中的统计结果。

任务操作

以工作表"部门支出"为源数据创建数据透视表，通过设置数据透视表的数据关系，统计各部门不同类别的支出费用总额，按日期查看各部门发生的各类别的支出费用总额，按部门列出各类别和日期的支出费用总额，统计各部门不同用途的支出费用总额。

操作步骤

1. 根据工作表"部门支出"中的数据创建数据透视表

若要创建数据透视表，则先要利用数据透视表向导创建数据透视表的结构。具体操作步骤如下。

（1）将鼠标定位在工作表"部门支出"数据区域中的任意单元格，选择"数据"菜单中的"数据透视表和数据透视图"命令，如图 3.35 所示。

（2）打开"数据透视表和数据透视图向导——3 步骤之 1"对话框，在"请指定待分析数据的数据源类型："选区中选中"Microsoft Office Excel 数据列表或数据库"单选按钮，在"所需创建的报表类型"选区中选中"数据透视表"单选按钮，单击"下一步"按钮，如图 3.36 所示。

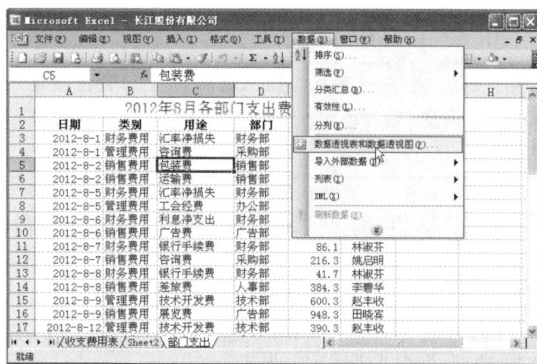

图 3.35　选择"数据透视表和
数据透视图"命令

图 3.36　"数据透视表和数据视图
向导——3 步骤之 1"对话框

（3）在"数据透视表和数据透视图向导——3 步骤之 2"对话框中，选定要创建数据透视表的数据源区域为 A2:F51 单元格区域，单击"下一步"按钮，如图 3.37 所示。

（4）在"数据透视表和数据透视图向导——3 步骤之 3"对话框中，设置"数据透视表显示位置"为"新建工作表"，如图 3.38 所示。

图 3.37　选定要创建数据透视表的数据源区域

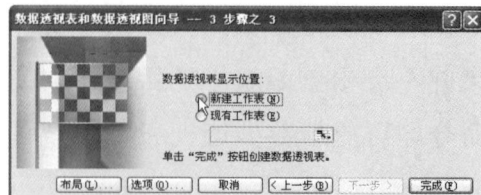

图 3.38　设置"数据透视表显示位置"

（5）单击"完成"按钮，即创建数据透视表结构并置于新工作表"Sheet1"中。同时，"数据透视表字段列表"和"数据透视表"两个工具栏同时显示在当前窗口，如图 3.39 所示。

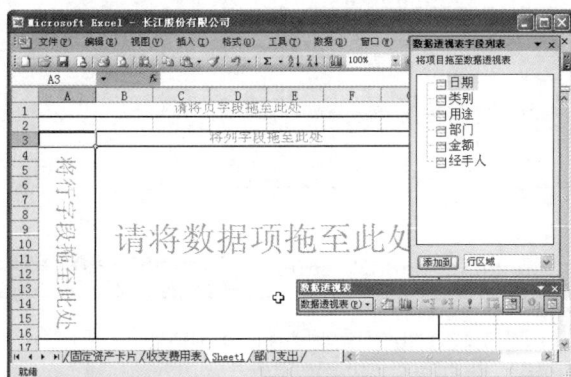

图 3.39　创建的数据透视表结构

2. 用数据透视表统计各部门不同类别的支出费用总额

在创建了数据透视表的结构后，需要设置数据透视表中的数据关系来完成所需要的数据统计。在工作表"部门支出"中，统计各部门不同类别的支出费用总额，具体操作步骤如下。

（1）在"数据透视表字段列表"中将"部门"拖动到数据透视表的行字段区域，即设置"行字段"为"部门"，如图 3.40 所示。

（2）在"数据透视表字段列表"中选择"类别"选项，将其拖动到列字段区域，即设置"列字段"为"类别"，如图 3.41 所示。

（3）将"数据透视表字段列表"中的"金额"拖动到数据项区域，如图 3.42 所示。

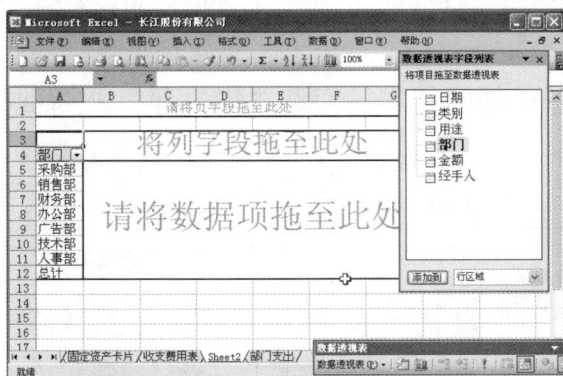

图 3.40　设置"行字段"为"部门"

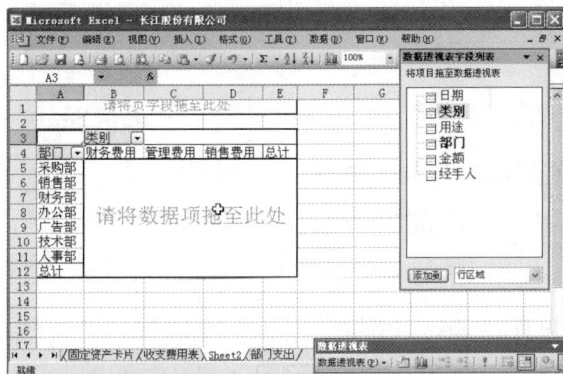

图 3.41　设置"列字段"为"类别"

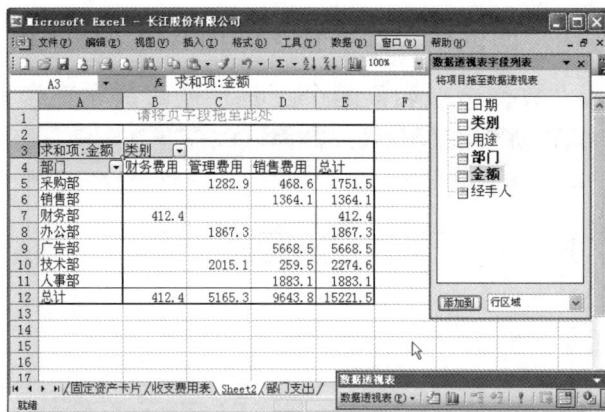

图 3.42　将"金额"拖动到数据项区域

此时可以看到，在数据透视表的左上角单元格中显示"求和项：金额"，表示数据项区域中所显示的数据是多项同类数据的总和。表中所显示的就是各部门在本月不同类别的支出费用总额。在该表的最右列和最下面的行，显示的是该部门和该类别支出费用的总计值。

将字段从"数据透视表字段列表"中拖动到工作表中相应区域的操作，也可通过"数据透视表字段列表"工具栏下方的"添加到"按钮进行。选择一个字段，然后在"添加到"下拉列表中选择相应的区域名称，单击"添加到"按钮，即可将选择的字段添加到指定的区域，与拖动字段到数据透视表相应区域后松开鼠标左键的作用相同。

在数据关系设置完成的数据透视表中，行字段"部门"和列字段"类型"的右侧都有一个黑色的下三角图标，这表示可以对部门和类别进行筛选。单击"部门"右侧的下三角图标，可展开包含源数据表中所有部门的列表，如图 3.43 所示。在每个部门名称前有复选框可供选择，当复选框被勾选时，在数据透视表中就会显示该部门的数据，默认方式为"全部显示"，也可以只选择某些部门，如只勾选"销售部"复选框和"广告部"复选框，如图 3.44 所示。

图 3.43　展开行字段"部门"列表

图 3.44　只选择某些部门

单击"确定"按钮后，数据透视表的显示结果如图 3.45 所示，可以看到，在表中只显示了所选择的"销售部"和"广告部"所发生的支出费用总额。

同样，如果只显示指定类别的支出费用时，可以单击列字段"类别"右侧的下三角图标，展开"类别"列表（见图 3.46），根据需要进行选择，然后单击"确定"按钮即可。

图 3.45 显示指定部门的数据

图 3.46 展开"类别"列表

如果要统计的是各项支出费用发生的次数，则应在数据区域右击，在弹出的快捷菜单中选择"字段设置"命令（见图 3.47），打开"数据透视表字段"对话框（见图 3.48），在"汇总方式"列表框中选择"计数"（见图 3.49），单击"确定"按钮。此时，数据透视表的左上角单元格中显示的是"计数项：金额"，表示在数据项区域中显示的是各部门发生的各项支出费用的次数，而不是发生的支出费用总额，如图 3.50 所示。

图 3.47 选择"字段设置"命令

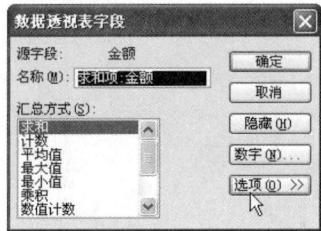

图 3.48 "数据透视表字段"对话框

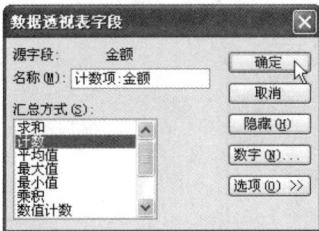

图 3.49 设置"汇总方式"为"计数"

图 3.50 对各部门发生的支出费用进行计次

在"数据透视表字段"对话框中，不仅可以设置对数据项区域的数据进行简单的求和、计数、求均值、最大值、最小值、乘积和数值计数等统计汇总，还可以设置为标准偏差、总体标准偏差、方差和总体方差等统计汇总等，根据需要选用即可。

3. 修改数据透视表中的数据关系

如果要按日期分别查看各部门发生的各类别支出费用总额，那么将"数据透视表字段列表"中的"日期"字段拖动到页字段区域即可，如图 3.51 所示。

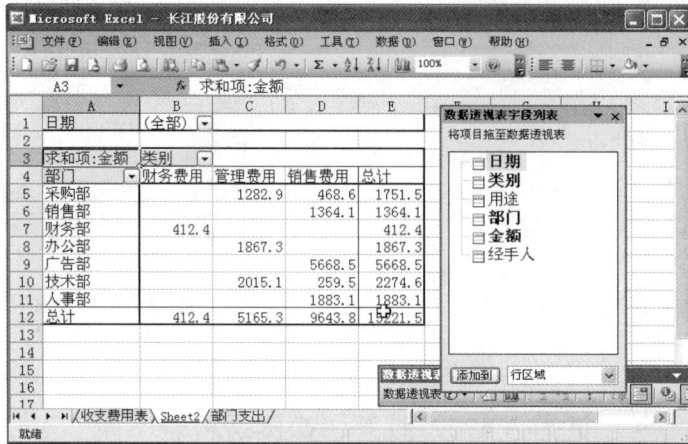

图 3.51　将"日期"字段置于页字段区域

数据透视表中默认为显示所有日期的数据，如果要查看 2012 年 8 月 16 日发生的支出费用情况，则单击"日期"右边单元格中"（全部）"后的黑色下三角图标，展开页字段"日期"后可以看见本月所有发生支出费用的日期，如图 3.52 所示。

图 3.52　展开页字段"日期"

选择要查看的日期"2012-8-16"，单击"确定"按钮，如图 3.53 所示。

图 3.53　选择具体日期后单击"确定"按钮

完成操作后，在数据透视表区域只显示了 2012 年 8 月 16 日各部门所发生的各项支出费用和类别，以及部门支出费用总额，如图 3.54 所示。

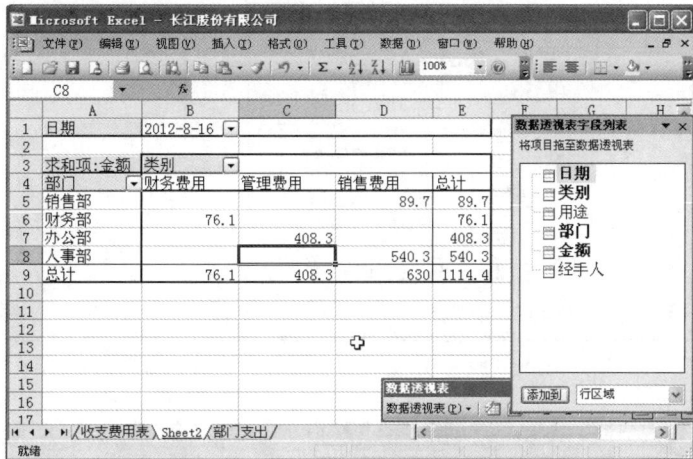

图 3.54 显示指定日期的支出费用

如果要按部门列出各类别和各日期发生的支出费用总额，则可通过修改数据透视表的数据关系来得到结果。例如，将上例中页字段区域的"日期"字段直接从页字段区域拖动到行字段"部门"的右侧黑色下三角图标位置处，数据透视表显示结果如图 3.55 所示。

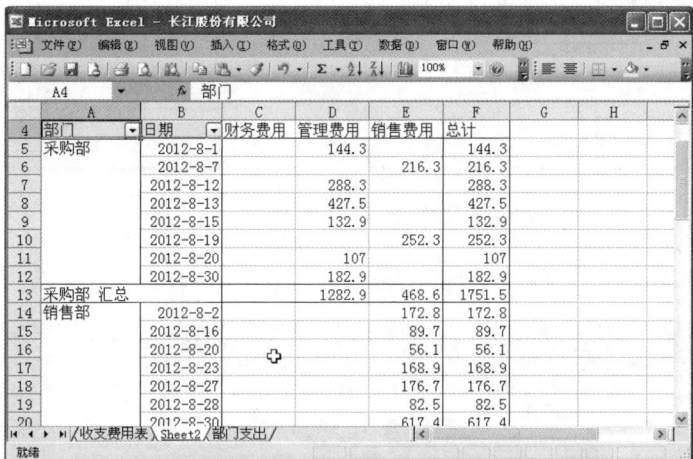

图 3.55 按部门列出各类别和各日期发生的支出费用总额

从数据透视表中可看出，第一列为"部门"，第二列为"日期"，其右侧对应着该部门各日期所发生的各类别的支出费用及总计数。

要改变数据透视表的数据关系，可以通过拖动的方式进行。如果要统计各部门不同用途的支出费用总额，可以通过下列操作步骤进行。

（1）在数据透视表区域右击，在弹出的快捷菜单中选择"显示字段列表"命令，如图 3.56 所示。

（2）将"数据透视表字段列表"工具栏显示在窗口中。

（3）将现有数据透视表区域中的"类别"和"日期"字段分别拖动到"数据透视表字段列表"工具栏中，如图 3.57 所示。

图 3.56　选择"显示字段列表"命令

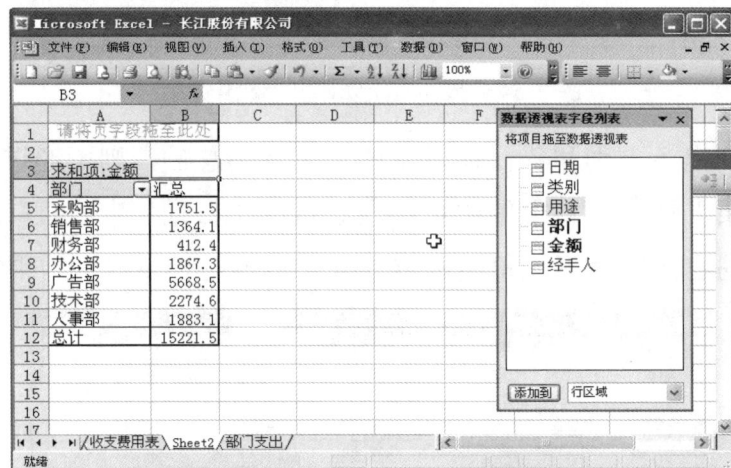

图 3.57　拖动相关字段到字段列表中

（4）将"部门"字段拖动到列字段区域，如图 3.58 所示。

图 3.58　将"部门"设置为列字段

（5）在"数据透视表字段列表"中，将"用途"字段拖动到行字段区域。

这时的数据透视表中显示了各部门不同用途的支出费用情况，如图 3.59 所示。

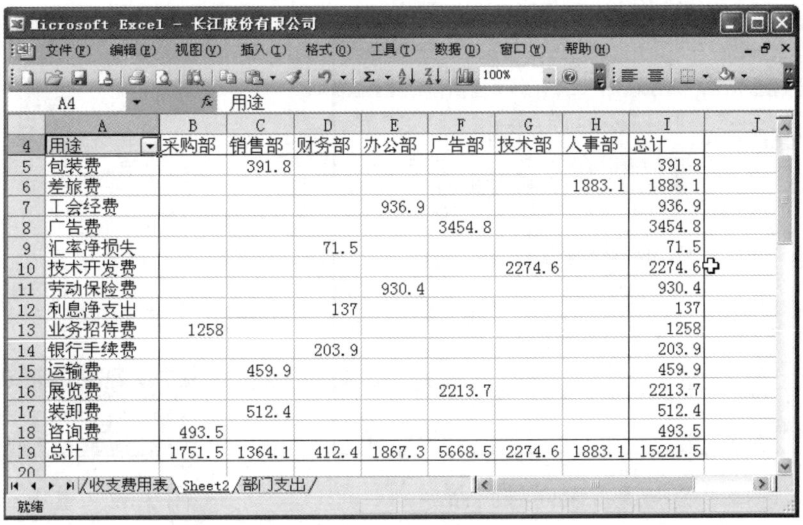

	A	B	C	D	E	F	G	H	I
4	用途	采购部	销售部	财务部	办公部	广告部	技术部	人事部	总计
5	包装费		391.8						391.8
6	差旅费							1883.1	1883.1
7	工会经费				936.9				936.9
8	广告费					3454.8			3454.8
9	汇率净损失			71.5					71.5
10	技术开发费						2274.6		2274.6
11	劳动保险费				930.4				930.4
12	利息净支出			137					137
13	业务招待费	1258							1258
14	银行手续费			203.9					203.9
15	运输费		459.9						459.9
16	展览费					2213.7			2213.7
17	装卸费		512.4						512.4
18	咨询费	493.5							493.5
19	总计	1751.5	1364.1	412.4	1867.3	5668.5	2274.6	1883.1	15221.5

图 3.59　统计各部门不同用途的支出费用

4. 更新数据透视表

如果要对源数据表中的数据进行修改，则要更新数据透视表中的数据，可以在数据透视表的数据区域右击，在弹出的快捷菜单中选择“刷新数据”命令，如图 3.60 所示。这时数据透视表中的数据会根据源数据表中数据的变化进行更新。

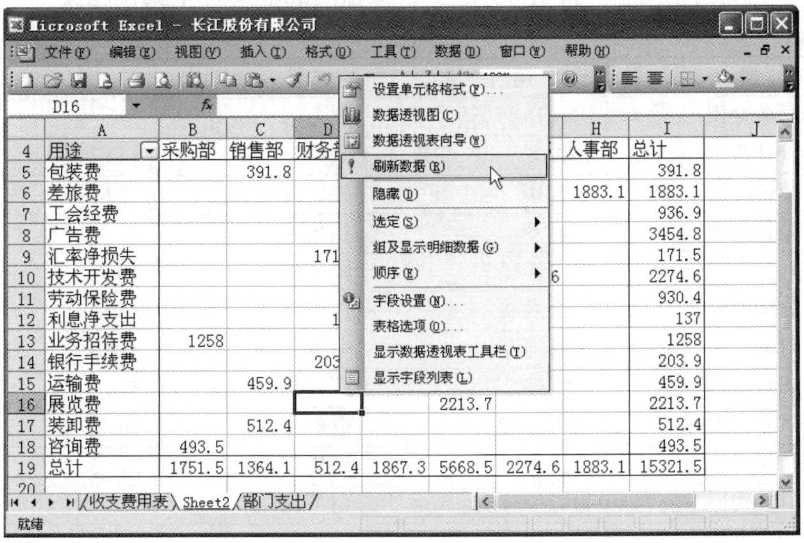

图 3.60　选择“刷新数据”命令

如果在源数据表中增加了数据行或数据列，则可以在数据透视表区域右击，在弹出的快捷菜单中选择“数据透视表向导”命令（见图 3.61），打开“数据透视表向导”对话框。回到“数据透视表和数据透视图向导——3 步骤之 2”对话框，重新选择源数据区域，如图 3.62 所示。单击“完成”按钮，这时数据透视表会根据新的源数据自动进行数据更新。

若在数据透视表中用到的字段名在源表中有更改或删除，则可以在数据透视表区域右击，在弹出的快捷菜单中选择“刷新数据”命令，使数据透视表进行更新，然后从“数据透视表字段列表”中选择新的字段名重新添加到表中。

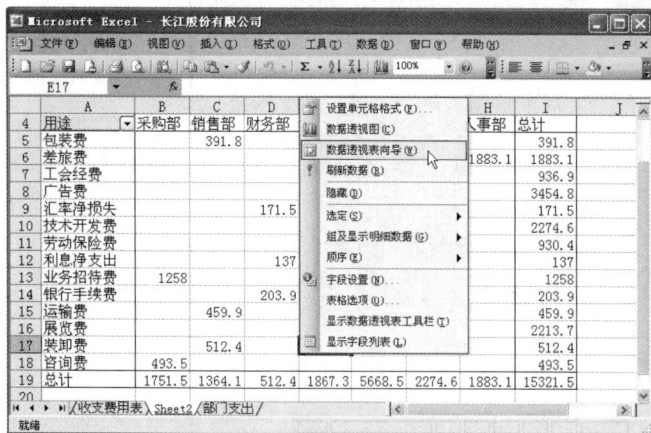

图 3.61　选择"数据透视表向导"命令

图 3.62　重新选择源数据区域

任务实施

练一练

资料：某公司 2012 年 8 月各部门的部分支出费用情况如表 3.4 所示。

表 3.4　某公司 2012 年 8 月各部门的部分支出费用情况

单位：元

日　　期	类　　别	用　　途	部　　门	金　　额	经 手 人
2012-8-1	财务费用	汇率净损失	财务部	143	林淑芬
2012-8-1	管理费用	咨询费	采购部	144.3	姚启明
2012-8-2	销售费用	包装费	销售部	76.5	汪扬
2012-8-2	销售费用	运输费	销售部	96.3	汪扬
2012-8-5	财务费用	汇率净损失	财务部	28.5	林淑芬
2012-8-5	管理费用	工会经费	办公部	360.3	魏大鹏
2012-8-6	财务费用	利息净支出	财务部	119.3	林淑芬
2012-8-6	销售费用	广告费	广告部	576.3	田晓宾
2012-8-7	财务费用	银行手续费	财务部	86.1	林淑芬
2012-8-7	销售费用	咨询费	销售部	216.3	姚启明
2012-8-8	财务费用	银行手续费	财务部	41.7	林淑芬
2012-8-8	销售费用	差旅费	销售部	384.3	李碧华
2012-8-9	管理费用	技术开发费	技术部	600.3	赵丰收
2012-8-9	销售费用	展览费	广告部	948.3	田晓宾
2012-8-12	管理费用	技术开发费	技术部	390.3	赵丰收
2012-8-12	管理费用	业务招待费	采购部	288.3	姚启明
2012-8-13	财务费用	利息净支出	财务部	17.7	林淑芬
2012-8-13	管理费用	劳动保险费	办公部	300.3	魏大鹏
2012-8-13	管理费用	业务招待费	采购部	427.5	姚启明
2012-8-14	销售费用	差旅费	人事部	385.5	李碧华
2012-8-15	管理费用	咨询费	采购部	132.9	姚启明
2012-8-15	销售费用	广告费	广告部	1 500.3	田晓宾
2012-8-15	销售费用	广告费	广告部	696.3	田晓宾

要求：根据上表数据创建数据透视表。

（1）统计各部门不同类别的支出费用总额。

（2）统计各部门不同用途的支出费用总额。

（3）统计各类别不同用途的支出费用平均值。

（4）统计各部门不同日期所发生的不同用途的支出费用总额。

任务四　数据有效性

任务导入

小李在工作中发现，她所处理的会计表格中的数据有许多都具有明确的有效范围，如月份值只能是 1～12、日期值只能是 1～31，而会计科目也有规范的表示。会计数据表格中的会计信息对准确度有较高的要求，不能随意输入。如果在工作表中可以通过设置数据的有效性来规范数据的输入，那么在会计电算化的各种表格中输入数据的效率会大大提高。

任务要求

对工作表"会计凭证表"中的数据输入设置数据有效性，用于规范和提高输入数据的效率。

知识准备

Excel 的数据有效性是指可以规定单元格或单元格区域数据的范围，在输入时设置检查机制，符合规定条件的输入数据被认为有效，并且可以进行输入；不符合条件的内容在输入时会出现错误提示，并且不允许输入。

数据有效性设置是以单元格或单元格区域为基础设置的。选择"数据"菜单中的"有效性"命令，可以对选定的单元格或单元格区域设置数据有效性。Excel 中允许设置的数据有效性条件可以是整数、小数、序列、日期和时间等，或者规定输入的文本长度，也可进行自定义。在设置数据有效性的单元格区域中，还可以自行设置输入提示信息，使用户明确在该单元格中应该输入什么数据。当单元格中输入的数据不符合规定时，系统会打开出错警告对话框，并拒绝输入。Excel 的出错警告对话框中的信息是针对普通情况的提示，如果需要，也可自行定义出错警告信息。

任务操作

在工作表"会计凭证表"中为会计科目的输入设置数据有效性，并修改系统默认的输入错误提示信息。

操作步骤

1. 在工作表"会计凭证表"中对会计科目设置数据有效性

具体操作步骤如下。

（1）在"会计凭证表"中选择要输入会计科目的单元格 G4，打开"数据"菜单，选择"有效性"命令，如图 3.63 所示。

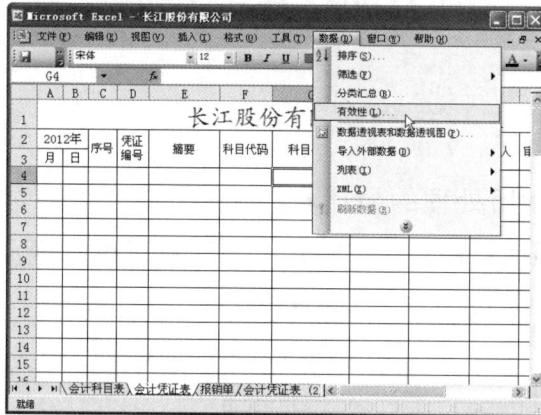

图 3.63　选择"有效性"命令

（2）打开"数据有效性"对话框，在"设置"选项卡的"允许"下拉列表中选择"序列"选项，如图 3.64 所示。

（3）单击"来源"文本框右侧的""按钮，选择已预先输入的"会计科目表"的 G31:G46 单元格区域（见图 3.65），再单击""按钮，返回"数据有效性"对话框。

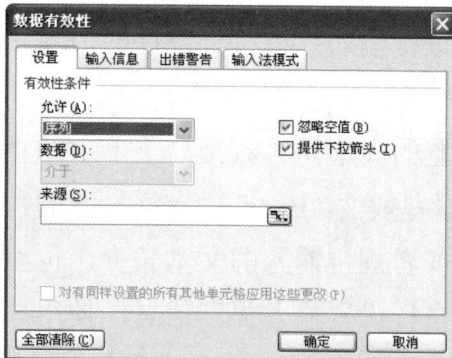

图 3.64　选择"序列"选项

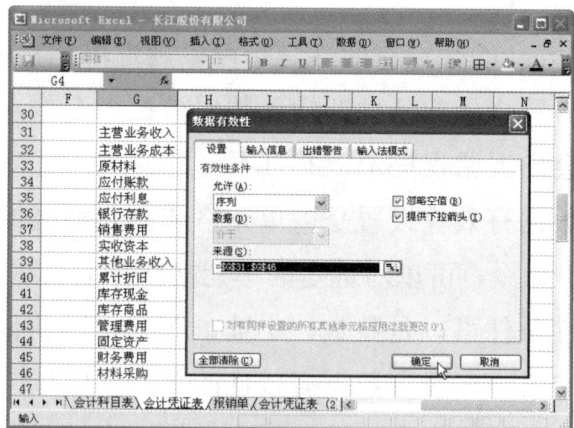

图 3.65　选择序列来源区域

（4）单击"确定"按钮，完成设置。

完成设置后，在 G4 单元格单击准备输入数据时，在单元格的右侧会出现一个黑色下三角图标，如图 3.66 所示。单击黑色下三角图标会展开下拉列表，下拉列表中显示的是设置时选择区域中的所有科目名称，如图 3.67 所示。单击需要的科目名称，该科目就会输入 G4 单元格中，如图 3.68 所示。

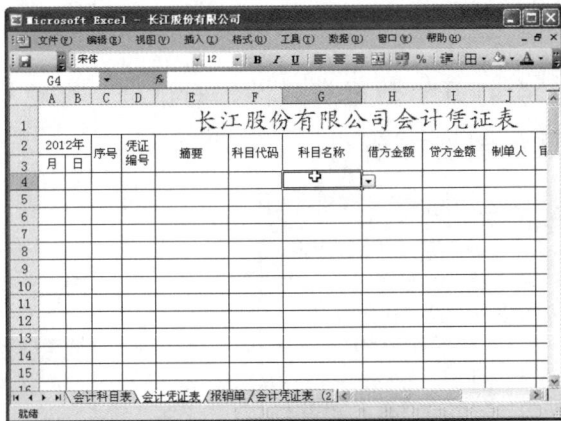

图 3.66　输入时单元格右侧出现黑色下三角图标

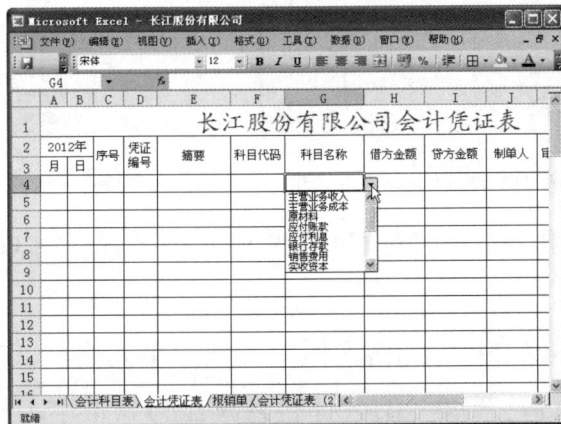

图 3.67　单击黑色下三角图标展开列表

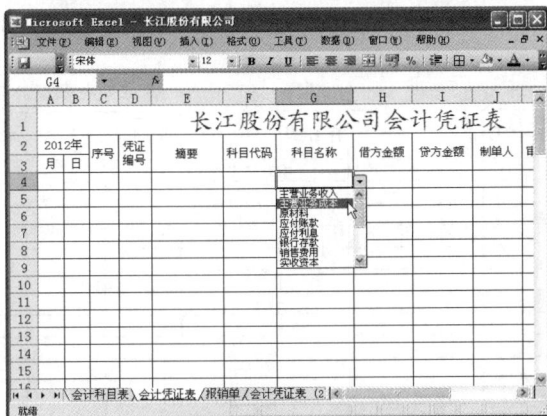

图 3.68　单击科目名称完成输入

如果对 G4:G29 单元格区域也要设置会计科目数据输入的数据有效性，则可直接选择该区域，然后按上述相同的步骤进行操作。也可以先设置第一个单元格的数据有效性，然后进行输入，以验证设置是否正确，若无误，再应用于整个区域。运用第二种方法的操作步骤如下。

（1）在 G4 单元格已设置数据有效性后，通过输入检查设置是否有误，如果正确，可选择 G4:G29 单元格区域。

（2）选择"数据"菜单中的"有效性"命令，将会打开提示对话框，提示"选定区域中某些单元格尚未设置'数据有效性'，是否对其应用当前的'数据有效性'设置？"

如图 3.69 所示。

（3）单击"是"按钮，会打开"数据有效性"对话框，在"设置"选项卡中，按照 G4 单元格中设置的选项显示，如图 3.70 所示。

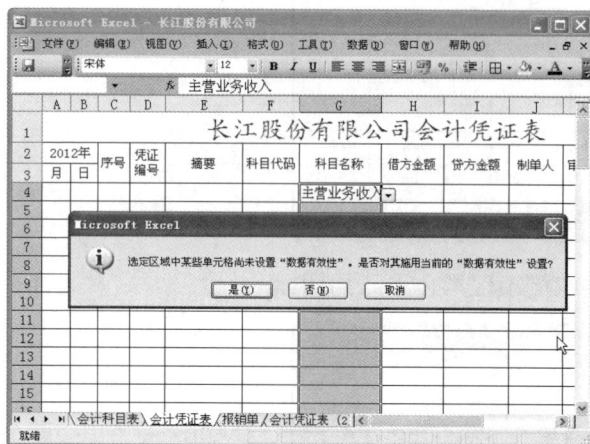

图 3.69　提示对话框

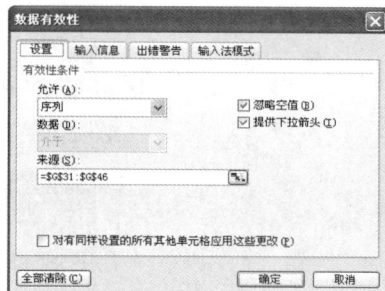

图 3.70　打开"数据有效性"对话框

（4）单击"确定"按钮，即完成对 G4:G29 单元格区域应用 G4 单元格的数据有效性设置，如图 3.71 所示。

设置完成后，单击 G4:G29 单元格区域中的任意单元格，其右侧均会出现黑色下三角图标，单击黑色下三角图标，在展开的会计科目下拉列表中单击科目名称即可完成输入。

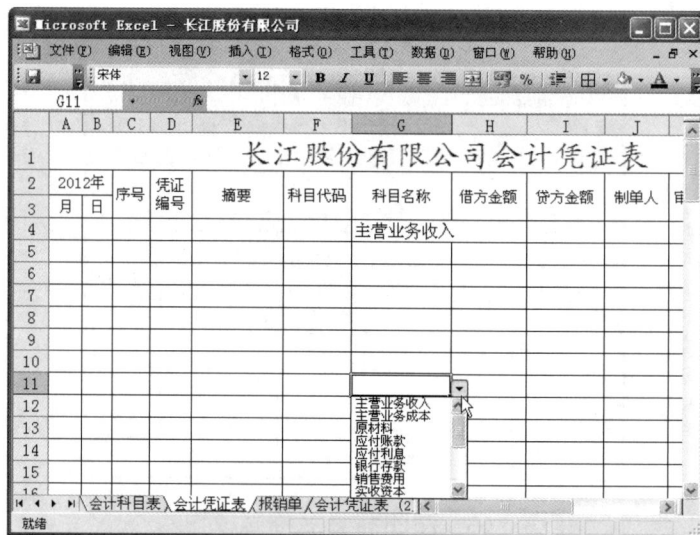

图 3.71　G4:G29 单元格区域应用了 G4 单元格的数据有效性设置

2. 修改数据输入时数据有效性的提示信息

对单元格或单元格区域设置了数据有效性后，如果输入的数据不在设置的数据范围内，则 Excel 会出现提示信息。

工作表"会计凭证表"的 A 列只能输入月份值，通过数据有效性设置规定了数据输入的范围为整数 1～12，如图 3.72 所示。这时如果输入"13"，则 Excel 会弹出出错警告对话框，如图 3.73 所示。

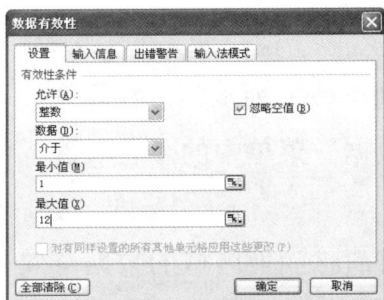

图 3.72　设置 A 列只能输入月份值　　　　图 3.73　输入非法值后的出错警告对话框

这种警告是系统设置的通用型，如果要使不了解该单元格数据有效性设置的用户也能清晰地知道该如何正确输入数据值，则可进行输入提示设置，也可修改默认的出错警告信息，使其更有针对性。若要对 A 列月份值的输入设置输入提示及修改默认的出错警告信息，其操作步骤如下。

（1）选择 A 列，选择"数据"菜单中的"有效性"命令，打开"数据有效性"对话框。

（2）切换至"输入信息"选项卡，在"标题"文本框中输入"月份值"，在"输入信息"文本框中输入"请输入月份值 1—12。"，如图 3.74 所示。

（3）切换到"出错警告"选项卡，在此选项卡中，可以选择出错警告对话框的"样式"为"停止""警告"或"信息"，在"标题"文本框中输入"月份值错误"，在"错误信息"文本框中输入"输入的月份值不在有效范围中"，如图 3.75 所示。

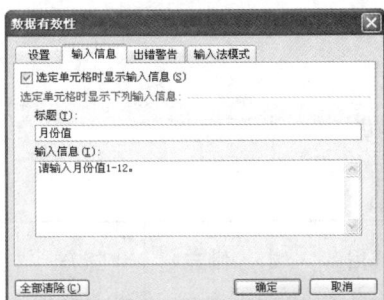

（4）单击"确定"按钮，完成设置。

图 3.74　设置"输入信息"　　　　　　图 3.75　设置"出错警告"

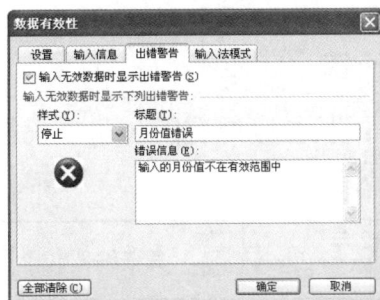

完成设置后，选择 A 列的任意单元格都会出现输入提示，如图 3.76 所示。此时如果输入值有误，则会弹出设置好的出错警告信息，如图 3.77 所示。

图 3.76　输入提示信息　　　　　　　　图 3.77　出错警告信息

3．取消月份值的数据有效性设置

若要将 A 列单元格区域设置的数据有效性取消，则可按下列步骤进行操作。

（1）选择要取消数据有效性设置的区域，选择"数据"菜单中的"有效性"命令，打开"数据有效性"对话框。

（2）单击对话框左下角的"全部清除"按钮，即可清除当前区域的数据有效性设置，如图 3.78 所示。

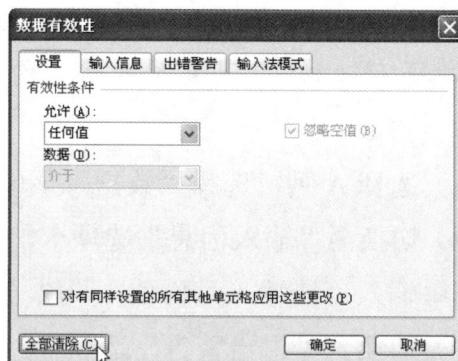

（3）此时，对话框中的所有选项恢复为初始值，如图 3.79 所示，单击"确定"按钮，完成设置。

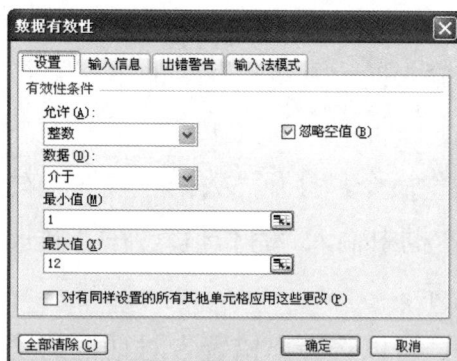

图 3.78　取消当前区域的数据有效性设置　　　　图 3.79　所有选项恢复为初始值

任务实施

练一练

资料：长江股份有限公司"银行存款日记账"表格如表 3.5 所示。

表 3.5　银行存款日记账

2012 年		凭证编号	摘要	对方科目	借方	贷方	余额
月	日						

要求：设置数据有效性。

（1）设置 A 列为可输入月份值 1～12，设置 B 列为可输入日期值 1～31，"对方科目"列中科目名称为"应缴税费""主营业务收入""短期借款""库存现金""销售费用""物资采购"。

（2）设置"对方科目"列的输入提示信息标题为"科目名称"，输入提示信息为"此处输入科目名称"，出错提示标题为"输入错误"，错误信息为"请重新输入正确的科目名称"。

任务五　处理多个窗口

任务导入

小李所处理的会计表格的数据中有些并不是孤立的，而是和其他表中的数据相互依存的。例如，资产负债表中的数据来源于科目余额表，在对资产负债表进行操作时，希望能将这两个表格同时显示在窗口中，以便参照科目余额表中的数据对资产负债表进行处理。Excel 的多窗口功能不仅可以将不同的工作簿并排显示在窗口中，还可以将同一个工作簿，甚至同一张工作表显示在两个窗口中，以便对工作表的不同部分、工作簿中不同的工作表或不同的工作簿进行参照处理。

任务要求

运用 Excel 的多窗口功能，对工作表数据进行操作和处理。

知识准备

Excel 强大的数据处理能力，并不只体现在对同一工作表中的数据的处理上，运用其多窗口或多视图的功能，既可以轻松地同时查看和处理不同的工作表或不同工作簿中的数据信息，也可以合并来自不同工作簿或工作表中的数据信息，还可以在一张工作表内设置标题并生成多个可滚动区域。

一、拆分工作表

在会计表格中，有很多表格包含很多的数据行和数据列，整个表格不能在同一屏显示，向下滚动时不能明确表格的列标题，向右滚动时无法了解左侧的信息，这为数据的输入和查看带来不便。运用 Excel 的拆分工作表功能，就可解决这个问题。通过工作簿窗口的水平和垂直分隔条，将窗口分为左右或上下两部分，或者拆分成上下左右 4 个部分，这时在窗口中可以同时对窗口的 4 个不同位置的数据进行操作或查看。滚动窗口中的内容时，列的滚动会在上下区域同步进行，行的改变会在左右区域同步变化。运用拆分工作表的方法，大大地方便了人们对行、列较多的数据表的操作。

二、工作簿的多视图

在对会计数据进行处理时，有时需要对同一工作簿的不同工作表同时进行比较、查看和操作。例如，创建的工作表"银行存款日记账 1"中的数据要参照已有的工作表"银行存款日记账"中的数据进行操作，对于这样在同一个工作簿文件中查看两个不同的工作表的内容的问题，可以用工作簿的多视图来解决。在"窗口"菜单中选择"新建窗口"命令，会在当前窗口生成一个当前工作簿的副本文件，无论在哪个窗口中保存了对数据的操作，都会更新原来数据表中的数据。

任务操作

在工作表"员工工资表"中，运用窗口拆分操作，将窗口拆分为 4 个区域，以便对所有员工的工资数据进行查看和操作。同时查看同一工作簿中两个银行存款日记账的工作表的数据。

操作步骤

1. 对"员工工资表"进行工作表拆分

工资表中的数据行、列较多，不能在一屏中全部显示，此时可以进行工作表的拆分，使工作表的表头及员工的姓名和部门始终可见，具体操作步骤如下。

（1）将鼠标置于垂直滚动条上端的水平分隔条上，使鼠标变为两边带竖直箭头的水平条，如图 3.80 所示。

（2）按下鼠标左键，向下拖动水平分隔条，直到工作表中第二、第三行间放开鼠标左键，如图 3.81 所示。

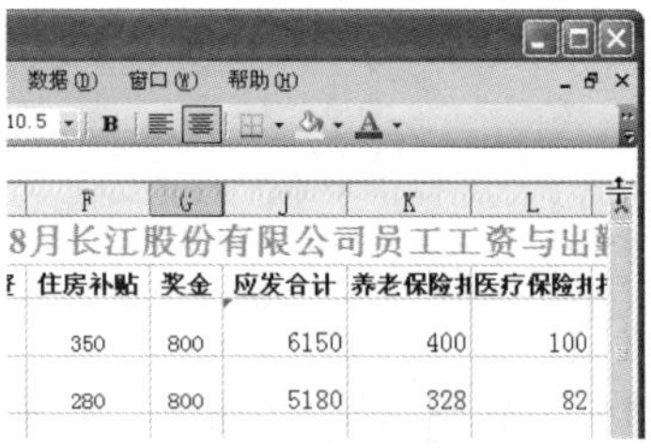

图 3.80　水平分隔条

图 3.81　拖动水平分隔条

（3）这时，工作表被分为上、下两部分，将鼠标定位到下半部分，上下滚动工作表的内容，工作表上半部分的表头部分不会滚动并始终可见，如图 3.82 所示。

（4）将鼠标置于水平滚动条右侧的垂直分隔条上，鼠标变为带有左右箭头的垂直条，如图 3.83 所示。

图 3.82　滚动工作表下半部分

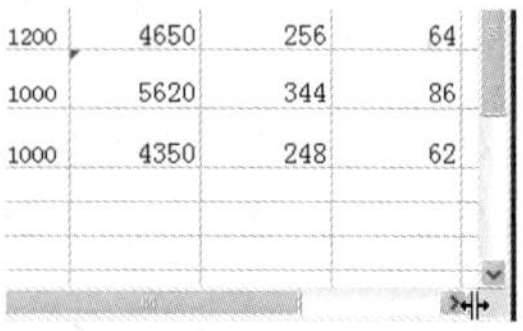

图 3.83　垂直分隔条

（5）按下鼠标左键向左拖动，直到 C、D 列间放开鼠标，工作表又被垂直分为左右两部分。

（6）这时，整张工作表被分为 4 个区域，如图 3.84 所示。当右下区域的工作表左右滚动时，左下区域的员工编号、姓名和部门始终可见，而右下区域可以通过滚动查看到员工工资的所有数据。

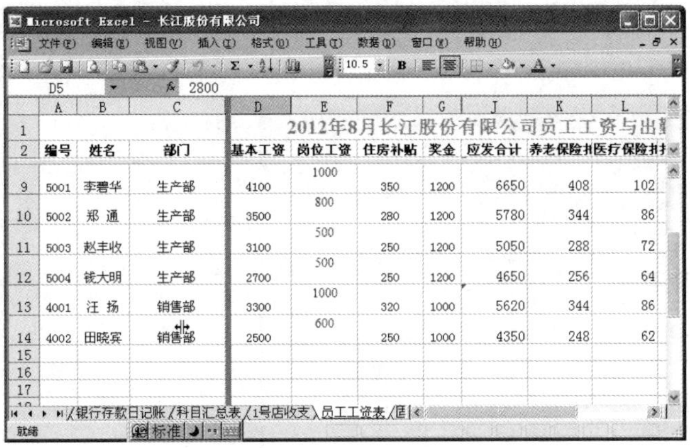

图 3.84　窗口被分为 4 个区域

拆分工作表的操作一般在表格中数据行、列都较多时进行，拆分后工作表的各个部分可以分别进行滚动，使人们在查看数据时更加清晰明了。

若要取消工作表的拆分，则可将鼠标置于分隔条上，当鼠标带有双向箭头时双击，分隔条就会回到其原来的位置，或者按下鼠标左键拖动分隔条到原来的位置，工作表又成为一个整体。

2．同一工作簿中的两张工作表置于不同窗口中

在工作簿文件"长江股份有限公司.xls"中，要同时查看工作表"银行存款日记账"和工作表"银行存款日记账 1"，可按下列步骤进行操作。

（1）在工作簿文件"长江股份有限公司.xls"中，选择"窗口"菜单中的"新建窗口"命令，如图 3.85 所示。

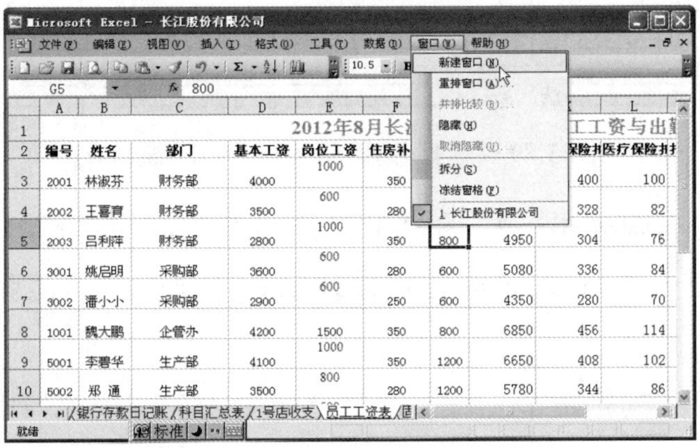

图 3.85　选择"新建窗口"命令

（2）这时，当前工作簿文件的标题栏上的文件名成为"长江股份有限公司：2"，在任务栏中，可以看到还有一个文件名为"长江股份有限公司：1"的新建工作簿，如图 3.86 所示。

图 3.86　新建工作簿

（3）选择"窗口"菜单中的"重排窗口"命令，如图 3.87 所示。打开"重排窗口"对话框，如图 3.88 所示。

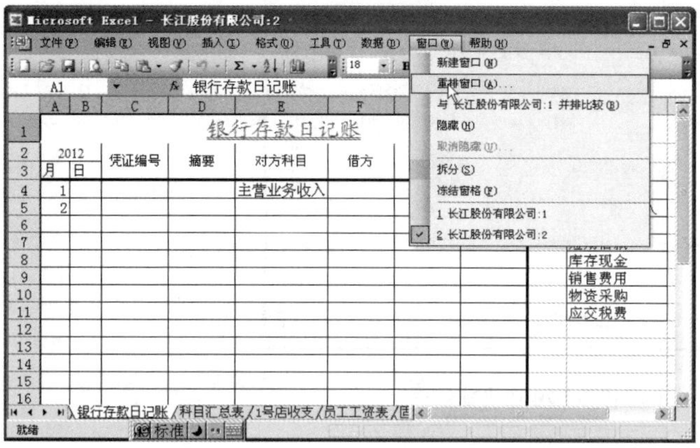

图 3.87　选择"重排窗口"命令 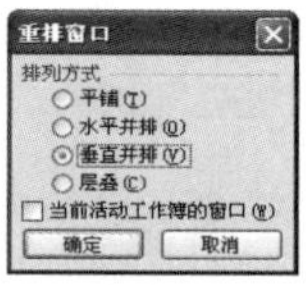　　　　　图 3.88　"重排窗口"对话框

（4）选中"垂直并排"单选按钮，单击"确定"按钮，这时 Excel 窗口中左右并排显示了"长江股份有限公司：2"和"长江股份有限公司：1"两个工作簿窗口，如图 3.89 所示。

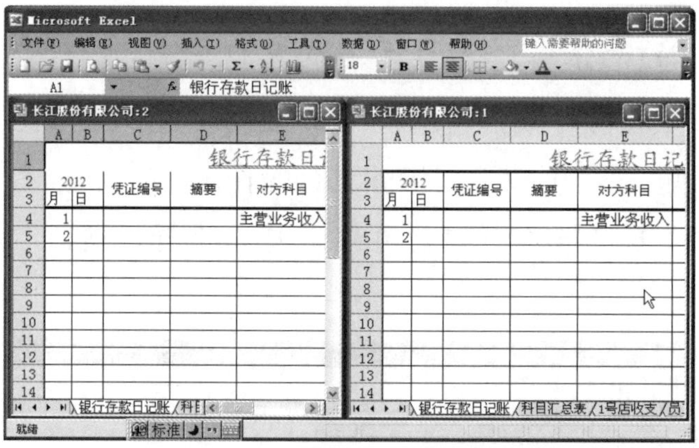

图 3.89　垂直并排的两个工作簿窗口

（5）将"长江股份有限公司：2"和"长江股份有限公司：1"分别切换到工作表"银行日记账"和"银行日记账 1"。这时，可以在窗口中同时对这两张工作表进行操作，如图 3.90 所示。

在新建窗口后，看到的是两个工作簿窗口，但无论在哪个窗口中进行操作，实际都在对原工作簿进行操作。在一个窗口中对工作表进行的修改也会反映到另一个窗口的工作表中，进行文件保存时也是以原来的文件名保存的。如果不需要显示两个工作簿窗口，则可关闭其中任意一个，此时工作簿窗口的文件名又恢复为"长江股份有限公司"。

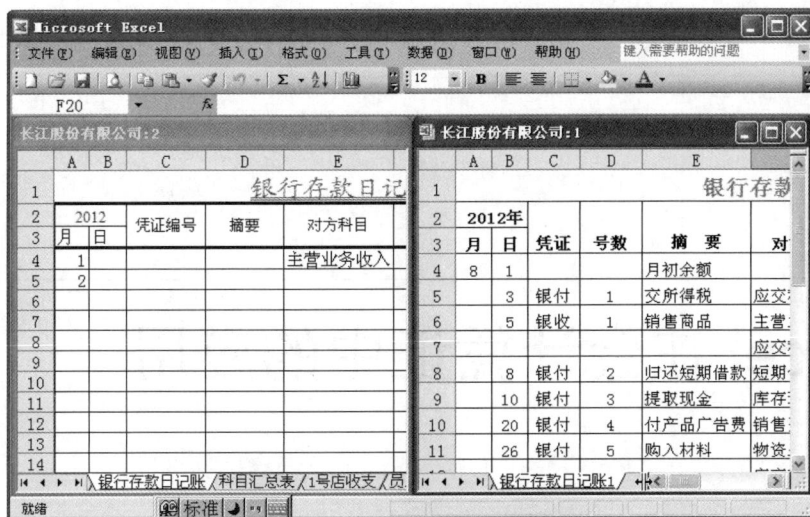

图 3.90　同时查看不同的工作表

任务实施

练一练

打开工作簿文件，进行如下操作。

（1）选择任意工作表，拖动水平分隔条将窗口拆分为上下两部分，分别滚动两部分，查看滚动的效果。

（2）拖动垂直分隔条，将窗口拆分为左右两部分，分别滚动左右两边窗口，查看滚动时窗口内行、列的变化情况。

（3）新建窗口，通过窗口的重排，查看同一工作簿两个不同的工作表。分别在两个窗口中修改工作表中的数据并保存，关闭其中一个窗口后查看两个窗口中修改的数据是否都被保存。

项目四

Excel 在会计凭证中的应用

项目引领

小李，最近国家大力提倡勤俭节约，鼓励采用无纸化办公，你在电子表格中进行会计凭证的编制吧！

在日常会计业务工作中，财务人员除了掌握本专业的知识，还应具备必要的计算机操作能力，利用计算机进行记账，帮助自己提升职场竞争力。

项目目标

知识目标

（1）了解会计凭证的基本概念。

（2）掌握如何建立会计科目表。

（3）掌握如何建立会计凭证表。

能力目标

（1）能建立会计科目表。

（2）能编辑会计科目表。

（3）能建立会计凭证表。

任务一　制作会计科目表

任务导入

长江股份有限公司是一家小型生产企业，为增值税一般纳税人。为响应国家号召，提倡勤俭节约，采用无纸化办公，公司要求财务处小李在电子表格中编制会计科目表。

任务要求

根据相关会计资料，小李在电子表格中编制会计科目表。

知识准备

一、会计科目的概念

会计科目是对会计要素具体内容进行分类核算的项目。例如，为了反映企业货币资金的增减变动情况，可分别设置"库存现金""银行存款"等科目；为了反映企业往来账款情况，可分别设置"应收账款""应付账款"等科目；为了反映企业实现利润或发生亏损的情况，可设置"本年利润"科目。

设置会计科目是正确记录经济业务，保证会计核算质量的前提。会计科目是设置账户、组织会计核算的依据。

二、会计科目的分类

1. 会计科目按归属的会计要素分类

会计科目按归属的会计要素不同，可分为资产类、负债类、所有者权益类、成本类和损益类五大类。

出于编制会计凭证、登记会计账簿、编制会计报表的需要，应对会计科目进行统一编号。一级会计科目的编号一般采用 4 位数字表示，参照我国《企业会计准则——应用指南》，会计科目设置简表如表 4.1 所示。

表 4.1　会计科目设置简表

科目编号	科目名称	科目编号	科目名称
1000	一、资产类	2000	二、负债类
1001	库存现金	2001	短期借款
1002	银行存款	2201	应付票据
1009	其他货币资金	2202	应付账款
1101	交易性金融资产	2203	预收账款
1121	应收票据	2211	应付职工薪酬
1122	应收账款	2221	应交税费
1123	预付账款	2231	应付利息
1131	应收股利	2232	应付股利
1132	应收利息	2241	其他应付款
1221	其他应收款	2501	长期借款
1231	坏账准备	2502	应付债券
1401	材料采购	2701	长期应付款
1402	在途物资	4000	三、所有者权益类
1403	原材料	4001	实收资本（或股本）
1404	材料成本差异	4002	资本公积
1405	库存商品	4101	盈余公积
1408	委托加工物资	4103	本年利润
1411	周转材料	4104	利润分配
1471	存货跌价准备	5000	四、成本类
1501	持有至到期投资	5001	生产成本
1502	持有至到期投资减值准备	5101	制造费用
1511	长期股权投资	5201	劳务成本
1512	长期股权投资减值准备	6000	五、损益类
1531	投资性房地产	6001	主营业务收入
1532	长期应收款	6051	其他业务收入
1601	固定资产	6101	公允价值变动损益
1602	累计折旧	6111	投资收益
1603	固定资产减值准备	6301	营业外收入
1604	在建工程	6401	主营业务成本
1605	工程物资	6701	其他业务成本
1606	固定资产清理	6403	营业税金及附加
1701	无形资产	6601	销售费用
1702	累计摊销	6602	管理费用
1703	无形资产减值准备	6603	财务费用
1711	商誉	6701	营业外支出
1801	长期待摊费用	6801	所得税费用
1901	待处理财产损溢	6901	以前年度损益调整

2. 会计科目按其所提供信息的详细程度分类

会计科目按其所提供信息的详细程度可分为总分类科目和明细分类科目。总分类科目（也称总账科目或一级科目）是对会计要素具体内容进行总括分类、提供总括信息的会计科目，如"应收账款""应付账款""原材料"等。明细分类科目（也称明细科目）是对总分类科目进一步分类，提供更详细、更具体的会计信息的科目。例如，"应收账款"科目按债务人名称或姓名设置明细科目，反映应收账款的具体对象；"应付账款"科目按债权人名称或姓名设置明细科目，反映应付账款的具体对象。

会计科目之间的关系简表如表 4.2 所示。

表 4.2　会计科目之间的关系简表

总分类科目（一级科目）	明细科目（二级科目）	明细科目（三级科目）
应收账款	通达公司	
应付账款	庆丰工厂	
原材料	原料及主要材料	钢材
		木材
	辅助材料	润滑剂
		油漆

任务操作

创建会计科目表。

操作步骤

创建会计科目表的具体操作步骤如下。

（1）打开 Excel 工作簿并将其命名为"长江股份有限公司.xls"，如图 4.1 所示。

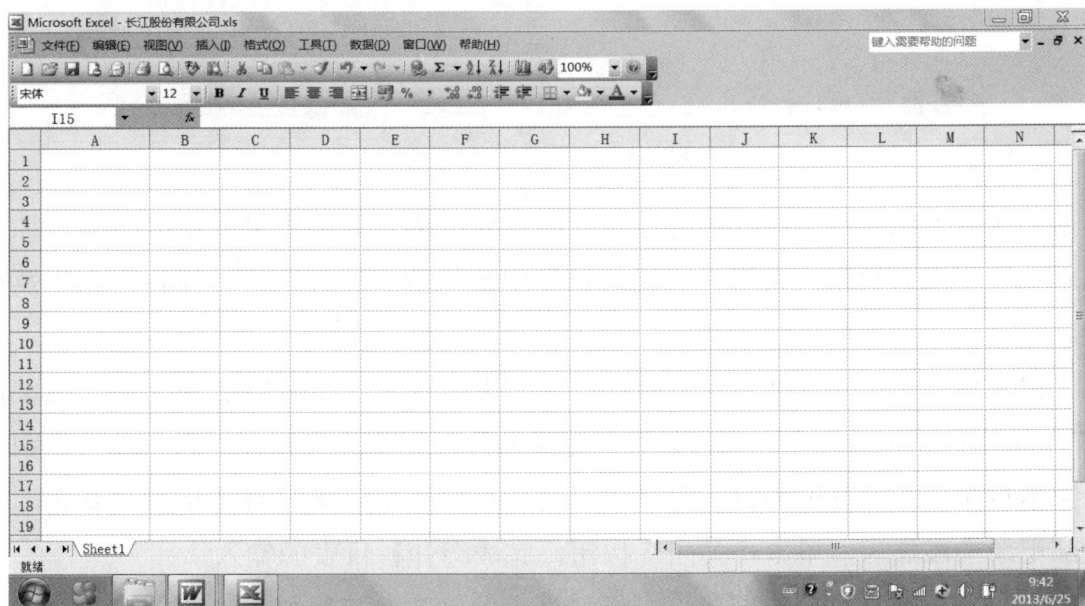

图 4.1　打开 Excel 工作簿并命名

（2）将工作表"Sheet1"命名为"会计科目表"，如图 4.2 所示。

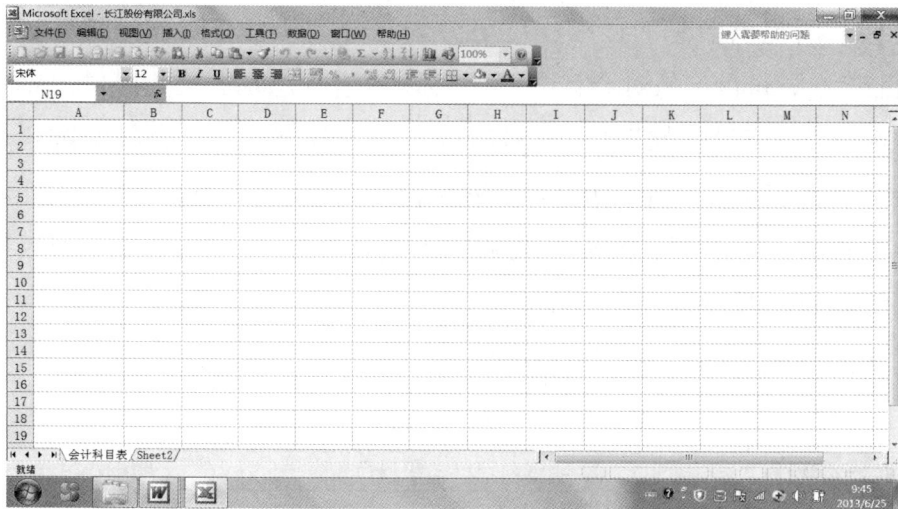

图 4.2　命名工作表

（3）在 A1 单元格中输入"长江股份有限公司会计科目表"，在 A2、B2 单元格中输入"科目编号"和"科目名称"，在 A3:B78 单元格区域中输入表 4.1 中的科目编号及科目名称的内容，为 B 列设置最适合的列宽，如图 4.3 所示。

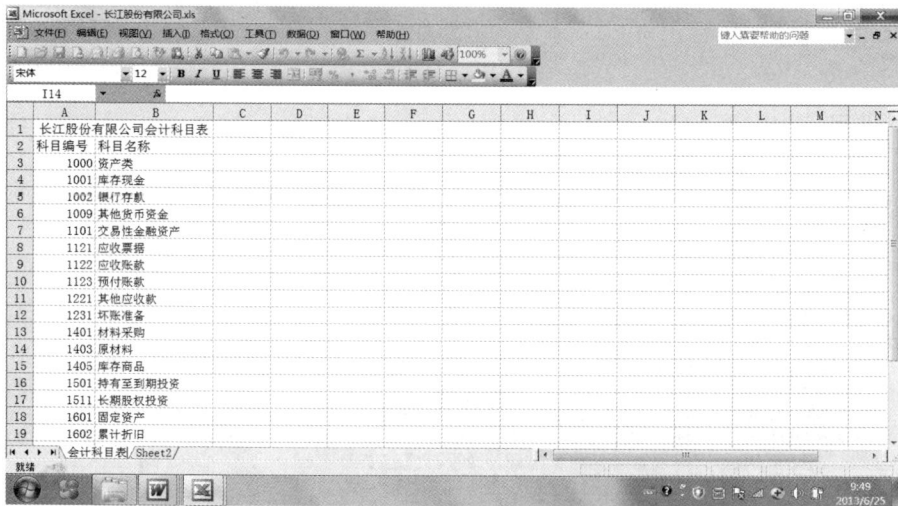

图 4.3　输入会计科目表

数据的录入方法有两种：一种方法是直接在对应的单元格中输入数据；另一种方法是在"记录单"中录入数据。采用在"记录单"中录入数据的方法便于新建、删除及查找会计科目。

在"记录单"中录入数据的具体操作方法如下：首先选择 B2:C2 单元格区域，再选择"数据"菜单中的"记录单"命令，打开"记录单"对话框，分别在"科目编号"和"科目名称"文本框中输入具体的科目编号和科目名称，每完成一个科目后单击"新建"按钮。完成全部记录的添加后，单击"关闭"按钮，完成会计科目表的输入。

以上是会计一级科目表的创建，二级科目表的创建及三级科目表的创建方法同一级科目表的创建方法，这里不进行具体介绍。

任务实施

练一练

资料：（1）海阳股份有限公司人员基本资料如表4.3所示。

表4.3　海阳股份有限公司人员基本资料

编　号	姓　名	性　别	民　族	年　龄	部　门	职　务
1001	魏大鹏	男	汉	58	企管办	总经理
2001	林淑芬	女	汉	52	财务部	经理
2002	王喜育	女	汉	34	财务部	会计
2003	吕利萍	女	汉	28	财务部	出纳
3001	姚启明	男	汉	46	采购部	经理
3002	潘小小	女	汉	35	采购部	业务员
4001	汪扬	男	汉	47	销售部	经理
4002	田晓宾	男	汉	41	销售部	销售员
5001	李碧华	女	汉	39	生产部	仓库主管
5002	郑通	男	汉	28	生产部	工人

（2）会计科目表如表4.4所示。

表4.4　会计科目表

科目代码	会计科目	科目代码	会计科目	科目代码	会计科目
1001	库存现金	1701	无形资产	4101	盈余公积
1002	银行存款	1801	长期待摊费用	4103	本年利润
1009	其他货币资金	1901	待处理财产损溢	4104	利润分配
1101	交易性金融资产	2001	短期借款	5001	生产成本
1121	应收票据	2201	应付票据	5101	制造费用
1122	应收账款	2202	应付账款	6001	主营业务收入
1123	预付账款	2203	预收账款	6051	其他业务收入
1221	其他应收款	2211	应付职工薪酬	6111	投资收益
1231	坏账准备	2221	应交税费	6301	营业外收入
1401	材料采购	2231	应付利息	6401	主营业务成本
1403	原材料	2232	应付股利	6402	其他业务成本
1405	库存商品	2241	其他应付款	6403	营业税金及附加
1501	持有至到期投资	2401	递延收益	6601	销售费用
1511	长期股权投资	2501	长期借款	6602	管理费用
1601	固定资产	2502	应付债券	6603	财务费用
1602	累计折旧	4001	实收资本	6711	营业外支出
1603	在建工程	4002	资本公积	6801	所得税费用

要求：

（1）新建一个 Excel 工作簿并将其命名为"海阳股份有限公司.xls"。

（2）分别将工作表"Sheet1"和"Sheet2"命名为"公司人员基本资料"和"会计科目表"。

（3）分别将表4.3和表4.4的内容输入工作表"公司人员基本资料"和"会计科目表"中，并加上边框。

任务二　编辑会计科目表

任务导入

企业会计科目的设置一般比较稳定，但并非一成不变，应根据社会经济环境的变化、会计准则与会计制度及本企业业务发展的需要，对会计科目进行修改、补充或删除。

任务要求

根据相关会计科目资料，小李增加、修改、删除和美化会计科目表。

任务操作

增加、修改、删除和美化会计科目表。

操作步骤

1. 增加会计科目

（1）选择"数据"菜单中的"记录单"命令，打开"记录单"对话框。

（2）在"科目编号"和"科目名称"文本框中输入"1231"和"坏账准备"（见图 4.4），单击"新建"按钮。

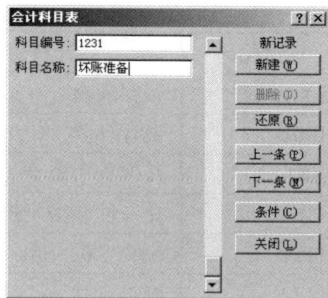

2. 查询会计科目

（1）选择"数据"菜单中的"记录单"命令，打开"记录单"对话框。

图 4.4　增加会计科目

（2）单击"条件"按钮，在记录单中输入要查询的科目编号和科目名称。

（3）单击"上一条"或"下一条"按钮也可查询。

3. 修改会计科目

采用查询会计科目的方法找到要修改的会计科目，输入正确的科目编号或科目名称后单击"新建"按钮。

4. 删除会计科目

采用查询会计科目的方法找到要删除的会计科目，单击"删除"按钮。

5. 美化会计科目

（1）单击工作表"会计科目表"，选择 A1:B78 单元格区域。

（2）单击"格式"工具栏上的"填充颜色"设置按钮右侧的下三角图标，在调色板上选择"淡蓝"，如图 4.5 所示。

（3）选择 A1 单元格，单击"格式"工具栏中"字体颜色"按钮右侧的下三角图标，在调色板上选择"红色"。

（4）选择 A1 单元格，单击"格式"工具栏中的"加粗"按钮。

（5）选择 A3:B3 单元格区域，按住 Ctrl 键，继续选择 A5:B5 单元格区域及 A7:B7 单元格区域。

（6）释放 Ctrl 键，此时选择的 6 个单元格同时被选定。

（7）单击"格式"工具栏中的"填充颜色"按钮右侧的下三角图标，在调色板上选择"淡紫"，完成后，表格中行与行之间颜色分明。

（8）选择 A3:B8 单元格区域，单击"格式"工具栏中的"格式刷"按钮。

（9）按住鼠标左键拖动指针选择 A9:B78 单元格区域以下的所有单元格，释放鼠标左键，整张会计科目表变成了一张行间色彩分明的工作表，如图 4.6 所示。

图 4.5　美化会计科目　　　美化会计科目　　　图 4.6　会计科目表　　　会计科目表

任务实施

练一练

（1）在工作表"公司人员基本资料"中增加下列两名人员资料：

李立军，男，汉族，36 岁，生产部工人；

谢丽丽，女，汉族，26 岁，生产部工人。

（2）在工作表"会计科目表"中按科目代码"1 资产类""2 负债类""4 所有者权益类""5 成本类"和"6 损益类"填充颜色，美化会计科目。

任务三　制作会计凭证表

任务导入

会计凭证表是将企业每日发生的经济业务按时间的先后顺序逐笔完整登记的工作表。在会计核算管理系统中，会计凭证表是一个非常重要的工作表，是形成会计账簿和会计报表的核心信息资料。

任务要求

根据相关经济业务，小李在电子表格中制作会计凭证表。

知识准备

一、会计凭证的含义

会计凭证是记录经济业务事项发生或完成情况的书面证明，也是登记账簿的依据。

填制和审核会计凭证是会计核算的基础环节，也是会计核算工作的起点。它对于完成会计工作任务，发挥会计在经济管理中的作用具有重要意义。

（1）会计凭证是记账的依据。

（2）会计凭证是审核经济业务的依据。

（3）会计凭证便于加强经济责任制。

二、会计凭证的类型

按其编制的程序和用途，会计凭证可以分为原始凭证和记账凭证两大类。

1. 原始凭证

原始凭证又称单据，是在经济业务发生或完成时取得或填制的，用于记录或证明经济业务的发生或完成情况的原始凭据。

原始凭证是进行会计核算的原始资料和重要依据，是编制记账凭证和登记账簿的原始依据，是会计资料中具有法律效力的一种证明文件。

2. 记账凭证

记账凭证是会计人员根据审核无误的原始凭证，按照经济业务事项的内容加以归类，并据以确定会计分录后所填制的会计凭证。它是登记账簿的直接依据。在实际工作中，人们常把记账凭证称为"传票"。

任务操作

编制会计凭证表。

操作步骤

1. 建立会计凭证表格式

具体步骤如下。

（1）打开工作簿文件"长江股份有限公司.xls"，选择工作表"会计凭证表"。

（2）选择 A1:M1 单元格区域，单击"格式"工具栏中的"合并及居中"按钮，在合并的单元格中输入"长江股份有限公司会计凭证表"标题。打开"单元格格式"对话框，在"对齐"选项卡中，将"文本对齐方式"的"水平对齐"和"垂直对齐"均设置为"居中"。在"字体"选项卡中，将"字体"设置为"楷体"，将"字号"设置为"22"磅，将"颜色"设置为"紫色"，单击"确定"按钮。

（3）分别在 A2～M2 单元格中输入"年""月""日""序号""凭证编号""摘要""科目编号""科目名称""借方金额""贷方金额""制单人""审核人""附件张数"。

（4）选择整个第二行，单击"格式"工具栏中的"居中"按钮，使单元格内容居中。

（5）调整各列的列宽为最合适的列宽，建立后的会计凭证表如图 4.7 所示。

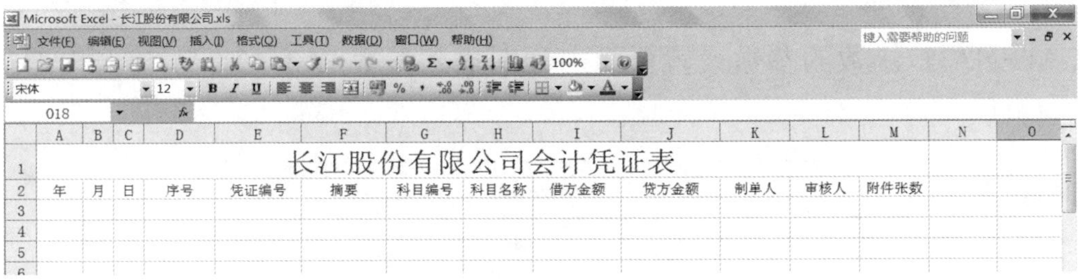

图 4.7　会计凭证表

会计凭证表

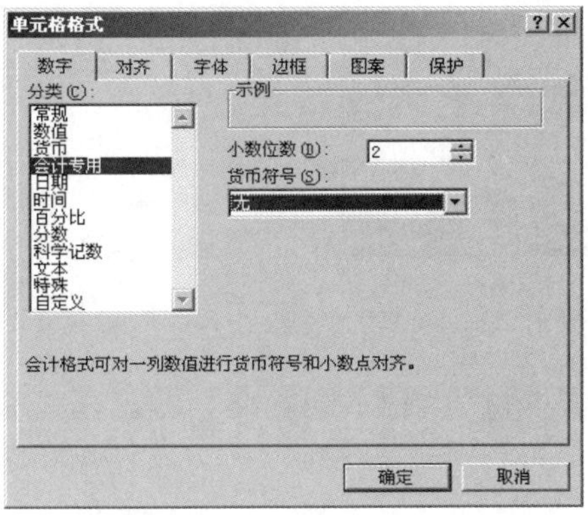

图 4.8　设置数字格式

（6）选择 I3:J100 单元格区域并右击，在弹出的快捷菜单中选择"设置单元格格式"命令，在弹出的"单元格格式"对话框中打开"数字"选项卡，选择"会计专用"选项，在"小数位数"文本框中输入"2"，在"货币符号"下拉列表中选择"无"选项，如图 4.8 所示。

至此，会计凭证表的基本格式已经设置完成。

2. 自动形成会计凭证编号

会计凭证编号是会计人员在用会计凭证记录经济业务时对每笔经济业务进行的编号，便于查找和以后的核对。用 Excel 进行会计凭证表编制时，可以利用 CONCATENATE（多个字符串连接成新的字符串）函数，以"年+月+日+当日顺序号"为编号自动生成会计凭证的编号。

具体步骤如下。

（1）打开工作簿文件"长江股份有限公司.xls"，选择工作表"会计凭证表"。

（2）选择 A:D 整列并右击，在弹出的快捷菜单中选择"设置单元格格式"命令，在弹出的"单元格格式"对话框中打开"数字"选项卡，选择"文本"选项，单击"确定"按钮，如图 4.9 所示。

（3）选择 E3 单元格，单击编辑栏左侧的"插入函数"按钮，在弹出的对话框中选择"插入函数"命令，在"选择类别"下拉列表中选择"文本"选项，在"选择函数"列表框中选择"CONCATENATE"选项（见图 4.10），单击"确定"按钮。

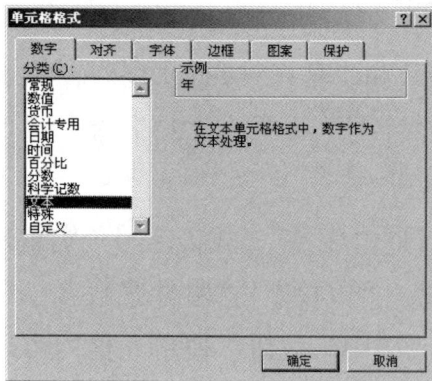

图 4.9　设置文本格式

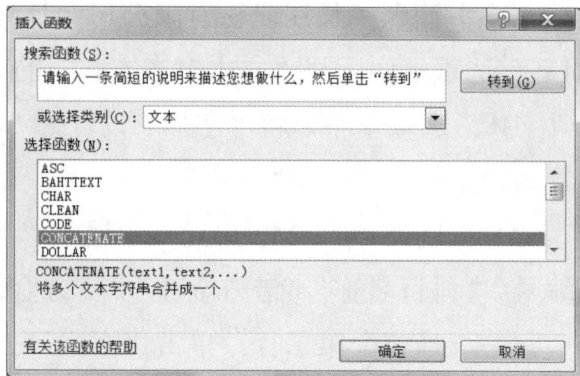

图 4.10　文本函数

（4）在 CONCATENATE 函数的参数设置页面中分别输入参数"A3""B3""C3"和"D3"，如图 4.11 所示。

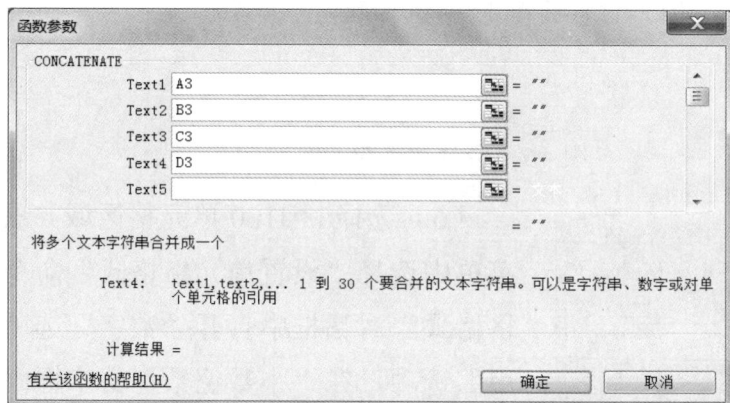

图 4.11　函数参数设置

（5）单击"确定"按钮。在前面 4 个单元格中输入"年""月""日""序号"后，在"凭证编号"这一列就会自动生成相应的值，如图 4.12 所示。

图 4.12　自动生成凭证编号

（6）选择 E3 单元格并右击，在弹出的快捷菜单中选择"复制"命令。

（7）选择 E4:E100 单元格并右击，在弹出的快捷菜单中选择"粘贴"命令。这样，E4:E100 单元格就套用了 E3 单元格的函数。

3. 自动显示会计科目的设置

在输入经济业务时，利用 VLOOKUP()函数（纵向查找函数）可以自动显示会计科目。现在以总账一级科目的自动显示为例说明这一问题，明细账科目可以参照总账科目进行设置。

"范围名称"在 Excel 中有着举足轻重的地位，在许多地方都可以应用。由于需要用 VLOOHUP()函数完成会计科目的自动显示，而 VLOOKUP()函数中引用的位置需要使用"范围名称"，故应先了解如何定义"范围名称"。

（1）打开工作簿文件"长江股份有限公司.xls"，选择工作表"会计凭证表"。

（2）选择"插入"菜单中"名称"→"定义"命令。

（3）在打开的"定义名称"对话框中的"在当前工作簿中的名称"文本框中输入"科目名称"，如图 4.13 所示。

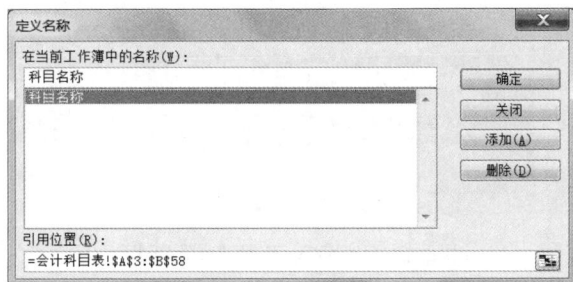

图 4.13　定义名称

（4）单击"引用位置"文本框右侧的折叠按钮。

（5）单击"会计科目表"工作表的标签，切换到"会计科目表"工作表。"定义名称-引用位置"选择 A3:B58 单元格，如图 4.14 所示。

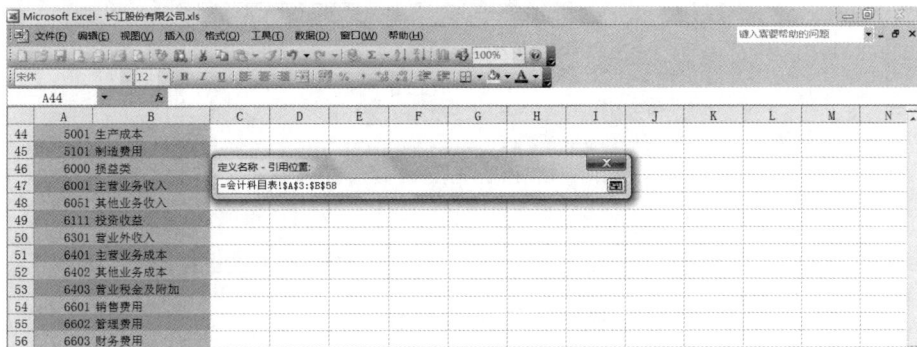

图 4.14　选择"定义名称-引用位置"

（6）在如图 4.15 所示的"定义名称"对话框中单击右侧的折叠按钮，然后单击"添加"按钮，完成"定义名称"操作。

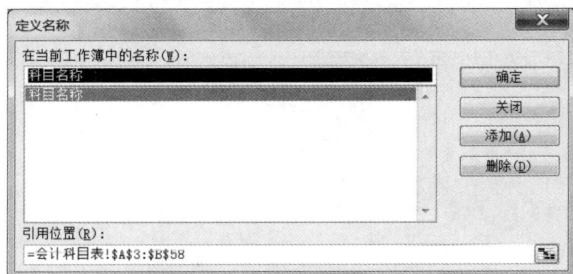

图 4.15　"定义名称"对话框

（7）单击"确定"按钮，完成"范围名称"的定义。

4. 自动显示会计科目

在完成"范围名称"的定义后，设置自动显示会计科目。

（1）打开工作簿文件"长江股份有限公司.xls"中的"会计凭证表"。

（2）选择 H3 单元格，单击编辑栏左侧的"插入函数"按钮，打开"插入函数"对话框，在"或选择类别"下拉列表中选择"逻辑"选项，在"选择函数"列表框中选择"IF"选项，如图 4.16 所示。

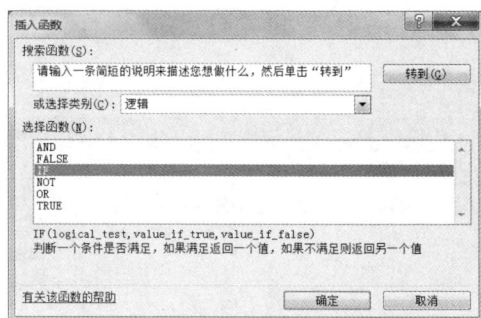

图 4.16 "插入函数"对话框

（3）单击"确定"按钮。

（4）在"Logical_test"文本框中输入参数"G3="""。

（5）在"Value_if_true"文本框中输入参数""""，单击"Value_if_falee"文本框右侧的按钮，如图 4.17 所示。

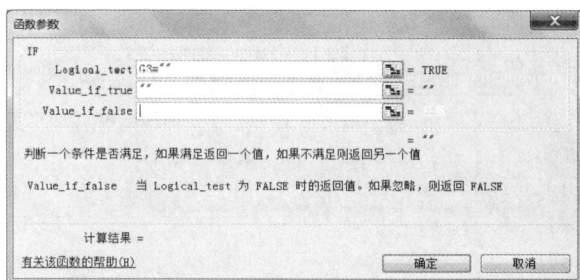

图 4.17 函数参数设置

（6）将鼠标移至左上方的 IF 函数处，单击右侧的下三角图标，在下拉列表中选择"VLOOKUP"选项，如图 4.18 所示。

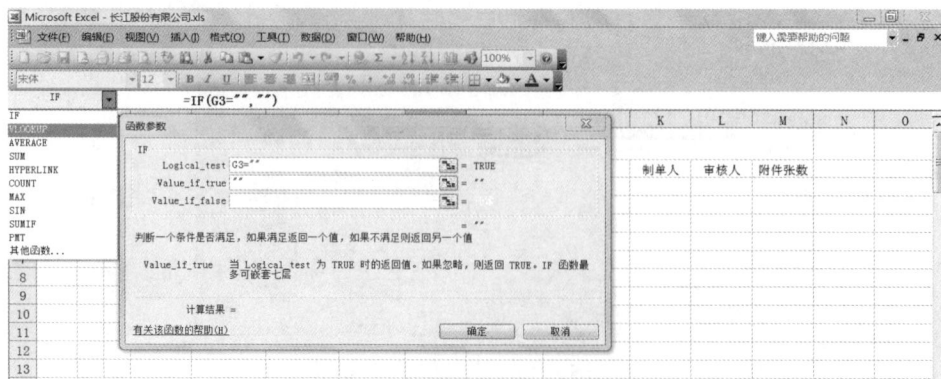

图 4.18 插入 IF 函数参数

（7）在"Lookup_value"文本框中输入参数"G3"。

（8）单击"Table_array"文本框的空白处，单击菜单"插入"→"名称"→"粘贴"，打开"粘贴名称"对话框，选择"科目名称"。

（9）在"Col_index_num"文本框中输入参数"2"，在"Range_lookup"文本框中输入参数"1"，如图 4.19 所示。

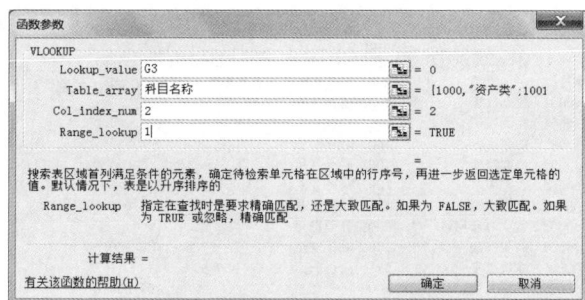

图 4.19　函数参数设置

（10）单击"确定"按钮，完成函数设置。

（11）选择 H4 单元格并右击，单击"常用"工具栏中的"复制"按钮。

（12）选择 H5 单元格，下拉至最后一行并右击，单击"常用"工具栏中的"粘贴"按钮。这样，整个"总账科目"列下的单元格均自动套用公式。

当在"科目编号"中输入数字时，"科目名称"中会自动显示出相应的内容。

5．会计凭证表实例

资料：长江股份有限公司 2012 年 10 月份发生如下经济业务。

（1）1 日，收到合伙人投资 200 000 元存入银行。

（2）3 日，从银行提取现金 3 000 元备用。

（3）6 日，收回宏达公司前欠货款 95 000 元，存入银行。

（4）6 日，用现金 380 元购买厂部办公用品。

（5）10 日，以银行存款发放工资 100 000 元。

（6）15 日，以银行存款偿还大洪公司欠款 30 000 元。

（7）20 日，以银行存款支付广告费用 4 000 元。

（8）22 日，从银行借入期限为 6 个月的借款 150 000 元。

（9）25 日，王经理出差回来报销差旅费 800 元，出纳以现金支付。

（10）31 日，计提固定资产折旧 50 000 元。

具体操作步骤如下。

（1）在 A、B、C、D 列分别输入业务发生的年、月、日及序号。

（2）在 E 列自动形成凭证编号。

（3）在 F 列输入摘要内容。

（4）在 G 列输入总账科目编号。

（5）在 H 列自动显示总账科目名称。

（6）在 I 列和 J 列分别输入借、贷方双方金额。

（7）在 K 列、L 列和 M 列分别输入制单人、审核人及附件张数，完成的会计凭证表如图 4.20 所示。

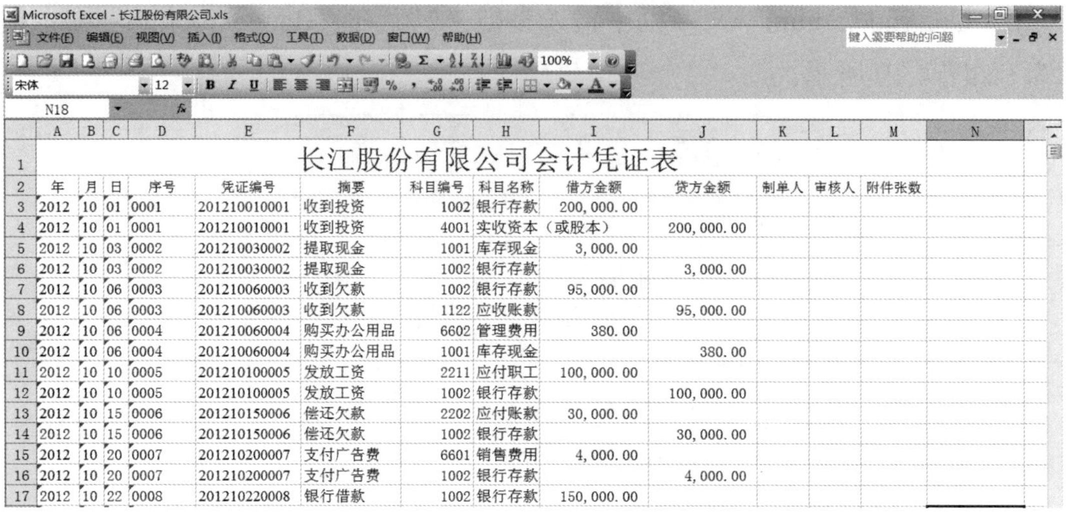

长江股份有限公司会计凭证表

年	月	日	序号	凭证编号	摘要	科目编号	科目名称	借方金额	贷方金额	制单人	审核人	附件张数
2012	10	01	0001	201210010001	收到投资	1002	银行存款	200,000.00				
2012	10	01	0001	201210010001	收到投资	4001	实收资本（或股本）		200,000.00			
2012	10	03	0002	201210030002	提取现金	1001	库存现金	3,000.00				
2012	10	03	0002	201210030002	提取现金	1002	银行存款		3,000.00			
2012	10	06	0003	201210060003	收到欠款	1002	银行存款	95,000.00				
2012	10	06	0003	201210060003	收到欠款	1122	应收账款		95,000.00			
2012	10	06	0004	201210060004	购买办公用品	6602	管理费用	380.00				
2012	10	06	0004	201210060004	购买办公用品	1001	库存现金		380.00			
2012	10	10	0005	201210100005	发放工资	2211	应付职工	100,000.00				
2012	10	10	0005	201210100005	发放工资	1002	银行存款		100,000.00			
2012	10	15	0006	201210150006	偿还欠款	2202	应付账款	30,000.00				
2012	10	15	0006	201210150006	偿还欠款	1002	银行存款		30,000.00			
2012	10	20	0007	201210200007	支付广告费	6601	销售费用	4,000.00				
2012	10	20	0007	201210200007	支付广告费	1002	银行存款		4,000.00			
2012	10	22	0008	201210220008	银行借款	1002	银行存款	150,000.00				

图 4.20　会计凭证表实例

任务实施

练一练

资料：海阳股份有限公司 2012 年 11 月发生如下经济业务。

（1）2 日，从银行借入短期借款 80 000 元 。

（2）3 日，接受投资者投入不需要安装的设备一台，价值 15 000 元，当即投入使用。

（3）3 日，提取备用金 1 000 元。

（4）5 日，购入材料，买价为 20 000 元，进项税额为 3 400 元，材料已验收入库，款项未付。

（5）8 日，采购员预借差旅费 800 元，当即以现金付讫。

（6）10 日，收到某公司前欠货款 8 000 元。

（7）12 日，采购员报销差旅费 680 元，余款 120 元以现金退回。

（8）12 日，销售产品一批，售价为 50 000 元，销项税额为 8 500 元，款项已收存银行。

（9）16 日，办公室用现金 200 元购买办公用品。

（10）18 日，用银行存款支付广告费 1 000 元。

（11）20 日，支付前欠货款 23 400 元。

（12）25 日，从银行提取现金 50 000 元，备发工资。

（13）25 日，现金发放工资 50 000 元。

（14）30 日，结转已销商品款 30 000 元。

（15）30 日，生产产品领用材料 50 000 元，厂部领用材料 800 元。

（16）30 日，以银行存款支付厂部设施修理费用 3 000 元。

（17）30 日，收回前欠货款 50 000 元，存入银行。

（18）30 日，将银行存款 50 000 元捐给希望工程。

（19）30 日，计提本月固定资产折旧。其中，车间固定资产折旧为 50 000 元，厂部固定资产折旧为 30 000 元。

（20）30 日，结转本月应付职工工资 50 000 元。其中，生产工人工资为 30 000 元，车间管理人员工资为 5 000 元，厂部管理人员工资为 15 000 元。

要求：

（1）制作会计凭证表。

"会计凭证表"式样如图 4.21 所示。

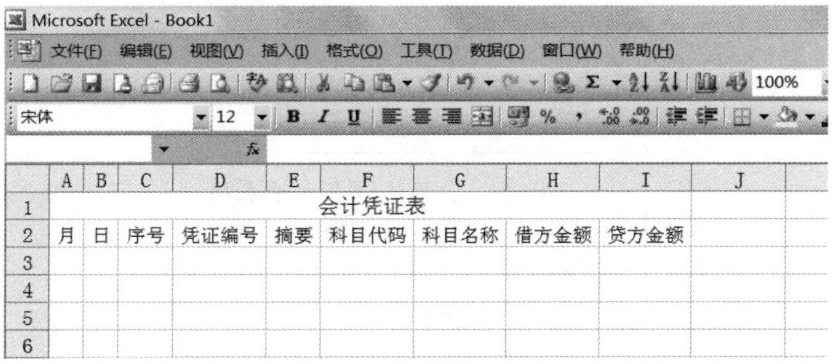

图 4.21　会计凭证表

（2）在会计凭证表中输入 20 笔经济业务。

项目五

Excel 在会计账簿中的应用

项目引领

小李，会记凭证在电子表格中已编制完成，接下来你制作一下总分类账、明细分类账、科目汇总表和科目余额表吧！

为了给经济管理提供系统的会计核算资料，各企业都必须在会计凭证的基础上登记会计账簿，把分散在会计凭证上的大量核算资料加以集中和归类整理，生成有用的会计账簿，从而为编制会计报表、进行会计财务分析提供主要依据。

项目目标

知识目标

（1）了解会计账簿的基本概念。

（2）掌握如何建立会计账簿。

（3）掌握如何建立科目汇总表和科目余额表。

能力目标

（1）能建立现金日记账、银行存款日记账、总分类账和明细分类账。

（2）会填制科目汇总表和科目余额表。

任务一　制作会计账簿

任务导入

会计凭证制作完成后，下一步就是在电子表格中进行现金日记账、银行存款日记账、总分类账和明细分类账的编制。

任务要求

根据相关会计凭证，小李在电子表格中编制现金日记账、银行存款日记账、总分类账和明细分类账。

知识准备

一、会计账簿的概念

会计账簿是指由一定格式账页组成的，以经过审核的会计凭证为依据，全面、系统、连续地记录各项经济业务的簿籍。各单位应按照国家统一的会计制度的规定和会计业务的需要设置会计账簿。

二、会计账簿的分类

账簿按用途分为序时账簿、分类账簿和备查账簿。

1．序时账簿

序时账簿是按时间顺序逐日逐笔记录反映经济业务内容的账簿，因此又称日记账。序时账簿一般有两种：一种是用于记录全部经济业务的，称为普通日记账；另一种是用于记录某一类经济业务的，称为特种日记账。在实际工作中，应用比较广泛的是特种日记账，如反映现金收支及结存情况的现金日记账（见表 5.1）、反映银行存款收支及结存情况的银行存款日记账（见表 5.2）。

表 5.1　现金日记账

年		凭证号数	对方科目	摘　要	收入（借方）金　额	支出（贷方）金　额	结余金额
月	日						

表5.2 银行存款日记账

年		凭证号数	对方科目	摘 要	收入（借方）金 额	支出（贷方）金 额	结余金额
月	日						

2. 分类账簿

分类账簿是按照总分类账户和明细分类账户对全部经济业务进行分类登记的账簿。分类账簿按反映内容的详细程度又可分为总分类账簿和明细分类账簿。

总分类账簿是按照总分类账户进行分类登记的账簿，简称总账。总分类账簿总括地记录和反映经济业务的情况，对其所属明细账有统驭和控制的作用。明细分类账簿是按照明细分类账户进行分类登记的账簿，简称明细账。明细分类账簿详细地记载了经济业务的具体内容，对总账有补充和说明的作用。总分类账和明细分类账分别如表5.3和表5.4所示。

表5.3 总分类账

年		凭证号数	摘 要	借方	贷方	借或贷	余 额
月	日						
8	10			500.00			

表5.4 明细分类账

年		凭证号数	摘 要	收 入			发 出			结 存		
月	日			数量	单价	金额	数量	单价	金额	数量	单价	金额
5	1		月							0		

3. 备查账簿

备查账簿是对某些序时账、分类账中未能记载的经济事项进行补充登记的账簿，又称辅助账簿。例如，常用的支票领用登记簿（见表5.5）就是一种备查账簿。

表 5.5　支票领用登记簿

签发日期			支票号码	收款单位	用　途	预计金额	领用人	支票实际金额	报销日期	
20　年	月	日							月	日
	5	9	4			16		15	5	

任务操作

创建现金日记账、银行存款日记账、总分类账和明细分类账。

操作步骤

1. 设置"现金日记账"的格式

（1）打开工作簿文件"长江股份有限公司.xls"，插入一张新工作表并将其命名为"现金日记账"。

（2）在 A1 单元格中输入"现金日记账"，选择 A1:H1 单元格区域，先单击"格式"工具栏中的"合并及居中"按钮，再单击"单元格"按钮，打开"单元格格式"对话框，选择"字体"选项卡，将"字体"设置为"楷体_GB2312"，将"字号"设置为"20"磅，将"下划线"设置为"双下划线"，单击"确定"按钮，如图 5.1 所示。

（3）在 A2 单元格中输入公式"=YEAR(TODAY())&"年""，自动显示此时本计算机的年份。选择 A2 和 B2 单元格，单击"格式"工具栏中的"合并及居中"按钮。

（4）在 A3 和 B3 单元格中分别输入"月"和"日"，选择 A3 和 B3 单元格，单击"格式"工具栏中的"右对齐"按钮。

（5）在 C2、D2、E2、F2、G2 和 H2 单元格中分别输入"凭证号数""对方科目""摘要""收入（借方）金额""付出（贷方）金额"和"结余金额"。

（6）选择 C2 和 C3 单元格，单击菜单"格式"工具栏中的"单元格"按钮，打开"单元格格式"对话框，选择"对齐"选项卡，设置"水平对齐"和"垂直对齐"为"居中"，在"文本控制"选区勾选"合并单元格"复选框，如图 5.2 所示。选择"字体"标签，将"字体"设置为"宋体"，将"字形"设置为"加粗"，将"字号"设置为"12"磅，单击"确定"按钮。

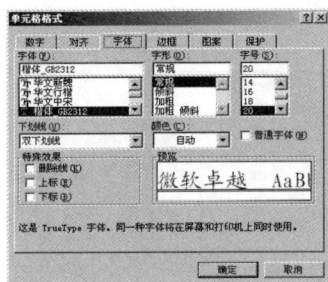

图 5.1　设置字体

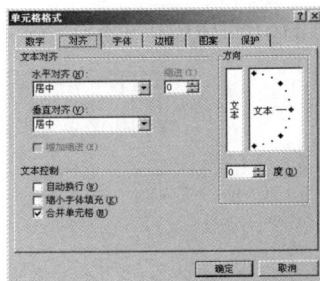

图 5.2　设置对齐方式

（7）同样设置另外 5 个单元格区域的内容，将 A～H 列设置成最适合的列宽，如图 5.3 所示。

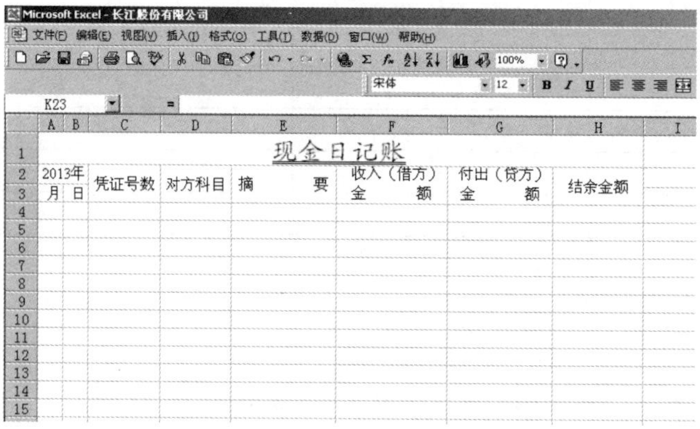

图 5.3　现金日记账格式

至此，完成"现金日记账"的格式设置。

2. 设置"现金日记账"的结余金额

每笔业务发生后，应将上次的余额加上本次的收入金额，减去付出金额，得到本次的结余金额。

（1）在 E4 单元格输入摘要"期初余额"，在 H4 单元格中输入上月结余金额"1 800"元。

（2）在 H5 单元格输入公式"=H4+F5−G5"，输入本月发生的一笔现金业务，如 2 月 1 日提取现金 1 000 元，按回车键自动计算出结余金额。

（3）将公式复制到 H6:H100 单元格区域，如图 5.4 所示。

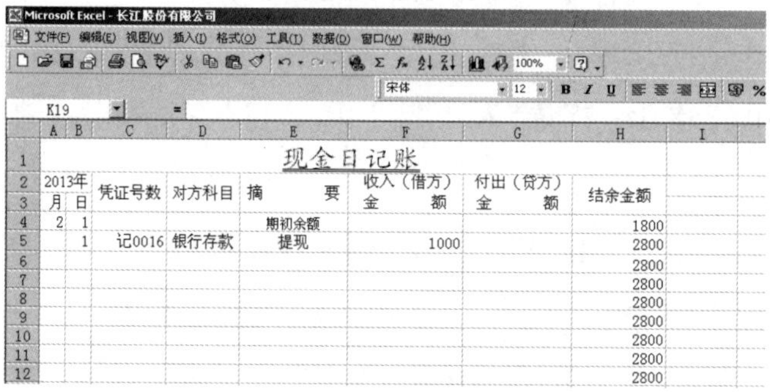

图 5.4　复制结余金额公式

（4）每行的余额都显示出来了，但不美观，现在需要设置输入了金额的行才显示余额，否则就显示空白。把 H5 单元格中的公式改成"=if(and(F5="", G5="")),"",H4+F5−G5)"，再把公式复制到 H6:H100 单元格区域，如图 5.5 所示。

图 5.5　结余金额的特殊公式

至此，完成"现金日记账"结余金额的公式设置。

3. 设置"现金日记账"的数据有效性

为了保证输入数据的正确性和提高工作效率，可以对一些单元格设置数据有效性。下面就现金日记账中的"结余金额"这一列的数据有效性进行设置。现金日记账中的"结余金额"不能为负数，其设置方法如下。

（1）选择"结余金额"列所在的单元格，如 H4 单元格。

（2）选择"数据"菜单中的"有效性"命令，打开"数据有效性"对话框，在"设置"选项卡中设置"允许"为"小数"、"数据"为"介于"、"最小值"为"0"、"最大值"为"5000"，如图 5.6 所示。

（3）在"出错警告"选项卡中设置"样式"为"警告"，如图 5.7 所示。

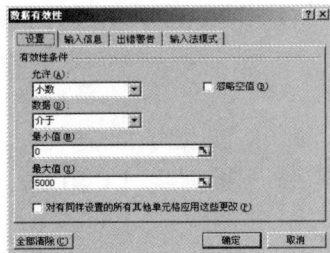

图 5.6　设置数据有效性　　　　　图 5.7　设置"出错警告"信息

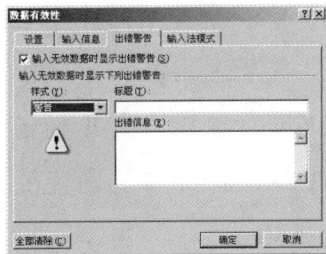

（4）单击"确定"按钮。

至止，"现金日记账"的编制工作就完成了。

银行存款日记账、总分类账和明细分类账编制的方法与现金日记账相同，这里不重复介绍。

任务实施

练一练

资料：海阳股份有限公司 2012 年 12 月发生如下业务。

（1）2 日，长兴公司向其投入不需要安装的设备一台，价值 150 000 元，当即投入使用。

（2）2 日，从银行借入短期借款 80 000 元。

（3）5 日，以银行存款 95 000 元购入汽车一辆。

（4）8 日，购入材料，买价为 80 000 元，进项税额为 13 600 元，材料已验收入库，款项未付。

（5）9 日，从银行提取现金 2 000 元备用。

（6）10 日，采购员预借差旅费 1 500 元，当即以现金付讫。

（7）11 日，以银行存款支付 8 日的购料款 93 600 元。

（8）11 日，销售产品一批，售价为 100 000 元，销项税额为 17 000 元，款项已收存银行。

（9）13 日，生产产品领用材料 60 000 元，厂部领用材料 3 000 元。

（10）15 日，预收 A 企业货款 90 000 元，存入银行。

（11）16 日，从银行提取现金 60 000 元，备发工资。

（12）16 日，以现金发放工资 60 000 元。

（13）17 日，采购员报销差旅费 1 380 元，余款 120 元以现金退回。

（14）18 日，销售给长桥企业产品一批，售价为 75 000 元，销项税额为 12 750 元，同时将多余款 2 250 元退回。

（15）19 日，以银行存款支付广告费 6 000 元。

（16）20 日，以现金支付厂部办公用品费 500 元。

（17）23 日，收回前欠货款 45 000 元，存入银行。

（18）27 日，将银行存款 3 000 元捐给希望工程。

（19）31 日，分配结转本月应付工资。其中，生产工人为 50 000 元，车间管理人员为 4 000 元，厂部管理人员为 6 000 元。

（20）31 日，预提本月短期借款利息 4 000 元。

（21）31 日，计提本月固定资产折旧。其中，车间固定资产折旧为 1 040 元，厂部固定资产折旧为 580 元。

（22）31 日，将本月制造费用转入生产成本（假设该公司仅生产一种产品）。

（23）31 日，结转完工产品成本（假设无月初和月末在产品）。

（24）31 日，结转本月已售产品成本 110 000 元。

（25）31 日，将本月的收入转入本年利润。

（26）31 日，结转本月的成本费用转入本年利润。

（假设海阳股份有限公司 2012 年 12 月初库存现金、银行存款和应付账款余额分别为 3 000 元、200 000 元和 50 000 元。）

要求：

（1）建立海阳股份有限公司 2012 年 12 月份现金日记账。

（2）建立海阳股份有限公司 2012 年 12 月份银行存款日记账。

（3）建立海阳股份有限公司 2012 年 12 月份应收账款总账。

任务二　制作科目汇总表

任务导入

记账凭证制作完成后，接下来应对全部记账凭证进行汇总工作，也就是科目汇总表的编制工作。

任务要求

根据相关记账凭证资料，小李在电子表格中编制科目汇总表。

知识准备

一、科目汇总表的概念

科目汇总表是针对一定时间内的所有经济业务，根据相同的会计科目进行归类，定期汇总出每一个会计科目借方本期发生额合计数和贷方本期发生额合计数的一种表格。

科目汇总表在会计账务核算过程中起着承上启下的作用：一方面，将一定期间发生的经济业务分门别类地进行汇总；另一方面，为编制会计报表提供数据。

二、科目汇总表的格式

科目汇总表的格式如表 5.6 所示。

表 5.6　科目汇总表

编制单位：　　　　　　　　　　　　年　　月　　日　　　　　　　　　　　单位：元

科目编号	会计科目	借方本期发生额	贷方本期发生额
合　　　计			

任务操作

编制科目汇总表。

操作步骤

科目汇总表编制的具体操作步骤如下。

（1）打开工作簿文件"长江股份有限公司.xls"，选择工作表"会计凭证表"。

（2）选择"数据"菜单中的"数据透视表和数据透视图"命令，在弹出的"数据透视表和数据透视图向导——3 步骤之 1"对话框中选中"Microsoft Office Excel 数据列表或数据库"单选按钮和"数据透视表"单选按钮，如图 5.8 所示。

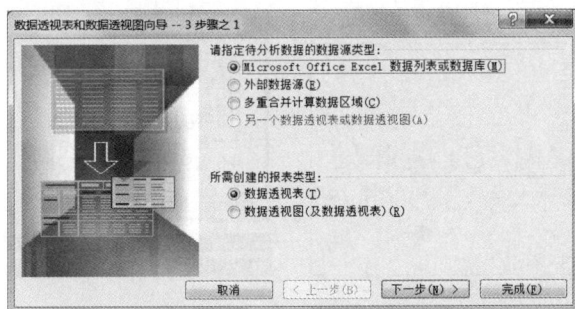

图 5.8　"数据透视表和透视图向导——3 步骤之 1"对话框

（3）单击"下一步"按钮，如图 5.9 所示。

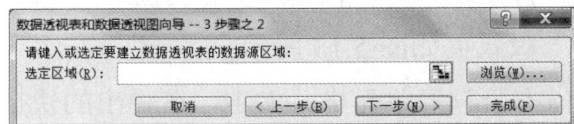

图 5.9　"数据透视表和透视图向导——3 步骤之 2"对话框

（4）选择"数据透视表"的数据来源为 A2:J56 单元格区域，如图 5.10 所示。

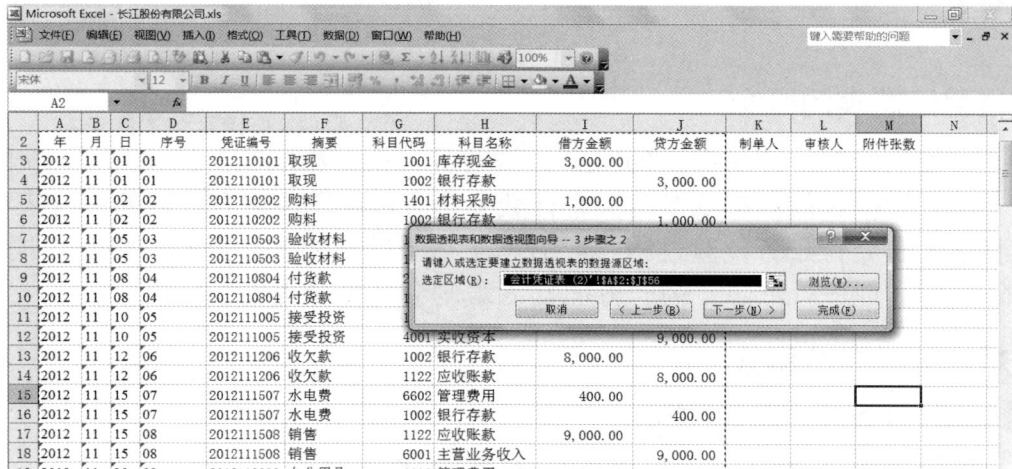

图 5.10　选择"数据透视表"的数据来源

（5）单击"下一步"按钮，打开"数据透视表和数据透视图向导——3 步骤之 3"对话框，如图 5.11 所示。

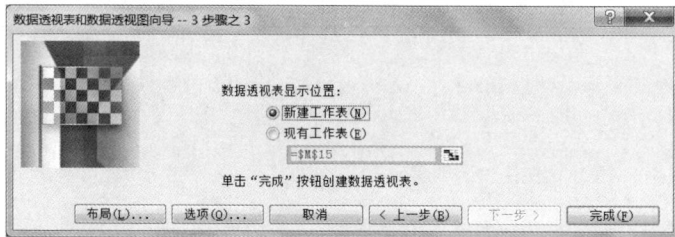

图 5.11　"数据透视表和数据透视图向导——3 步骤之 3"对话框

（6）选中"新建工作表"单选按钮，单击"完成"按钮，新建"数据透视表"版式如图 5.12 所示。

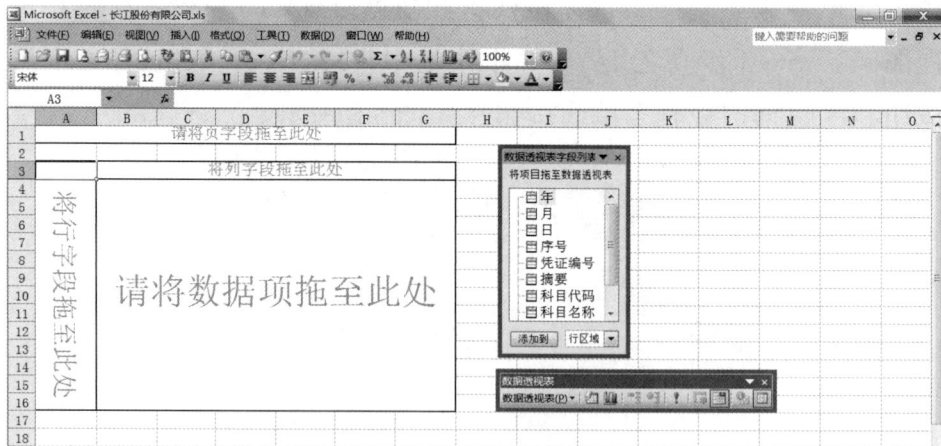

图 5.12　新建"数据透视表"版式

（7）将"年""月""科目代码""科目名称""借方金额""贷方金额"拖动到选定的位置，完成的"数据透视表"版式页如图 5.13 所示。

（8）选择"计数项：借方金额"单元格并右击，在弹出的快捷菜单中选择"字段设置"命令，如图 5.14 所示。

图 5.13 "数据透视表"版式页

图 5.14 选择"字段设置"命令

（9）在弹出的"数据透视表字段"对话框中更改"汇总方式"，将"计数项：借方金额"改为"求和项：借方金额"，如图 5.15 所示。

（10）同样，将"计数项：贷方金额"改为"求和项：贷方金额"，更改后的"数据透视表"数据页如图 5.16 所示。

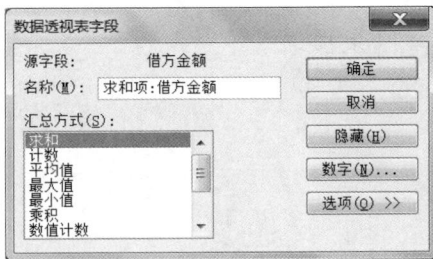

图 5.15 更改汇总方式

图 5.16 "数据透视表"数据页

（11）将鼠标移至"数据"标题字段处，将"数据"字段拖动至"汇总"字段处，如图 5.17 所示。

（12）选择"2012 年"和"11 月"，将"Sheet3"改为"科目汇总表"，完成科目汇总表的编制，如图 5.18 所示。

图 5.17 拖动"数据"字段

图 5.18 2012 年 11 月份科目汇总表

任务实施

练一练

要求：建立海阳股份有限公司 2012 年 12 月份科目汇总表。

任务三　制作科目余额表

任务导入

记账凭证和会计总分类账制作完成后，应对会计科目进行分类计算，也就是进行科目余额表的编制工作。

任务要求

根据相关会计记账凭证，小李在电子表格中编制科目余额表。

知识准备

一、科目余额表的概念

科目余额表是用来记录本期所有会计科目的发生额和余额的表格。它是科目汇总表的进一步延伸，能够反映某一会计区间内相关会计科目（账户）的期初余额、本期发生额、期末余额，为编制会计报表提供更完善的数据。

二、科目余额表的格式

科目余额表的格式如表 5.7 所示。

表 5.7　科目余额表

编制单位：　　　　　　　　　　　　　　年　　月　　　　　　　　　　　　　单位：元

科目编号	会计科目	期初余额		本期发生额		期末余额	
		借方	贷方	借方	贷方	借方	贷方
合　计							

任务操作

建立科目余额表格式，编制科目余额表。

操作步骤

1．建立科目余额表格式

科目余额表的格式同样可以采用科目汇总表的建立方法（数据透视表功能法），下面介绍另一种更简单的建立方法。

具体操作步骤如下。

（1）打开工作簿文件"长江股份有限公司.xls"，插入一张新工作表并将其命名为"科目余额表"。

（2）选择 A1:H1 单元格区域，单击"合并及居中"按钮，在 A1 单元格中输入"长江股份有限公司科目余额表"，并单击"加粗"按钮。

（3）选择 A2:A3 单元格区域，单击"合并及居中"按钮，在 A2 单元格中输入"科目编号"，并单击"加粗"按钮。

（4）选择 B2:B3 单元格区域，单击"合并及居中"按钮，在 B2 单元格中输入"会计科目"，并单击"加粗"按钮。

（5）选择 C2:D2 单元格区域，单击"合并及居中"按钮，在 C2 单元格中输入"期初余额"，并单击"加粗"按钮。

（6）选择 E2:F2 单元格区域，单击"合并及居中"按钮，在 E2 单元格中输入"本期发生额"，并单击"加粗"按钮。

（7）选择 G2:H2 单元格区域，单击"合并及居中"按钮，在 G2 单元格中输入"期末余额"，并单击"加粗"按钮。

（8）分别选择 C3、E3、G3 单元格，输入"借方"，并单击"加粗"按钮。

（9）分别选择 D3、F3、H3 单元格，输入"贷方"，并单击"加粗"按钮。建立完成后的科目余额表如图 5.19 所示。

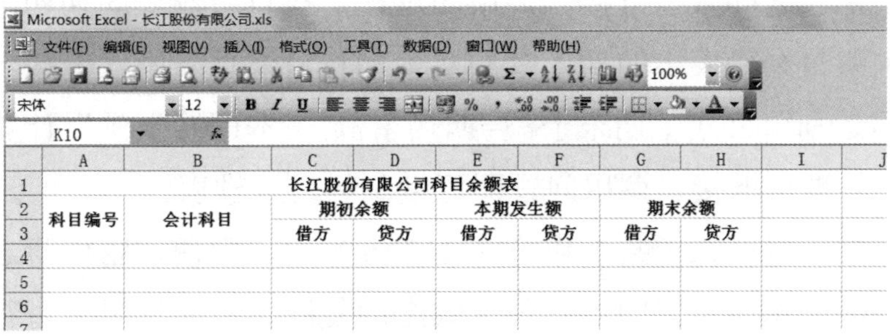

图 5.19 科目余额表

（10）在 A4:B54 单元格内输入科目编号及相应的会计科目，如图 5.20 所示。

图 5.20　输入科目编号及相应的会计科目

（11）选择 A55:B55 单元格区域，单击"合并及居中"按钮，在 A55 单元格中输入"合计"，并单击"加粗"按钮。

（12）选择 C4:H55 单元格区域，选择"格式"→"单元格"命令，在弹出的"单元格格式"对话框中将"数字"设为"会计专用"、"小数位数"选择"2"、"货币符号"选择"无"，如图 5.21 所示。

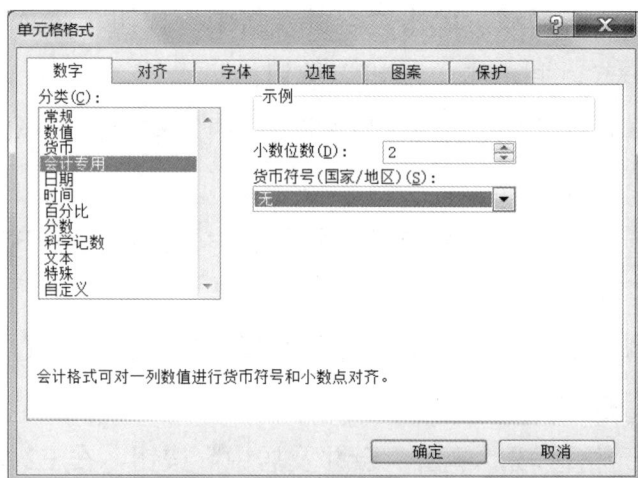

图 5.21　设置科目余额表格式

（13）单击"确定"按钮。

至此，科目余额表格式已设置完。

2．编制科目余额表

编制科目余额表是指对科目余额表中期初余额、本期发生额及期末余额进行填写。这个过程实质上是工作表之间数据链接、调用的过程。科目余额表的期初余额、本期发生额分别是从上期期末科目余额表中的期末余额及本期科目汇总表中"链接"过来的。而科目余额表的期末余额是利用公式"期末余额=期初余额+/-本期发生额"计算得到的。因此，解决了工作表之间的数据链接、调用问题即可编制科目余额表。

若各账户的数据已经存在于某工作簿（工作表）中，则通过工作簿之间的来回切换直接将数据复制、粘贴到相应位置即可。关于数据的复制、粘贴这里不进行介绍，下面以同一工作簿中不同的工作表之间数据的直接调用为例来编制科目余额表。

1）数据的直接调用

由于科目余额表中的会计科目固定，所以期初余额的链接可以直接调用上期科目余额表的期末余额。

具体操作步骤如下。

（1）打开工作簿文件"长江股份有限公司.xls"中的工作表"11 月份科目余额表"。

（2）选择 C4 单元格，输入"="，如图 5.22 所示。

（3）打开工作簿文件"长江股份有限公司.xls"中的工作表"10 月份科目余额表"，选择 G4 单元格，按回车键，这样就建立了同一工作簿中不同的工作表之间的数据直接链接，如图 5.23 所示。

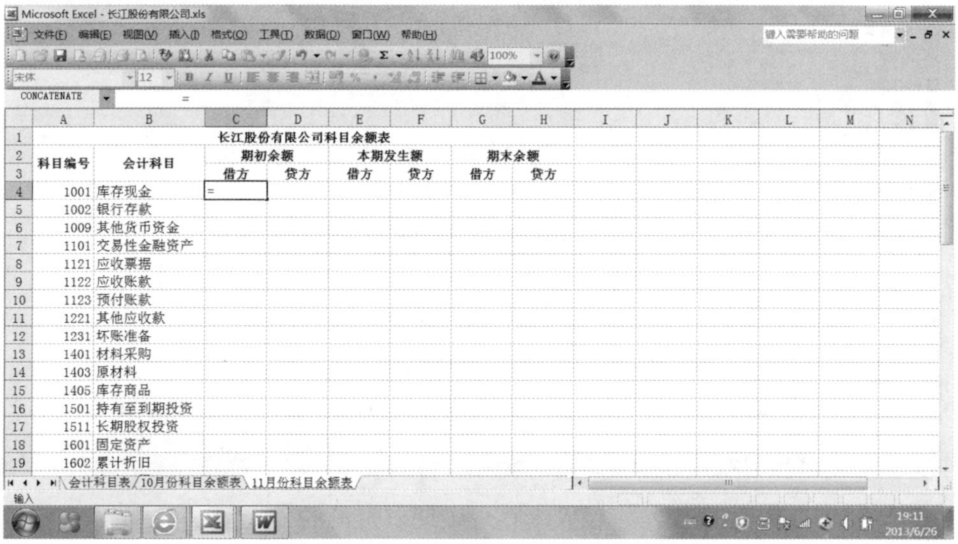

图 5.22　数据的直接调用 1

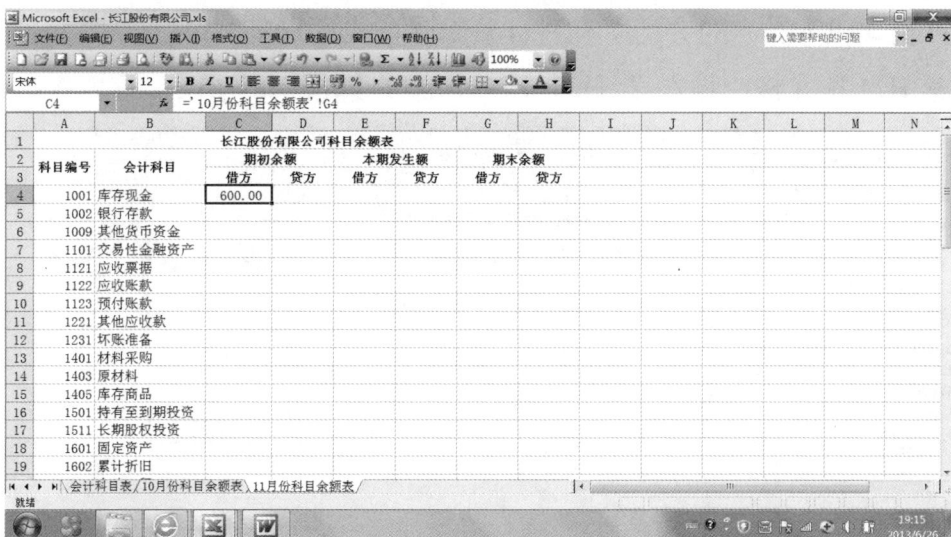

图 5.23　数据的直接调用 2

2）期末余额的公式计算

科目余额表所有的会计科目分为资产类、负债类、所有者权益类、成本类和损益类共 5 类。根据会计核算的规则：

资产类（成本类）期末余额=期初余额+本期借方发生额−本期贷方发生额

负债类（所有者权益类）期末余额=期初余额+本期贷方发生额−本期借方发生额

另外，而损益类无余额。因此，期末余额的计算需要根据公式来进行。

具体操作步骤如下。

（1）打开工作簿文件“长江股份有限公司.xls”，选择工作表“11 月份科目余额表”。

（2）选择 G4 单元格，输入“=C4+E4−F4”，如图 5.24 所示。

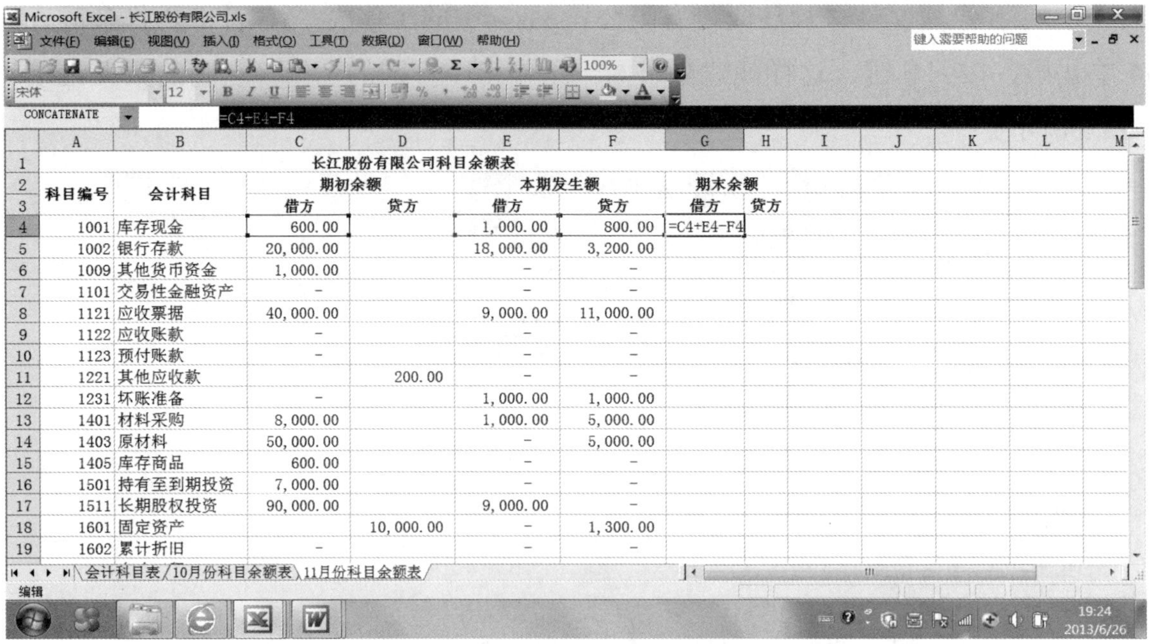

CONCATENATE =C4+E4-F4

长江股份有限公司科目余额表							
科目编号	会计科目	期初余额		本期发生额		期末余额	
		借方	贷方	借方	贷方	借方	贷方
1001	库存现金	600.00		1,000.00	800.00	=C4+E4-F4	
1002	银行存款	20,000.00		18,000.00	3,200.00		
1009	其他货币资金	1,000.00		-	-		
1101	交易性金融资产	-		-	-		
1121	应收票据	40,000.00		9,000.00	11,000.00		
1122	应收账款	-		-	-		
1123	预付账款	-		-	-		
1221	其他应收款		200.00	-	-		
1231	坏账准备	-		1,000.00	1,000.00		
1401	材料采购	8,000.00		1,000.00	5,000.00		
1403	原材料	50,000.00		-	5,000.00		
1405	库存商品	600.00		-	-		
1501	持有至到期投资	7,000.00		-	-		
1511	长期股权投资	90,000.00		9,000.00	-		
1601	固定资产		10,000.00	-	1,300.00		
1602	累计折旧	-		-	-		

图 5.24　输入库存现金期末余额的公式

（3）按回车键，库存现金期末余额借方的计算结果为“600”。

（4）资产类（成本类）的会计所有科目采用此公式进行复制。

（5）选择 H24 单元格，输入“=D24+F24−E24”，如图 5.25 所示。

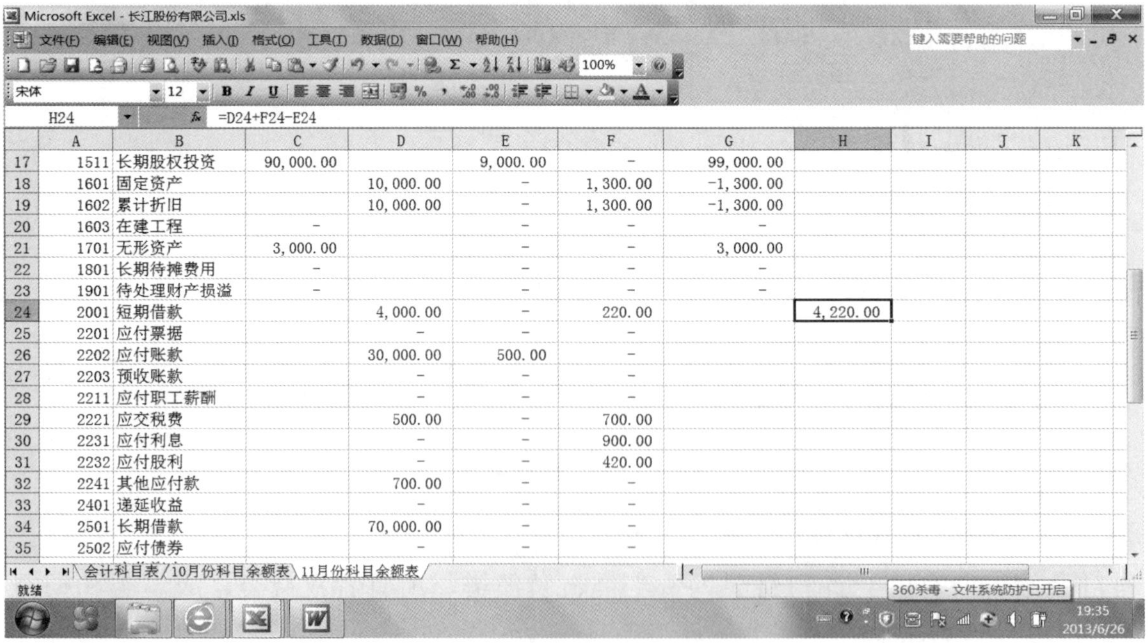

H24 =D24+F24-E24

A	B	C	D	E	F	G	H
1511	长期股权投资	90,000.00		9,000.00	-	99,000.00	
1601	固定资产		10,000.00	-	1,300.00	-1,300.00	
1602	累计折旧		10,000.00	-	1,300.00	-1,300.00	
1603	在建工程	-		-	-	-	
1701	无形资产	3,000.00		-	-	3,000.00	
1801	长期待摊费用	-		-	-	-	
1901	待处理财产损溢	-		-	-	-	
2001	短期借款		4,000.00	-	220.00		4,220.00
2201	应付票据		-	-	-		
2202	应付账款		30,000.00	500.00	-		
2203	预收账款		-	-	-		
2211	应付职工薪酬		-	-	-		
2221	应交税费		500.00	-	700.00		
2231	应付利息		-	-	900.00		
2232	应付股利		-	-	420.00		
2241	其他应付款		700.00	-	-		
2401	递延收益		-	-	-		
2501	长期借款		70,000.00	-	-		
2502	应付债券		-	-	-		

图 5.25　输入短期借款期末余额的公式

（6）负债类（所有者权益类）的会计所有科目采用此公式进行复制。这样，科目余额表的编制工作完成。

任务实施

练一练

要求：建立海阳股份有限公司 2012 年 12 月份科目余额表。

项目六

Excel 在会计报表中的应用

📖 项目引领

小李，会计核算中的会计凭证表、会计账簿工作均已完成，接下来在电子表格中进行会计报表的编制吧！

会计报表是会计账户处理的最终环节，是会计工作的总结。会计报表是基于会计凭证、会计账簿、会计科目余额表和会计科目汇总表等会计资料的基础编制而成的。

📎 项目目标

知识目标

（1）了解会计报表的基本概念。

（2）掌握如何建立会计报表。

能力目标

（1）能建立并编制资产负债表。

（2）能建立并编制利润表。

（3）能建立并编制现金流量表。

任务一 制作资产负债表

任务导入

企业经营一定时期后，需要反映企业的资产、负债及所有者权益等情况，这就需要编制资产负债表。

任务要求

根据有关会计资料，小李在电子表格中编制资产负债表。

知识准备

一、资产负债表的概念

资产负债表是指反映企业在某一特定日期（如月末、季末、年末）的财务状况的财务报表。

资产负债表主要反映资产、负债和所有者权益三方面的内容，并满足"资产＝负债＋所有者权益"平衡式，依照一定的分类标准和顺序将企业在一定日期的全部资产、负债和所有者权益项目进行适当分类、汇总、排序。

二、资产负债表的格式

资产负债表的格式主要有账户式和报告式两种。

根据我国《企业会计制度》规定，我国企业的资产负债表采用账户式，其结构和内容如表 6.1 所示。

表 6.1 资产负债表

编制单位：　　　　　　　　　　　　　年　　月　　日　　　　　　　　　　　单位：元

资　　产	期末余额	年初余额	负债和所有者权益	期末余额	年初余额
流动资产：			流动负债：		
货币资金			短期借款		
交易性金融资产			交易性金融负债		
应收票据			应付票据		
应收账款			应付账款		
预付款项			预收账款		
应收利息			应付职工薪酬		
应收股利			应交税费		
其他应收款			应付利息		
存货			应付股利		
一年内到期的非流动资产			其他应付款		
其他流动资产			一年内到期的非流动负债		
流动资产合计			其他流动负债		
非流动资产：			流动负债合计		
可供出售金融资产			非流动负债：		
持有至到期投资			长期借款		

资　产	期末余额	年初余额	负债和所有者权益	期末余额	年初余额
长期应收款			应付债券		
长期股权投资			长期应付款		
投资性房地产			专项应付款		
固定资产			预计负债		
在建工程			递延所得税负债		
工程物资			其他非流动负债		
固定资产清理			非流动负债合计		
生产性生物资产			负债合计		
油气资产			所有者权益（或股东权益）：		
无形资产			实收资本（或股本）		
开发支出			资本公积		
商誉			减：库存股		
长期待摊费用			盈余公积		
递延所得税资产			未分配利润		
其他非流动资产			所有者权益（或股东权益）合计		
非流动资产合计					
资产合计			负债和所有者权益（或股东权益）合计		

任务操作

创建资产负债表。

操作步骤

1. 创建资产负债表

创建资产负债表操作步骤如下。

（1）打开工作簿文件"长江股份有限公司.xls"，插入一张新工作表，并将其命名为"资产负债表"。

（2）在 A1 单元格中输入"资产负债表"，并单击"加粗"按钮。选择 A1:F1 单元格区域，单击"合并及居中"按钮。

（3）在 A2 单元格中输入"编制单位：　　　　年月日　　　　单位：元"，选择 A2:F2 单元格区域，单击"合并及居中"按钮。

（4）参照表 6.1，在每个单元格中录入内容，并调整为资产负债表的基本格式，完成的资产负债表如图 6.1 所示。

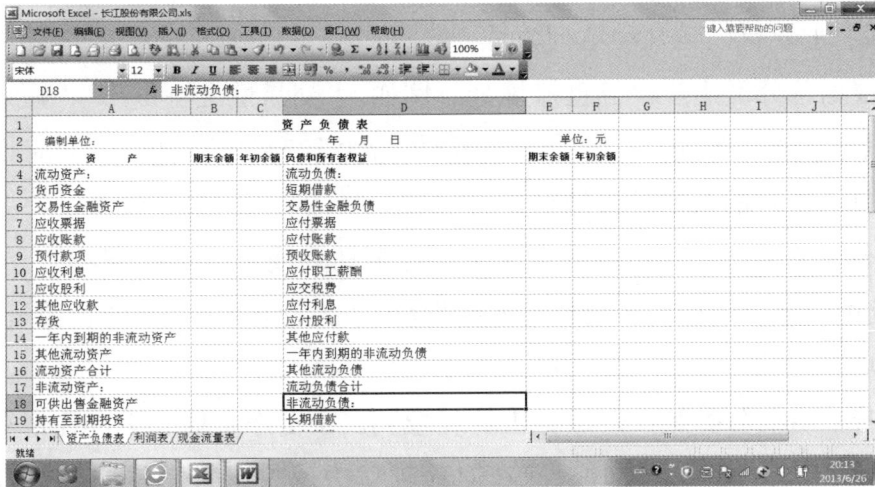

图 6.1　资产负债表

（5）选择 A3:F36 单元格区域并右击，在弹出的快捷菜单中选择"单元格格式"命令。

（6）打开"边框"选项卡，选择如图 6.2 所示的边框样式，单击"确定"按钮。

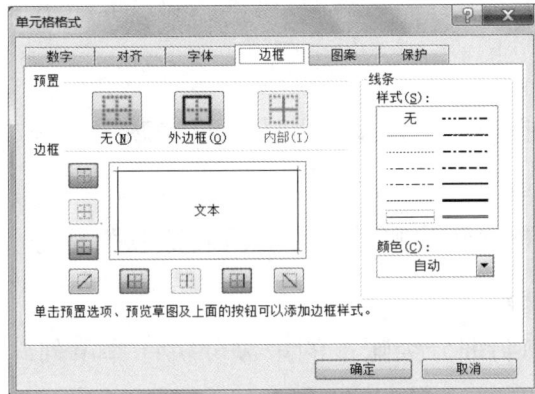

图 6.2　设置边框样式

（7）资产负债表创建完成，如图 6.3 所示。

图 6.3　创建完成的资产负债表

2. 编制资产负债表

资产负债表各项目均需填列"年初余额"和"期末余额"两栏。其中，"年初余额"栏内各项数字应根据上年年末资产负债表的"期末余额"栏内所列数字填列。

"期末余额"主要有以下几种填列方法。

（1）直接根据总分类账户余额直接填列。例如，"交易性金融资产""短期借款""应收票据""应付职工薪酬"等项目，根据"交易性金融资产""短期借款""应收票据""应付职工薪酬"各总账账户的余额直接填列。

（2）根据若干总分类账户余额的期末余额计算填列或资产负债表项目金额分析计算填列。例如，"货币资金"项目需要根据"库存现金""银行存款""其他货币资金"等账户期末余额合计数填列。

（3）根据若干明细分类账户余额分析计算填列。在资产负债表中，凡是有对应项目的，当账户记录出现相反方向的余额时，应在对应项目中反映出来。具体项目有"应收账款""预付账款""应付账款""预收账款"等。

"应收账款"项目应根据"应收账款"和"预收账款"总分类账户所属各明细分类账户的期末借方余额合计数填列。

"预付账款"项目应根据"预付账款"和"应付账款"总分类账户所属各明细分类账户的期末借方余额合计数填列。

"应付账款"项目应根据"应付账款"和"预付账款"总分类账户所属各明细分类账户的期末贷方余额合计数填列。

"预收账款"项目应根据"预收账款"和"应收账款"总分类账户所属各明细分类账户的期末贷方余额合计数填列。

（4）根据总分类账户和明细分类账户的余额分析计算填列。例如，"长期借款"项目需要根据"长期借款"总账账户余额扣除"长期借款"账户所属的明细账户，将在一年内到期且企业不能自主地将清偿义务展期的长期借款后的金额计算填列。

（5）根据有关账户余额减去其备抵账户余额后的净额填列。例如，资产负债表中的"应收票据""应收账款""长期股权投资""在建工程"等项目，应根据"应收票据""应收账款""长期股权投资""在建工程"等账户的期末余额分别减去"坏账准备""长期股权投资减值准备""在建工程减值准备"等账户余额后的净额填列；"固定资产"项目应根据"固定资产"账户的期末余额减去"累计折旧""固定资产减值准备"备抵账户余额后的净值填列；"无形资产"项目应根据"无形资产"账户的期末余额减去"累计摊销""无形资产减值准备"备抵账户余额填列。

（6）综合运用上述填列方法分析填列。

"存货"项目应根据"原材料""委托加工物资""周转材料""材料采购""在途物资""发出商品""材料成本差异"等总分类账户期末余额的分析汇总数，再减去"存货跌价准备"科目余额后的净额填列。

"未分配利润"项目反映的是企业尚未分配的利润，应根据"本年利润"账户和"利润分配"账户的余额分析计算填列。1—11月，本项目根据"本年利润"账户的余额和"利润分配"账户的余额计算填列，如果以上两个账户都为贷方余额，则将两者之和填入本项目；

如果"本年利润"账户为贷方余额、"利润分配"账户为借方余额，则以两者的差额填入本项目；贷方余额大于借方余额用"+"填列，贷方余额小于借方余额用"−"填列；若为年末，则根据"利润分配"账户的年末贷方余额直接填列本项目，该账户年末如为借方余额，则以"−"填列。

依据各项目数据来源方式，可以采用数据链接直接引用方式引用"科目余额表""明细分类账"等工作表的相关数据进行资产负债表的编制，也可采用 SUMIFO 和 VLOOKUPO 等函数间接调用"科目余额表"等其他工作表的相关数据进行资产负债表的编制。

例如，"货币资金"项目需根据"库存现金""银行存款""其他货币资金"3 个总账科目的期末余额合计数填列，其操作步骤如下。

（1）打开工作簿文件"长江股份有限公司.xls"。

（2）选择工作表"资产负债表"中的 B5 单元格，输入"="。

（3）单击工作表"科目余额表"标签，将界面切换至工作表"科目余额表"。

（4）单击工作表"科目余额表"中的 G4 单元格，输入"+"；单击工作表"科目余额表"中的 G5 单元格，输入"+"；再单击工作表"科目余额表"中的 G6 单元格。

（5）按回车键，界面自动切换到工作表"资产负债表"，并在 B5 单元格显示计算结果，在公式编辑栏中显示 B5 单元格所采用的计算公式"=科目余额表!G4+科目余额表!G5+科目余额表!G6"，如图 6.4 所示。

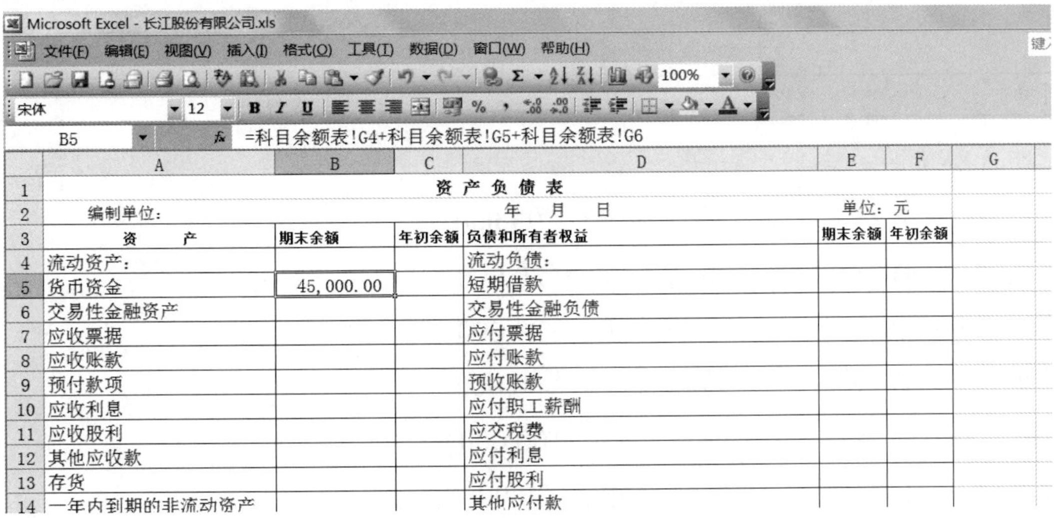

图 6.4 资产负债表数据调用

任务实施

练一练

资料：海阳股份有限公司 2012 年 12 月 31 日有关账户余额如下。

（1）总分类账户余额如表 6.2 所示。

表 6.2　海阳股份有限公司 2012 年 12 月 31 日总分类账户余额

单位：元

账户名称	借方余额	贷方余额
库存现金	10 000	
银行存款	57 000	
应收票据	60 000	
应收账款	75 000	
预付账款		30 000
原材料	115 000	
库存商品	100 000	
长期待摊费用	1 000	
固定资产	800 000	
累计折旧		300 000
在建工程	40 000	
无形资产	152 000	
短期借款		10 000
应付账款		70 000
预收账款		10 000
应付职工薪酬	4 000	
应交税费		13 000
累计摊销		1 000
长期借款		80 000
实收资本		500 000
盈余公积		200 000
未分配利润		200 000

（2）明细分类账户余额。

应收账款——A 公司　　借方余额　　95 000

应收账款——B 公司　　贷方余额　　20 000

预付账款——C 公司　　借方余额　　20 000

预付账款——D 公司　　贷方余额　　50 000

应付账款——E 公司　　贷方余额　　100 000

应付账款——F 公司　　借方余额　　30 000

预收账款——G 公司　　贷方余额　　40 000

预收账款——H 公司　　借方余额　　30 000

要求：编制海阳股份有限公司 2012 年 12 月 31 日的资产负债表。

任务二　制作利润表

任务导入

企业经营一定时期后，企业管理者不仅要了解企业的资产、负债及所有者权益的状况，还要知道企业经营状况的好坏，这就需要编制利润表。

任务要求

根据相关会计资料，小李在电子表格中编制利润表。

知识准备

一、利润表的概念

利润表是反映企业在一定会计期间内经营成果的报表。它是以"收入−费用=利润"这一会计等式作为编制依据的。

二、利润表的格式

利润表的格式主要有单步式利润表和多步式利润表两种。按照我国《企业会计制度》的规定，我国企业的利润表采用多步式利润表。其结构和内容如表 6.3 所示。

表 6.3　利润表

编制单位：　　　　　　　　　　年　　月　　　　　　　　　　金额单位：元

项　　目	本期金额	上期金额
一、营业收入		
减：营业成本		
营业税金及附加		
销售费用		
管理费用		
财务费用		
资产减值损失		
加：公允价值变动收益（损失以"−"填列）		
投资收益（损失以"−"填列）		
其中：对联营企业和合营企业的投资收益		
二、营业利润（亏损以"−"填列）		
加：营业外收入		
减：营业外支出		
其中：非流动资产处置损失		
三、利润总额（亏损总额以"−"填列）		
减：所得税费用		
四、净利润（净亏损以"−"填列）		
五、每股收益：		
（一）基本每股收益		
（二）稀释每股收益		

我国企业利润表的主要编制步骤和内容如下。

（1）以营业收入为基础，减去营业成本、营业税金及附加、销售费用、管理费用、财务费用、资产减值损失，加上公允价值变动收益（减去公允价值变动损失）和投资收益（减去投资损失），计算出营业利润。

"营业收入"项目，反映企业经营主要业务和其他业务所确认的收入总额。

"营业成本"项目，反映企业经营主要业务和其他业务发生的实际成本总额。

"营业税金及附加"项目，反映企业经营业务应负担的营业税、消费税、城市维护建设税、资源税、土地增值税和教育费附加等。

"销售费用"项目，反映企业在销售商品过程中发生的包装费、广告费等费用和为销售本企业商品而专设的销售机构的职工薪酬、业务费等经营费用。

"管理费用"项目，反映企业为组织和管理生产经营而发生的管理费用。

"财务费用"项目，反映企业为筹集生产经营所需资金而发生的筹资费用。

"资产减值损失"项目，反映企业各项资产发生的减值损失。

"公允价值变动净收益"项目，反映企业按照相关准则规定应当计入当期损益的资产或负债公允价值变动净收益，如交易性金融资产当期公允价值的变动额。如为净损失，则以"−"填列。

"投资收益"项目，反映企业以各种方式对外投资所取得的收益。如为净损失，则以"−"填列。企业持有的交易性金融资产处置和出售时，处置收益部分应当自"公允价值变动损益"项目转出，并列入本项目。

（2）以营业利润为基础，加上营业外收入，减去营业外支出，计算出利润总额。

"营业外收入"和"营业外支出"项目，反映企业发生的与其经营活动无直接关系的各项收入和支出。其中，处置非流动资产净损失应单独列示。

"利润总额"项目，反映企业实现的利润总额。如为亏损总额，则以"−"填列。

（3）以利润总额为基础，减去所得税费用，计算出净利润（或亏损）。

"所得税"项目，反映企业根据所得税准则确认的应当从当期利润总额中扣除的所得税费用。

普通股或潜在普通股已公开交易的企业，以及正处于公开发行普通股或潜在普通股过程中的企业，还应在利润表中列示每股收益信息。"基本每股收益"和"稀释每股收益"项目，应当根据每股收益准则的规定计算的金额填列。

任务操作

创建利润表。

操作步骤

1. 创建利润表

创建利润表操作步骤如下。

（1）打开工作簿文件"长江股份有限公司.xls"，插入一张新工作表，并将其命名为"利润表"。

（2）在 A1 单元格中输入"利润表"，并单击"加粗"按钮。选择 A1:C1 单元格区域，单击"合并及居中"按钮。

（3）在 A2 单元格中输入"编制单位：　　年　月　　　单位：元"，选择 A2:C2 单元格区域，单击"合并及居中"按钮。

（4）参照表 6.2，在每个单元格中录入内容，并调整为利润表的基本格式，完成后的利润表格式如图 6.5 所示。

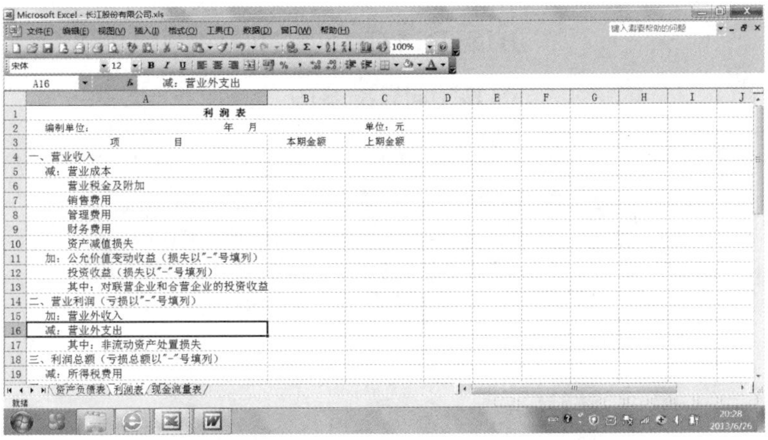

图 6.5　利润表格式

（5）选择 A3:C23 单元格区域，设置边框，完成后的利润表边框如图 6.6 所示。

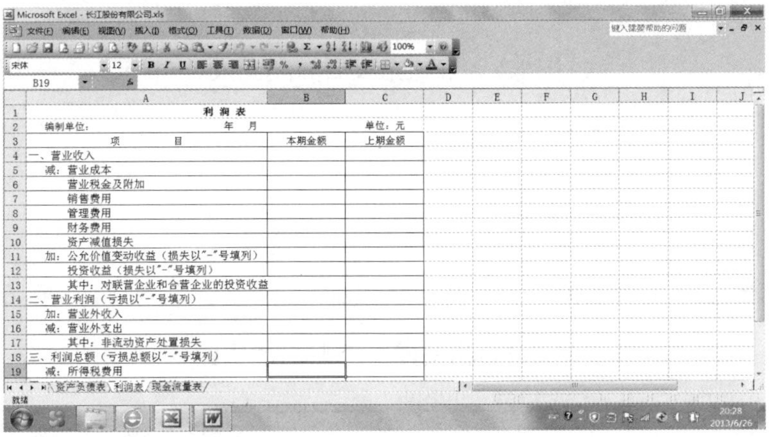

图 6.6　利润表边框

2. 编制利润表

利润表的编制同样建立在科目余额上，只不过收入、费用类账户是虚账户，每期没有期初、期末余额，在编制时需要根据科目余额表中本期发生的有关会计科目进行编制。

本期金额的填制同样采用数据链接直接引用的方式来进行。

例如，"营业收入"项目需要根据"主营业务收入"和"其他业务收入"两个损益类科目的发生额合计数填列，其操作步骤如下。

（1）打开工作簿文件"长江股份有限公司.xls"。

（2）选择工作表"利润表"中的 B4 单元格，输入"="。

（3）单击工作表"科目余额表"标签，将界面切换至工作表"科目余额表"。

（4）单击工作表“科目余额表”中的 G43 单元格，输入“+”，再单击工作表“科目余额表”中的 G44 单元格。

（5）按回车键，界面自动切换到工作表“利润表”中，并在 B4 单元格显示计算结果，在公式编辑栏中显示单元格 B4 所采用的计算公式“=科目余额表!G43+科目余额表!G44”。

其他单元格公式如下：

B14=B4−B5−B6−B7−B8−B9−B10+B11+B12

B18=B14+B15−B16

B20=B18−B19

（6）输入上述公式和其他数据，编制完成后的利润表如图 6.7 所示。

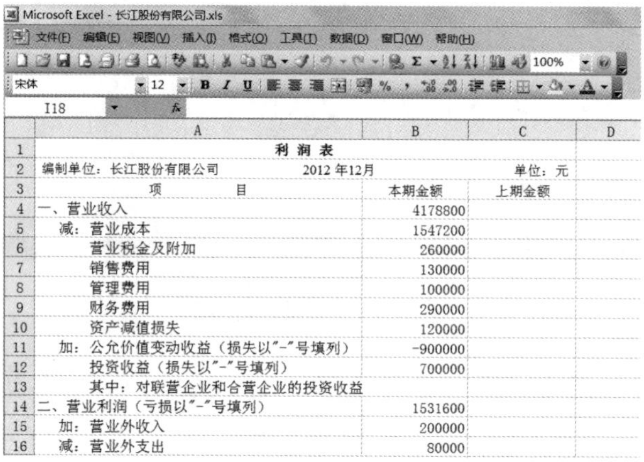

	A	B	C	D
1	利 润 表			
2	编制单位：长江股份有限公司　2012 年12月		单位：元	
3	项　　目	本期金额	上期金额	
4	一、营业收入	4178800		
5	减：营业成本	1547200		
6	营业税金及附加	260000		
7	销售费用	130000		
8	管理费用	100000		
9	财务费用	290000		
10	资产减值损失	120000		
11	加：公允价值变动收益（损失以"-"号填列）	-900000		
12	投资收益（损失以"-"号填列）	700000		
13	其中：对联营企业和合营企业的投资收益			
14	二、营业利润（亏损以"-"号填列）	1531600		
15	加：营业外收入	200000		
16	减：营业外支出	80000		

图 6.7　编制完成后的利润表

任务实施

练一练

资料：海阳股份有限公司 2012 年 12 月相关损益类账户发生额如表 6.4 所示。

表 6.4　相关损益类账户发生额

单位：元

账户名称	本期发生额	
	借　方	贷　方
主营业务收入		980 000
主营业务成本	460 000	
营业税金及附加	97 000	
营业费用	100 000	
管理费用	87 000	
财务费用	12 000	
其他业务收入		12 000
其他业务成本	8 600	
投资收益		
营业外收入		45 000
营业外支出	18 000	
所得税费用		

要求：编制海阳股份有限公司 2012 年 12 月的利润表。

任务三　制作现金流量表

任务导入

现金流量表能够说明企业在一定时期内现金流入和流出的原因，预测企业的偿债能力和支付股利的能力，分析企业未来获取现金的能力。

任务要求

根据相关会计资料，小李在电子表格中编制现金流量表。

知识准备

一、现金流量表的概念

现金流量表是反映企业在一定时期内现金和现金等价物流入和流出的报表。

现金是指企业库存现金及可以随时用于支付的存款。不能随时用于支付的存款不属于现金。现金等价物是指企业持有的期限短、流动性强、易于转换为已知金额现金、价值变动风险很小的投资。期限短一般是指从购买日起 3 个月内到期。现金等价物通常包括 3 个月内到期的债券投资等。权益性投资变现的金额通常不确定，因此不属于现金等价物。

二、现金流量表的格式

现金流量表的格式如表 6.5 所示。

表 6.5　现金流量表

编制单位：　　　　　　　　　　　年度　　　　　　　　　　　　　　　　单位：元

项　　目	行　次	金　额
一、经营活动产生的现金流量		
销售商品或提供劳务收到的现金		
收到的税费返还		
收到的与经营业务有关的其他现金		
现金流入合计		
购买商品、接受劳务支付的现金		
支付给职工及为职工支付的现金		
支付的各项税费		
支付的与经营活动有关的其他现金		
现金流合计		
经营活动产生的现金流量净额		
二、投资活动产生的现金流量		
收回投资所收到的现金		
取得投资收益所收到的现金		
处置固定资产、无形资产和其他长期资产的现金净额		

项　　目	行　　次	金　　额
收到的与投资活动有关的其他现金		
现金流入合计		
购建固定资产、无形资产和其他长期资产支付的现金		
投资所支付的现金		
支付的与投资活动有关的其他现金		
现金流出合计		
投资活动产生的现金流量净额		
三、筹资活动产生的现金流量		
吸收投资所收到的现金		
借款所收到的现金		
收到的与投资活动有关的其他现金		
现金流入合计		
偿还债务所支付的现金		
分配股利、利润、偿付利息所支付的现金		
支付的与筹资活动有关的其他现金		
现金流出合计		
筹资活动产生的现金流量		
四、汇率变动对现金的影响		
五、现金流量净额		

任务操作

创建和编制现金流量表。

操作步骤

1. 创建现金流量表

现金流量表的建立采用与"资产负债表""利润表"类似的方法。同样，打开工作簿文件"长江股份有限公司.xls"，插入一张新工作表，并将其命名为"现金流量表"。通过单击"合并及居中""加粗""设置边框"等按钮完成如图 6.8 所示的现金流量表。

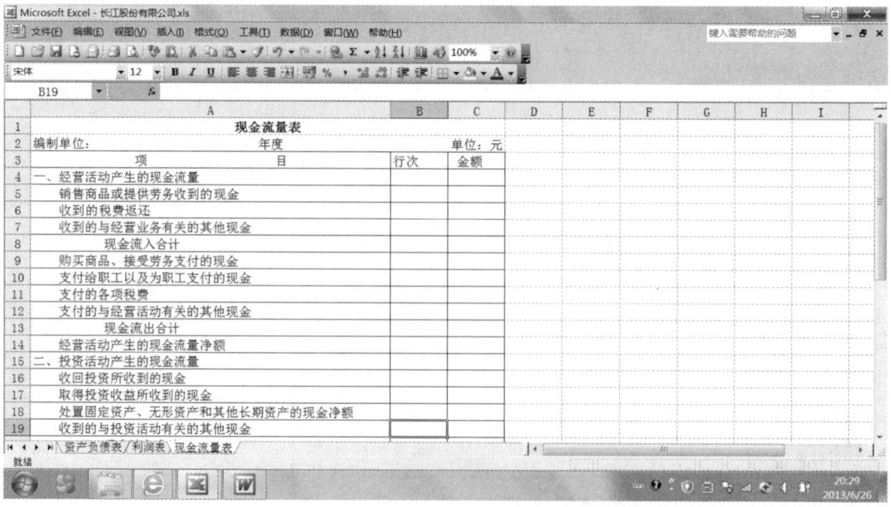

图 6.8　现金流量表

2. 编制现金流量表

对现金流量表中"销售商品、提供劳务收到的现金"的计算公式分析如下（现金流量表其他各项目计算公式的分析略）。

销售商品或提供劳务收到的现金=主营业务收入+其他业务收入+增值税销项税额+应收账款期初数-应收账款期末数+应收票据期初数-应收票据期末数-预收账款期初数+预收账款期末数+未收到现金的应收账款（应收票据）的减少+当期收到前期核销的坏账损失

由于当期实现的主营业务收入和其他业务收入并不一定全部都能收到现金，所以应减去当期净增加的应收账款后，才是当期实际收到的现金。

根据主营业务收入和其他业务收入加上应收账款期初数减去应收账款期末数的理论依据，可以得到一个会计恒等式：

应收账款期初数+当期借方发生额-当期贷方发生额=应收账款期末数

当期实现的业务收入，减去应收账款净增加数，才是当期实际收到的现金。因此，必须计算出当期应收账款净增加数。将上述会计恒等式进行移项：

应收账款借方发生额-应收账款贷方发生额=应收账款期末数-应收账款期初数

而应收账款借方发生额减去贷方发生额的差额既是当期应收账款净增加数，也是应收账款期末数减去应收账款期初数之差额。

实际收到的现金=业务收入-（应收账款期末数-应收账款期初数）

=业务收入-应收账款期末数+应收账款期初数

应收账款当期净增加数在会计记录中较为难找，而在资产负债表上查找应收账款期初数和期末数即可。当应收账款符合核销条件时，可以进行核销处理，这时核销会计分录为"借方记坏账准备""贷方记应收账款"。

从上述会计分录中可以看出，核销应收账款使当期的贷方发生额增加，而贷方发生额是应收账款的收回，但核销坏账并未收到现金，故应减去当期核销的坏账。由此可以推断，凡是当期未收到应收账款（应收票据）的减少，均应从业务收入中去除。加上当期收回前期核销的坏账是因为会计上要求对于前期已核销的坏账应在当期收回，会计分录为"借方记应收账款""贷方记坏账准备"。借方记现金、贷方记应收账款期末数额并无变化，因此不应调整应收账款，但确实收到了现金，故应加上当期核销的坏账。应收票据的调整和应收账款采取类似处理方法。预收账款属于负债类会计科目，其贷方记载预收账款的增加数，借方记载预收账款的减少数。当期实际收到的预收账款净增加数，即预收账款贷方发生额减去借方发生额的差额。

预收账款会计恒等式：

预收账款期初数+贷方发生额-预收账款期末数=借方发生额

![任务实施图标] **任务实施**

![练一练图标] **练一练**

资料：海阳股份有限公司 2012 年 12 月发生如下业务。

（1）2 日，收到华强公司投入设备一台，作价 200 000 元。

（2）3 日，购进材料 150 000 元，增值税为 25 500 元，运杂费为 1 200 元，款项以银行存款支付，材料已验收入库。

（3）4 日，收回宏达公司前欠货款 95 000 元，存入银行。

（4）5 日，从银行提取现金 110 000 元，准备发放工资。

（5）5 日，以现金发放工资 110 000 元。

（6）7 日，以银行存款偿还大洪公司欠款 30 000 元。

（7）9 日，以银行存款支付广告费用 4 000 元。

（8）9 日，从银行借入 6 个月期限的借款 150 000 元。

（9）12 日，向东方公司赊销产品一批，售价为 100 000 元，增值税为 17 000 元。

（10）13 日，以银行存款缴纳税金 21 000 元。

（11）16 日，用现金购买厂部办公用品 380 元。

（12）18 日，以银行存款支付厂部设施修理费用 5 000 元。

（13）21 日，以银行存款支付本月水电费 18 000 元。其中，生产车间的水电费为 13 000 元，管理部门的水电费为 5 000 元。

（14）24 日，销售产品一批，售价为 70 000 元，增值税为 11 900 元，款项已收存银行。

（15）28 日，仓库报来发料汇总表。其中，生产产品领用 90 000 元，厂部领用 3 000 元。

（16）31 日，结转本月应付职工工资 110 000 元。其中，生产工人工资 80 000 元，车间管理人员 12 000 元，厂部管理人员 18 000 元。

（17）31 日，计提本月固定资产折旧 6 000 元。其中，生产车间的固定资产折旧为 4 100 元，管理部门的固定资产折旧为 1 900 元。

（18）31 日，预提本月短期借款利息 1 200 元。

（19）31 日，结转本月制造费用 29 100 元。

（20）31 日，结转本月完工产品成本 276 000 元。

（21）31 日，结转本月已售产品成本 116 000 元。

（22）31 日，将本月主营业务收入 170 000 元结转入"本年利润"账户。

（23）31 日，将本月主营业务成本 116 000 元、销售费用 4 000 元、管理费用 33 280 元、财务费用 1 200 元结转入"本年利润"账户。

要求：编制海阳股份有限公司 2012 年 12 月的现金流量表。

项目七

Excel 在工资管理中的应用

项目引领

小李，马上到发工资的时间了，你在电子表格中进行员工工资的编制和发放吧！

工资管理指根据国家劳动法规和政策，对员工工资的发放实行计划、组织、协调、指导和监督。工资管理的范围包括发给员工个人的劳动报酬和按国家规定发放的津贴、补贴等。

工资管理是企业管理的重要组成部分。它影响企业的发展，涉及每一位员工的切身利益，不同的工资决策会给企业带来不同的结果。符合市场规律和企业实际情况、具有激励机制的工资方案，可以极大地调动广大干部、员工的工作积极性，有效地降低工资成本，更好地提高生产效率。

项目目标

知识目标

（1）了解工资管理的基本概念。

（2）掌握如何建立和查询工资表。

能力目标

（1）能编制员工工资表。

（2）能制作员工工资条。

（3）掌握工资数据的查询与汇总。

任务一　制作员工工资表

任务导入

工资管理即管理单位员工每月的各项薪酬，包括基本工资、考勤扣款、奖金、福利补贴和社会保险扣款等，单位性质不同，工资的计算项目也不相同。但是，手工计算这些数据的工作效率低，也容易出错。利用 Excel 进行工资管理能提高工作效率并规范管理企业人员的工资。

任务要求

根据企业员工的资料，小李在电子表格中制作员工工资表。

知识准备

工资表又称工资结算表，是按车间、部门编制的，用来计算员工的工资情况，一般一月计算一张。

资料：长江股份有限公司是一家小型工业企业，主要有企管办、财务部、生产部、采购部和销售部 5 个部门。每个员工的工资项目包括基本工资、岗位工资、住房补贴、奖金、病事假扣款、养老保险扣款、医疗保险扣款等（为便于介绍，仅列举其中 12 名员工）。

2012 年 8 月长江股份有限公司员工工资与出勤情况如表 7.1 所示。

表 7.1　2012 年 8 月长江股份有限公司员工工资与出勤情况

单位：元

编号	姓名	部门	基本工资	岗位工资	住房补贴	奖金	病假天数	事假天数
1001	魏大鹏	企管办	4 200	1 500	350	800		
2001	林淑芬	财务部	4 000	1 000	350	800	3	
2002	王喜育	财务部	3 500	600	280	800		2
2003	吕利萍	财务部	2 800	1 000	350	800		
3001	姚启明	采购部	3 600	600	280	600		
3002	潘小小	采购部	2 900	600	250	600		
4001	汪扬	销售部	3 300	1 000	320	1 000	12	
4002	田晓宾	销售部	2 500	600	250	1 000		
5001	李碧华	生产部	4 100	1 000	350	1 200		10
5002	郑通	生产部	3 500	800	280	1 200		
5003	赵丰收	生产部	3 100	500	250	1 200		
5004	钱大明	生产部	2 700	500	250	1 200		

附：

① 事假一天扣款 80 元，病假一天扣款 50 元；

② 养老保险按基本工资和岗位工资总和的 8%扣款；

③ 医疗保险按基本工资和岗位工资总和的 2%扣款；

④ 个人所得税=[每月实得额（工资薪金所得-"五险一金"-扣除数）-3 500]×适用税率（应纳税所得额不超过 1 455 元的税率为 3%，属于 1 455～4 155 元范围内的税率为 10%）。

☒ 任务操作

制作员工工资表。

✍ 操作步骤

1. 制作员工工资表

方法一：将外部文件的数据导入 Excel 表中，具体操作参考项目三 "Excel 高级工作表的特性" 中的任务一 "导入文本文件"。

方法二：直接输入员工工资表项目数据。

具体操作步骤如下。

（1）打开工作簿文件 "长江股份有限公司.xls"，插入一张新工作表，并将其命名为 "员工工资表"。

（2）在 A1 单元格中输入 "2012 年 8 月长江股份有限公司员工工资与出勤情况"，并单击 "加粗" 按钮。选择 A1:P1 单元格区域，单击 "合并及居中" 按钮。在 A2:P2 单元格中分别输入 "编号" "姓名" "部门" "基本工资" "岗位工资" "住房补贴" "奖金" "病假天数" "事假天数" "应发合计" "养老保险扣款" "医疗保险扣款" "扣款合计" "应发工资" "代扣个人所得税" 和 "实发合计"。

（3）进行单元格格式设置，完成后的表格格式如图 7.1 所示。

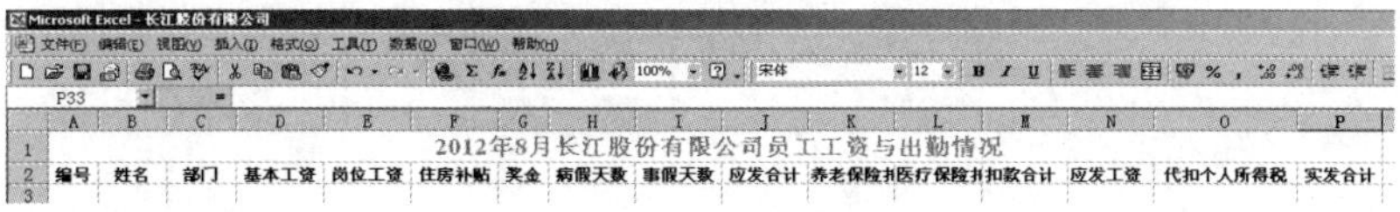

图 7.1　员工工资表项目

（4）按图 7.1 所示格式输入表中的内容，完成后的表格如图 7.2 所示。

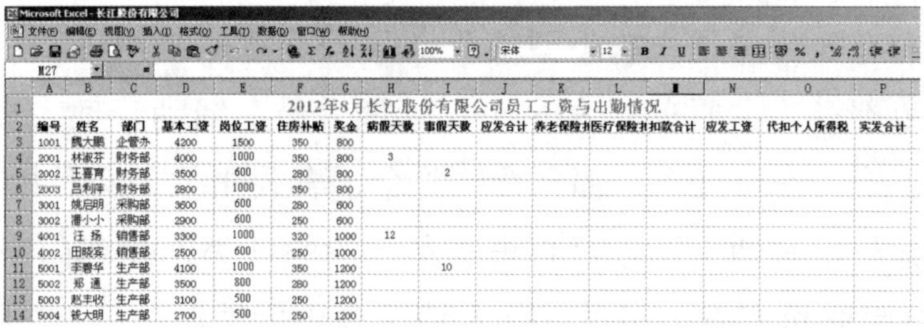

图 7.2　员工工资表数据

2．工资项目的设置

工资项目的设置具体计算公式如下。

（1）应发合计=基本工资+岗位工资+住房补贴+奖金。

例如，J3=D3+E3+F3+G3。

（2）养老保险扣款=（基本工资+岗位工资）×8%。

例如，K3= (D3+E3)*0.08。

（3）医疗保险扣款=（基本工资+岗位工资）×2%。

例如，L3= (D3+E3)*0.02。

（4）扣款合计=病假天数×50+事假天数×80+养老保险扣款+医疗保险扣款。

例如，M3=H3*50+I3*80+K3+L3。

（5）应发工资=应发合计-扣款合计。

例如，N3=J3-M3。

（6）代扣个人所得税。

例如，O3=IF(N3-3500<=0,0,IF(N3-3500<=1455,(N3-3500)*0.03,IF(N3-3500<=4155, (N3-3500)*0.1)))。

（7）实发合计=应发工资-代扣个人所得税。

例如，P3=N3-O3。

（8）完成输入公式，如图 7.3 所示。

	D	E	F	G	H	I	J	K	L	M	N	O	P
1				2012年8月长江股份有限公司员工工资与出勤情况									
2	基本工资	岗位工资	住房补贴	奖金	病假天数	事假天数	应发合计	养老保险扣	医疗保险扣	扣款合计	应发工资	代扣个人所得税	实发合计
3	4200	1500	350	800			6850	456	114	570	6280	278	6002
4	4000	1000	350	800	3		6000	400	100	650	5350	185	5165
5	3500	600	280	800		2	5020	328	82	570	4450	28.5	4421.5
6	2800	1000	350	800			4950	304	76	380	4570	32.1	4537.9
7	3600	600	280	600			5080	336	84	420	4660	34.8	4625.2
8	2900	600	250	600			4350	280	70	350	4000	15	3985
9	3300	1000	320	1000	12		5020	344	86	1030	3990	14.7	3975.3
10	2500	600	250	1000			4350	248	62	310	4040	16.2	4023.8
11	4100	1000	350	1200		10	5850	408	102	1310	4540	31.2	4508.8
12	3500	800	280	1200			5780	344	86	430	5350	185	5165
13	3100	500	250	1200			5050	288	72	360	4690	35.7	4654.3
14	2700	500	250	1200			4650	256	64	320	4330	24.9	4305.1

图 7.3　员工工资表公式设置

任务实施

练一练

资料：海阳股份有限公司是一家小型工业企业，主要有 3 个部门：厂部、一车间、二车间。该公司的人数不多，主要有 3 种员工：管理人员、辅助管理人员和工人。每个员工的工资项目有基本工资、岗位工资、福利费、奖金、事假扣款、病假扣款和个人所得税等，除基本工资因人而异外，其他工资项目将根据员工的职务类别和部门来决定。

2012 年 12 月海阳股份有限公司员工基本情况与出勤情况如表 7.2 所示。

表 7.2　公司员工基本情况与出勤情况

姓　名	部　门	员工类别	基本工资	事假天数	病假天数
孙　辉	厂　部	管理人员	2 100		
谢宜辰	厂　部	辅助管理人员	1 800		
胡　晶	厂　部	辅助管理人员	1 500		3
杨佩艳	一车间	管理人员	1 900		
方辰炜	一车间	工人	1 500	5	
华明强	一车间	工人	1 200		
陈梦怡	二车间	管理人员	1 700	2	
田建军	二车间	工人	1 300		5
李　静	二车间	工人	900		

其他工资项目的情况及有关规定如下。

（1）岗位工资：工人为 1 000 元；辅助管理人员为 1 200 元；管理人员为 1 500 元。

（2）福利费：厂部福利费为基本工资的 20%；一车间福利费为基本工资的 30%；二车间福利费为基本工资的 40%。

（3）奖金：厂部的奖金为 500 元；一车间的奖金为 300 元；二车间的奖金为 600 元。

（4）事假扣款规定：如果事假小于 15 天则将应发工资平均分到每天，每月按 22 天计算，按天扣钱；如果事假大于或等于 15 天则工人应发工资全部扣除，非工人扣除应发工资的 80%。

（5）病假扣款规定：如果病假小于 15 天工人扣款为 300 元，非工人扣款为 400 元；如果病假大于或等于 15 天工人扣款为 500 元，非工人扣款为 700 元。

（6）个人所得税：应发工资小于或等于 3 500 元不交个人所得税，超过 3 500 元的部分按 3%缴纳个人所得税。

（7）公积金：公积金=税前月工资×10%（公积金率为 10%）×2（单位＋个人）。

要求：制作并计算员工工资表。

任务二　制作员工工资条

任务导入

每个月工资发放之后，企业应发给每个员工一张工资条，上面有员工当月工资的详细构成。不能直接将工资明细表剪成条发放给员工，因为每个数字缺少对应项目，这就需要重新制作一张专门用来打印发放的工资条。

任务要求

根据员工工资表资料，小李在电子表格中制作员工工资条。

知识准备

一个简单的工资表，通常要有下面几个主要项目，即编号、员工姓名、基本工资、职务工资、福利费、住房基金、应发工资、代扣个人所得税和实发工资等。

任务操作

制作员工工资条。

操作步骤

制作员工工资条具体操作步骤如下。

（1）打开工作簿文件"长江股份有限公司.xls"，插入一张新工作表，并将其命名为"员工工资条"。

（2）选择 A1 单元格，在编辑栏中输入公式，并按回车键确认。公式为"=IF(MOD(ROW(),3)=0,"",IF(MOD(ROW(),3)=1，员工工资表!A$2,INDEX(员工工资表!$A:$T,INT((ROW()+4)/3+1),COLUMN()))))"。

（3）选择 A1 单元格，将鼠标放到右下角，当鼠标变为黑色的实心"十"字形时，按住鼠标左键不放，向右拖动鼠标，拖到 P 列松开鼠标左键，完成第一行公式的复制。

（4）选择 A1:P1 单元格区域，将鼠标放在 P1 单元格的右下角，当鼠标变成黑色的实心"十"字形时，按住鼠标左键不放，向下拖动鼠标，到达相应位置后松开鼠标左键，即可完成公式的复制。完成后的员工工资条表如图 7.4 所示。

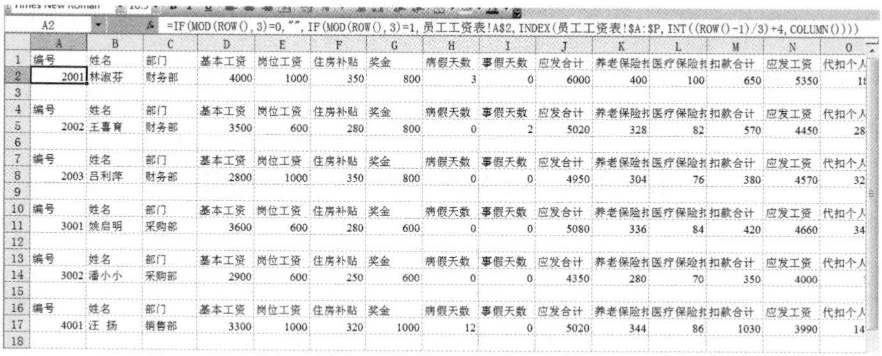

图 7.4　员工工资条表

（5）选择 A1 单元格，右击，在弹出的快捷菜单中选择"单元格格式"→"边框"→"外边框"，单击"确定"按钮，完成设置。

（6）选择 A1 单元格，单击"格式刷"按钮，当鼠标变成空心"十"字和格式刷符号的组合时，按住鼠标左键不放，拖动鼠标完成整个表格格式的复制。

（7）单击左上角的"Office"图标，打开菜单，单击下角的"Excel 选项"→"高级"→"此工作表的显示选项"，取消勾选"在具有零值的单元格中显示零"复选框，单击"确定"

按钮。现在，当前工作表中的零值将不显示出来。（注意：在 Excel 2003 等版本中设置零值不显示的步骤为单击菜单"工具"→"选项"→"视图"选项卡，取消勾选"零值"复选框。而在 Excel 2007 中，很多功能都放到了"Excel 选项"中。）

（8）根据单元格显示内容的宽度适当调整单元格的距离，并对字体、字号和文本居中进行设置，完善工作表。现在，将员工工资条表打印出来，裁剪后即可发放。

任务实施

练一练

根据 2012 年 12 月海阳股份有限公司员工工资表资料，制作员工个人工资条。

任务三 工资数据的查询与汇总

任务导入

若要了解企业员工的工资情况，则需要对企业的工资数据进行查询与汇总工作。

任务要求

根据员工工资数据资料，小李在电子表格中进行员工工资数据的查询与汇总。

任务操作

进行员工工资数据的查询与汇总。

操作步骤

1. 员工工资数据的查询

员工工资数据的查询具体操作步骤如下。

（1）打开工作簿文件"长江股份有限公司.xls"，单击工作表"员工工资表"标签。

（2）选择"数据"→"筛选"→"自动筛选"命令进入筛选状态，如图 7.5 所示。

编	姓名	部门	基本工	岗位工	住房补	奖	病假天	事假天	应发合	养老保	医疗保	扣款合	应发工	代扣个人所得	实
									2012年8月长江股份有限公司员工工资与出勤情况						
1001	魏大鹏	企管办	4200	1500	350	800			6850	456	114	570	6280	278	
2001	林淑芬	财务部	4000	1000	350	800	3		6000	400	100	650	5350	185	
2002	王喜育	财务部	3500	600	280	800		2	5020	328	82	570	4450	28.5	
2003	吕利库	财务部	2800	1000	350	800			4950	304	76	380	4570	32.1	
3001	姚启明	采购部	3600	600	280	600			5080	336	84	420	4660	34.8	
3002	潘小小	采购部	2900	600	250	600			4350	280	70	350	4000	15	
4001	汪 扬	销售部	3300	1000	320	1000	12		5020	344	86	1030	3990	14.7	
4002	田晓宾	销售部	2500	600	250	1000			4350	248	62	310	4040	16.2	
5001	李碧华	生产部	4100	1000	350	1200		10	5850	408	102	1310	4540	31.2	
5002	郑 通	生产部	3500	800	280	1200			5780	344	86	430	5350	185	
5003	赵丰收	生产部	3100	500	250	1200			5050	288	72	360	4690	35.7	
5004	陈大旺	生产部	2700	500	250	1200			4650	256	64	320	4330	24.9	

图 7.5 设置"自动筛选"

（3）如以部门为依据查询，则单击"部门"右侧的下三角图标，然后在下拉列表中选择"销售部"选项，查询结果如图 7.6 所示。

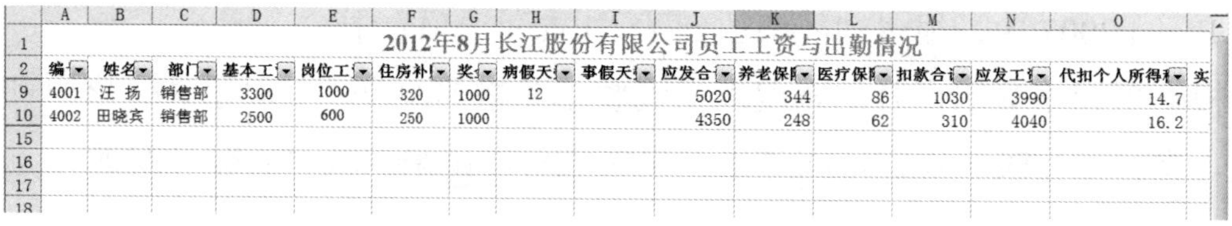

图 7.6　员工工资按部门查询

（4）如果要返回到原来的状态，则单击相应的下三角图标，然后选择"全部"选项即可，如图 7.7 所示。

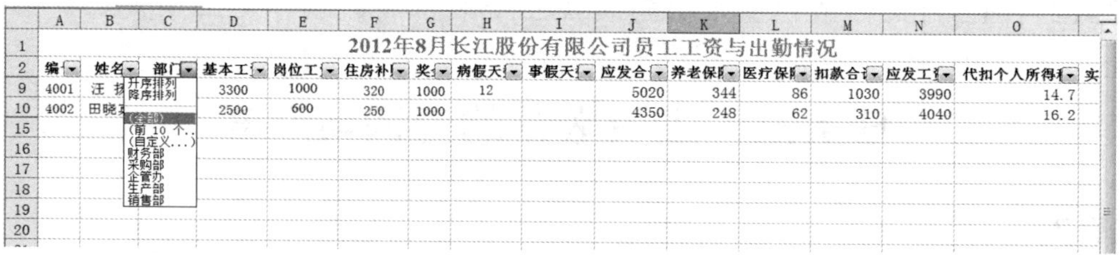

图 7.7　员工工资数据恢复

（5）如果要退出筛选状态，则选择"数据"→"筛选"→"自动筛选"命令，如图 7.8 所示。

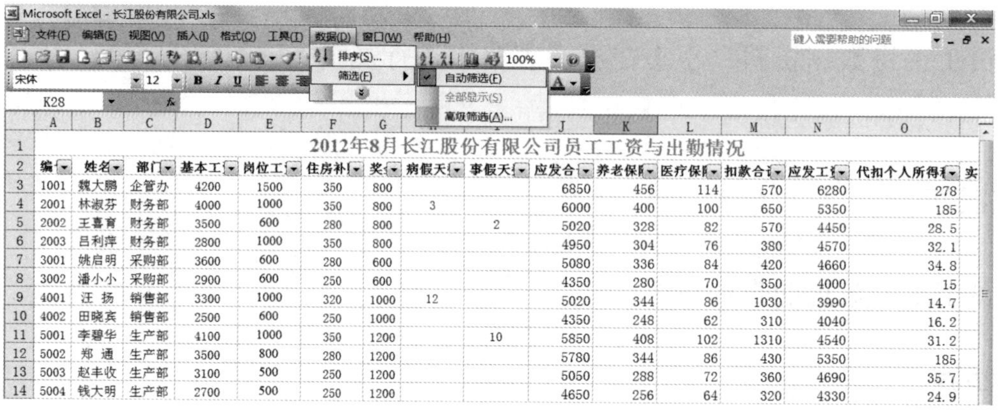

图 7.8　退出筛选状态

2. 员工工资数据的汇总

汇总员工工资数据，具体操作步骤如下。

（1）打开工作簿文件"长江股份有限公司.xls"，插入一张新工作表，并将其命名为"员工工资汇总表"。

（2）单击任意一个单元格，然后选择"数据"→"排序"命令，在弹出的"排序"对话框的"主要关键字"下拉列表中选择"部门"选项，单击"确定"按钮，如图 7.9 所示。

（3）单击任意一个非空单元格，选择"数据"→"分类汇总"命令，在弹出的"分类汇总"对话框中进行设置。"分类字段"选择"姓名"，"汇总方式"选择"求和"，取消勾选"替换当前分类汇总"复选框，如图 7.10 所示。

图 7.9　选择"主要关键字"

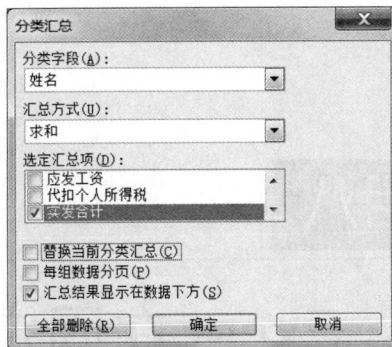

图 7.10　"分类汇总"对话框

从图 7.10 中可以发现，除了按照姓名进行汇总，还可以按照各类工资、福利费、社会保险费、合计等进行汇总，汇总的方式多种多样，企业可以根据自身的需要进行设置。

（4）单击"确定"按钮，分类汇总结果如图 7.11 所示。

图中左边的"–"为隐藏按钮，单击此按钮将隐藏本级的明细数据，同时"–"变为"+"。

图 7.11　分类汇总结果

任务实施

练一练

根据 2012 年 12 月海阳股份有限公司员工工资表资料完成任务。

（1）按部门和员工类别进行工资的查询。

（2）按部门进行工资的分类汇总。

项目八

Excel 在固定资产管理中的应用

项目引领

> 小李，公司有多少固定资产？你在电子表格中对公司的固定资产进行设置和管理吧！

　　一个企业的固定资产往往很多，日常的核算和管理也非常烦琐，特别是折旧核算的工作量很大。利用 Excel 进行固定资产的核算和管理，既可以避免财会人员因烦琐的手工劳动而出现错误，也可以减轻财会人员的工作负担。

项目目标

知识目标

（1）了解固定资产的概念和分类。

（2）掌握固定资产的核算和管理。

能力目标

（1）能制作固定资产卡片。

（2）能计提固定资产折旧。

知识准备

一、固定资产的概念

固定资产是指为生产商品、提供劳务、出租或经营管理而持有的，使用寿命超过一个会计年度的有形资产。

二、固定资产的分类

1. 按固定资产的经济用途分类

按固定资产的经济用途分类，可把固定资产划分为生产经营用固定资产和非生产经营用固定资产。

（1）生产经营用固定资产是指直接服务于生产、经营过程的固定资产，如生产经营用的房屋、建筑物、机器、设备、器具和工具等。

（2）非生产经营用固定资产是指不直接服务于生产、经营过程的各种固定资产，如员工宿舍、食堂、浴室、理发室等使用的房屋、设备等。

2. 按固定资产的经济用途和使用情况等综合分类

按固定资产的经济用途和使用情况等综合分类，可把固定资产划分为七大类。

（1）生产经营用固定资产。

（2）非生产经营用固定资产。

（3）租出固定资产：指在经营租赁方式下租给外单位使用的固定资产。

（4）未使用固定资产。

（5）不需用固定资产。

（6）土地：指过去已经单独入账的土地。因征地而支付的补偿费，应计入与土地有关的房屋、建筑物的价值内，不单独作为土地价值入账。

（7）融资租入的固定资产：指企业以融资租赁方式租入的固定资产。根据实质重于形式的会计原则，在租赁期内，应将融资租入的固定资产视同自有固定资产进行管理。

任务一　制作固定资产卡片

任务导入

固定资产卡片是指按照固定资产的项目开设的，用于进行固定资产明细核算的账簿，是固定资产管理中的基础数据。

任务要求

根据公司固定资产资料，小李在电子表格中编制固定资产原始卡片。

知识准备

资料：长江股份有限公司固定资产资料如表 8.1 所示。

表 8.1　长江股份有限公司固定资产资料

卡片编号	固定资产编号	名称	资产类别	使用部门	增加方式	减少方式	购买日期	使用年限	原值	预计净残值率	本年折旧	折旧方式
001	10001	机床	机器设备类	生产部	购入		2008.12.01	10 年	800 000	3%	9 900	平均年限法
002	30001	空调	办公设备类	财务部	购入		2009.04.12	8 年	90 000	3%	21 000	平均年限法
003	40001	轿车	交通设备类	企管办	投资		2009.09.01	10 年	100 000	3%	21 000	平均年限法
004	10002	车床	机器设备类	生产部	购入		2009.10.05	10 年	660 000	3%	10 000	平均年限法
005	20001	厂房	通用设备类	生产部	自建		2009.10.22	10 年	980 000	5%	50 000	平均年限法
006	10003	铣床	机器设备类	生产部	购入		2009.12.10	10 年	470 000	3%	21 000	平均年限法
007	20002	计算机	通用设备类	财务部	赠送		2010.01.01	10 年	60 000	3%	12 000	双倍余额递减法
008	20003	卡车	通用设备类	销售部	投资		2010.02.25	8 年	45 000	3%	9 900	平均年限法

任务操作

创建固定资产卡片。

操作步骤

创建固定资产卡片的具体操作步骤如下。

（1）打开工作簿文件"长江股份有限公司.xls"，插入一张新工作表，并将其命名为"固定资产卡片"。

（2）在 A1 单元格输入"长江股份有限公司固定资产"，并单击"加粗"按钮。选择 A1:N1 单元格区域，单击"合并及居中"按钮。

（3）选择 A2:N2 单元格，按表 8.1 所示内容依次输入固定资产卡片的各个项目，完成后的表格如图 8.1 所示。

图 8.1　输入固定资产项目

（4）选择 D3 单元格，执行"数据"→"有效性"命令，打开"数据有效性"对话框，如图 8.2 所示。

（5）在"允许"下拉列表中选择"序列"选项，并在"来源"文本框中输入"办公设备类，交通设备类，机器设备类，通用设备类"等内容，如图 8.3 所示。

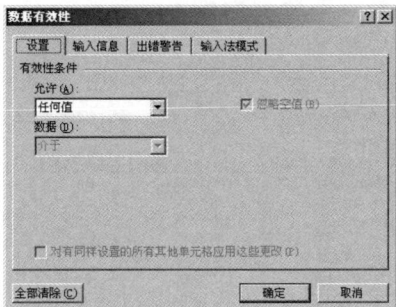

图 8.2　"数据有效性"对话框

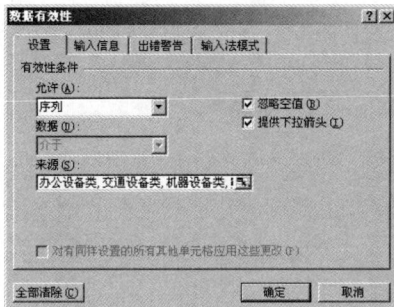

图 8.3　资产类别有效性设置

注意： 在"来源"文本框中，各内容之间的逗号必须是在英文半角状态下录入的。

（6）单击"确定"按钮，则在 D3 单元格的右下角出现一个下三角图标，如图 8.4 所示。

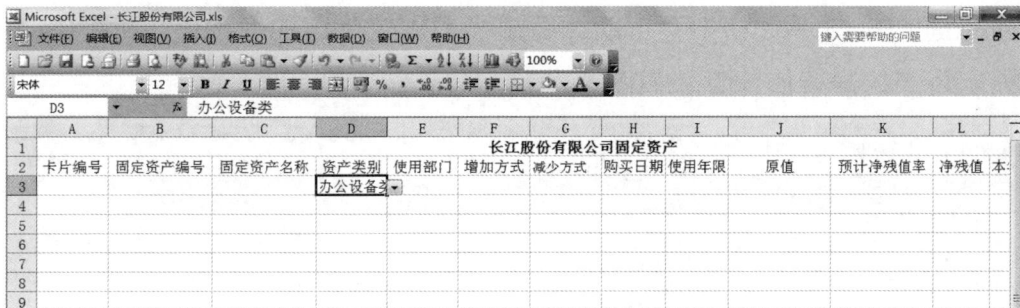

图 8.4　资产类别具体内容

（7）使用自动填充功能，将该设置自动填充到该列其他单元格中，如图 8.5 所示。

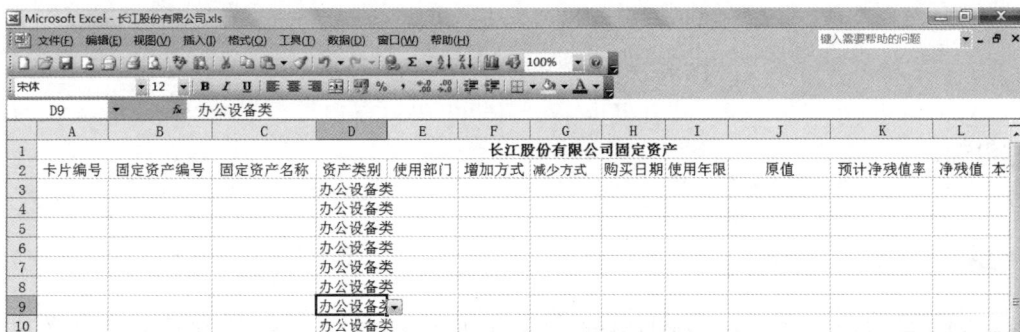

图 8.5　资产类别填充设置

（8）选择 E3 单元格，用同样的方法设置"使用部门"的数据有效性，在"来源"文本框中输入"企管办，财务部，生产部，销售部"。

（9）选择 F3 单元格，用同样的方法设置"增加方式"的数据有效性，在"来源"文本框中输入"自建，购入，投资，赠送"。

（10）选择 G3 单元格，用同样的方法设置"减少方式"的数据有效性，在"来源"文本框中输入“投资，出售，报废，调拨”。

（11）选择 N3 单元格，用同样的方法设置“折旧方式”的数据有效性，在“来源”文本框中输入“平均年限法，双倍余额递减法，年数总和法，工作量法”。

（12）根据表 8.1，在相应的单元格中输入内容，设置合适的单元格格式，如图 8.6 所示。

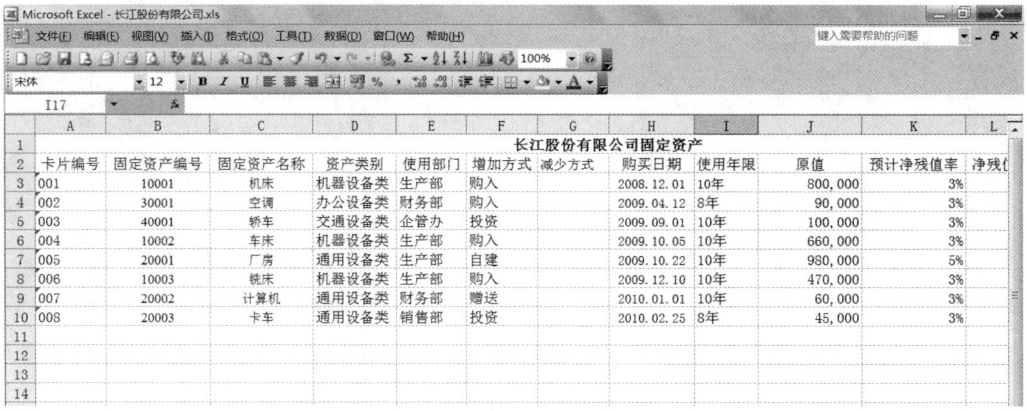

卡片编号	固定资产编号	固定资产名称	资产类别	使用部门	增加方式	减少方式	购买日期	使用年限	原值	预计净残值率
001	10001	机床	机器设备类	生产部	购入		2008.12.01	10年	800,000	3%
002	30001	空调	办公设备类	财务部	购入		2009.04.12	8年	90,000	3%
003	40001	轿车	交通设备类	企管办	投资		2009.09.01	10年	100,000	3%
004	10002	车床	机器设备类	生产部	购入		2009.10.05	10年	660,000	3%
005	20001	厂房	通用设备类	生产部	自建		2009.10.22	10年	980,000	5%
006	10003	铣床	机器设备类	生产部	购入		2009.12.10	10年	470,000	3%
007	20002	计算机	通用设备类	财务部	赠送		2010.01.01	10年	60,000	3%
008	20003	卡车	通用设备类	销售部	投资		2010.02.25	8年	45,000	3%

图 8.6　输入固定资产卡片内容

（13）选择 L3 单元格，在公式编辑栏中输入公式“=J3* K3”（净残值=原值×净残值率），输入后按回车键，在 L3 单元格中会自动计算出当前固定资产的净残值。利用自动填充功能完成所有固定资产的净残值计算，如图 8.7 所示。

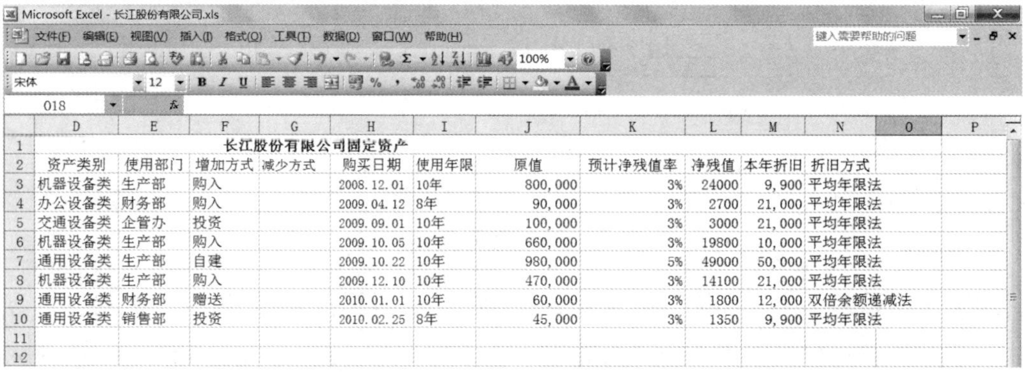

资产类别	使用部门	增加方式	减少方式	购买日期	使用年限	原值	预计净残值率	净残值	本年折旧	折旧方式
机器设备类	生产部	购入		2008.12.01	10年	800,000	3%	24000	9,900	平均年限法
办公设备类	财务部	购入		2009.04.12	8年	90,000	3%	2700	21,000	平均年限法
交通设备类	企管办	投资		2009.09.01	10年	100,000	3%	3000	21,000	平均年限法
机器设备类	生产部	购入		2009.10.05	10年	660,000	3%	19800	10,000	平均年限法
通用设备类	生产部	自建		2009.10.22	10年	980,000	5%	49000	50,000	平均年限法
机器设备类	生产部	购入		2009.12.10	10年	470,000	3%	14100	21,000	平均年限法
通用设备类	财务部	赠送		2010.01.01	10年	60,000	3%	1800	12,000	双倍余额递减法
通用设备类	销售部	投资		2010.02.25	8年	45,000	3%	1350	9,900	平均年限法

图 8.7　固定资产的净残值计算

任务实施

练一练

资料：海门公司是一家生产机械设备的小型企业，有厂部、财务处、人事处、计划处、销售处、车工车间、组装车间等部门，固定资产类型有房屋建筑类、机械设备类、交通设备类和电子设备类。具体固定资产资料如下。

（1）2009 年 3 月 15 日购入计算机，该固定资产归人事处使用，使用年限为 8 年，折旧方式为平均年限法，原值为 9 000 元，净残值率为 5%。

（2）2009 年 5 月 11 日购入服务器，该固定资产归厂部使用，使用年限为 10 年，折旧方式为平均年限法，原值为 180 000 元，净残值率为 3%。

（3）2009 年 4 月 23 日购入压膜机，该固定资产归组装车间使用，使用年限为 15 年，折旧方式为双倍余额递减法，原值为 300 000 元，净残值率为 3%。

（4）2009 年 5 月 26 日建造厂房，该固定资产归车工车间使用，使用年限为 20 年，折旧方式为平均年限法，原值为 2 100 000 元，净残值率为 3%。

（5）2009 年 6 月 7 日购入空调，该固定资产归财务处使用，使用年限为 5 年，折旧方式为平均年限法，原值为 5 000 元，净残值 3%。

（6）2009 年 7 月 4 日购入四座轿车，该固定资产归销售处使用，使用年限为 10 年，折旧方式为年数总和法，原值为 120 000 元，净残值率为 3%。

（7）2009 年 8 月 19 日购入轿车，该固定资产归厂部使用，使用年限为 8 年，折旧方式为平均年限法，原值为 180 000 元，净残值率为 3%。

要求：编制固定资产初始卡片。

任务二　固定资产卡片应用

任务导入

固定资产卡片在日常使用过程中，经常会发生固定资产增加、减少等情况。

任务要求

根据有关固定资产资料，小李在电子表格中进行固定资产的增加、调拨与减少等操作。

知识准备

资料：

（1）2011 年 5 月 25 日企管办购入计算机一台，价值 12 000 元，预计净残值率为 3%，预计使用年限为 8 年，使用双余额递减法计提折旧，当年计提折旧 2 000 元。

（2）2012 年 2 月 11 日将固定资产编号为"40001"的轿车由企管办调拨给销售部使用。

（3）2012 年 8 月 30 日出售铣床，售价为 350 000 元。

任务操作

固定资产的增加、调拨与减少。

操作步骤

1. 固定资产的增加

固定资产的增加是指根据需要将购入或以其他方式增加的固定资产添加到固定资产卡片中。

可采用两种方法新增固定资产。

（1）直接输入法。对卡片编号、固定资产编号、固定资产名称等项目直接输入，对增加方式、使用状态和使用部门等项目进行选择性输入。

（2）选择"数据"菜单中的"记录单"命令进行输入。其具体操作步骤如下。

① 单击数据区域的任意单元格，选择"数据"→"记录单"命令，弹出"固定资产卡片"对话框，如图 8.8 所示。

② 单击"新建"按钮，显示空白的记录单，录入"资料 009"固定资产增加的信息，如图 8.9 所示，输入后单击"关闭"按钮。

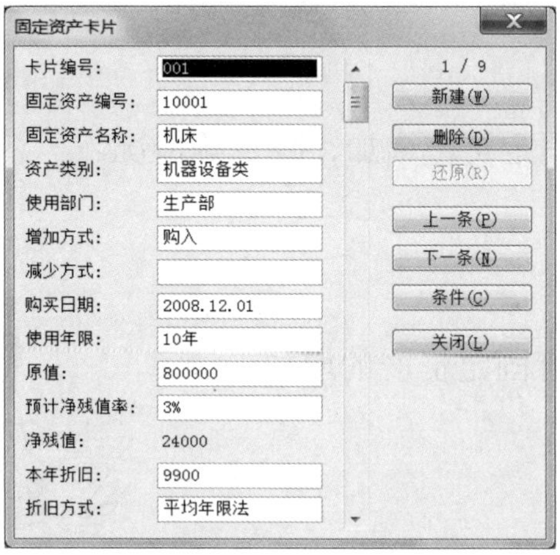

图 8.8 "固定资产卡片"对话框

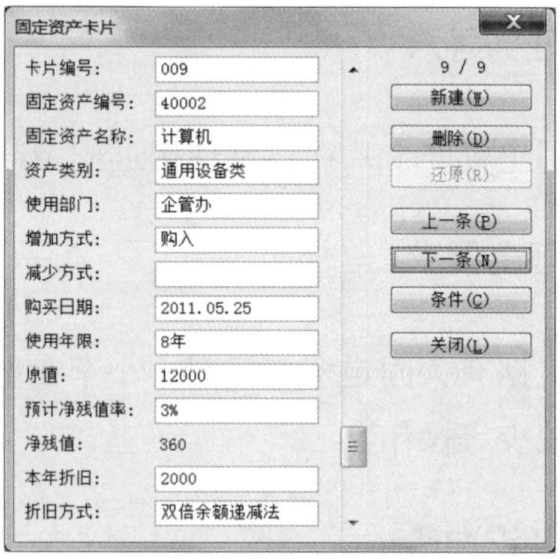

图 8.9 固定资产增加

2. 固定资产的调拨

固定资产调拨是指将固定资产从一个部门调拨到另一个部门。

固定资产调拨的具体操作步骤如下。

（1）选择"数据"→"筛选"→"自动筛选"命令，使工作表处于筛选状态，此时表头位置全部会出现一个下三角图标，如图 8.10 所示。

图 8.10 设置固定资产数据自动筛选

（2）单击“固定资产编号”右侧的下三角图标，在下拉列表中选择需要调拨的固定资产编号“40001”，显示出筛选的结果，如图 8.11 所示。

	A	B	C	D	E	F	G	H	I	J	K	L
1	长江股份有限公司固定资产											
2	卡片编号	固定资产编号	固定资产名称	资产类别	使用部门	增加方式	减少方式	购买日期	使用年	原值	预计净残值率	净残值
5	003	40001	轿车	交通设备类	企管办	投资		2009.09.01	10年	100,000	3%	300
12												
13												
14												

图 8.11 固定资产数据筛选结果

（3）选择 G5 单元格，单击该单元格右侧的下三角图标，在下拉列表中选择“调拨”选项，如图 8.12 所示。

	A	B	C	D	E	F	G	H	I	J	K	L
1	长江股份有限公司固定资产											
2	卡片编号	固定资产编号	固定资产名称	资产类别	使用部门	增加方式	减少方式	购买日期	使用年	原值	预计净残值率	净残值
5	003	40001	轿车	交通设备类	企管办	投资	调拨	2009.09.01	10年	100,000	3%	300
12												
13												
14												
15												

图 8.12 设置固定资产减少方式

（4）在下一个月，将此固定资产的“增加方式”改为“调拨”，将“减少方式”改为“空”，将“使用部门”改为“销售部”，如图 8.13 所示。

	A	B	C	D	E	F	G	H	I	J	K	L
1	长江股份有限公司固定资产											
2	卡片编号	固定资产编号	固定资产名称	资产类别	使用部门	增加方式	减少方式	购买日期	使用年	原值	预计净残值率	净残值
5	003	40001	轿车	交通设备类	销售部	调拨		2009.09.01	10年	100,000	3%	300
12												
13												
14												

图 8.13 设置固定资产下一个月的数据

（5）选择“数据”→“筛选”命令，在弹出的快捷菜单中取消勾选“自动筛选”复选框，让卡片恢复到正常状态。

3. 固定资产的减少

固定资产减少是指由于出售、损毁或报废等原因，将固定资产从固定资产卡片中删除。固定资产减少的具体操作步骤如下。

（1）按照前面的方法，使固定资产处于筛选状态。

（2）单击 C2 单元格右侧的下三角图标，选择要出售的固定资产“铣床”。

（3）选择 G8 单元格，单击右侧的下三角图标，在下拉列表中选择“出售”选项，完成固定资产减少的操作，如图 8.14 所示。

	A	B	C	D	E	F	G	H	I	J	K	L
1	长江股份有限公司固定资产											
2	卡片编号	固定资产编号	固定资产名称	资产类别	使用部门	增加方式	减少方式	购买日期	使用年	原值	预计净残值率	净残值
8	006	10003	铣床	机器设备类	生产部	购入	出售	2009.12.10	10年	470,000	3%	1410
12												
13												
14												
15												

图 8.14 设置固定资产“减少方式”

任务实施

练一练

资料：海门公司人事处于 2012 年 3 月 25 日购入复印机一台，价值 25 000 元，预计净残值率为 3%，预计使用年限为 10 年，使用双余额递减法计提折旧。2012 年 4 月 13 日，人事处毁损计算机一台。

要求：进行固定资产的增加、减少处理。

任务三　计提固定资产折旧

任务导入

对于一个企业来说，其固定资产的使用年限是有限的。固定资产折旧就是在固定资产提供服务期间将其成本分配到企业生产成本中。

任务要求

根据有关固定资产资料，小李在电子表格中进行计提固定资产折旧的操作。

知识准备

一、固定资产折旧的概念

固定资产折旧指企业的固定资产在使用过程中，通过损耗而逐渐转移到产品成本或商品流通费的那部分价值。为了保证企业将来有能力重置固定资产，把固定资产的成本分配到各个收益期，实现期间收入与费用的正确配比。企业必须在固定资产的有效使用年限内计提一定数额的折旧费。

企业一般按月提取折旧，当月增加的固定资产，当月不计提折旧，但当月减少的固定资产，当月还要计提折旧。

在计提固定资产折旧时，首先应考虑折旧计提方法，不同的折旧方法对应的各期折旧值也各不相同。

二、固定资产折旧的方法

固定资产折旧的方法主要有平均年限法、双倍余额递减法、年数总和法等。

任务操作

进行计提固定资产折旧的操作。

操作步骤

1. 平均年限法计提折旧

平均年限法又称直线法，它是根据固定资产的原值、预计净残值及预计清理费用，按照预计使用年限平均计算折旧的一种方法。

平均年限法计算公式如下。

$$年折旧额=（固定资产-净残值）/使用年限$$

$$年折旧率=（1-预计净残值率）/预计使用年限×100\%$$

$$月折旧率=年折旧率/12$$

$$月折旧额=固定资产原值×月折旧率$$

按平均年限法计算折旧额可以使用 SLN（返回固定资产的每期线性折旧费）函数。使用 SLN 函数计算出的每个月份或年份的折旧额是相等的。

资料：某企业一幢厂房的原值为 800 000 元，预计可使用 20 年，预计净残值率为 4%，采用平均年限法计提折旧，计算该厂房每年的年折旧额和月折旧额。

平均年限法计提折旧具体操作步骤如下。

（1）在 A1:C1 单元格中分别输入"年份""年折旧额""月折旧额"，在 A2:A21 单元格中分别输入"第一年""第二年"……输入后的平均年限法折旧表如图 8.15 所示。

（2）单击 B2 单元格，选择"插入"菜单中的"函数"命令，弹出"插入函数"对话框，在"或选择类别"下拉列表中选择"财务"选项，在"选择函数"列表框中选择"SLN"选项，如图 8.16 所示。

图 8.15　平均年限法折旧表

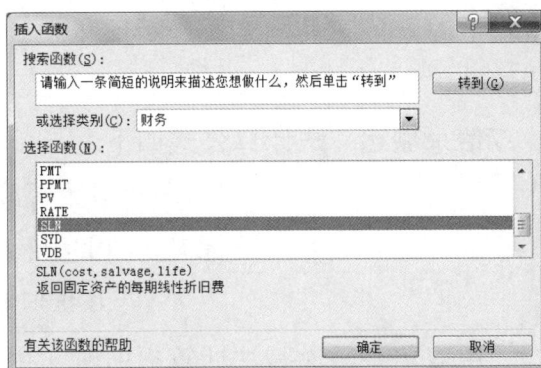

图 8.16　插入 SLN 函数

（3）单击"确定"按钮，在"Cost"文本框中输入固定资产原值"800000"，在"Salvage"文本框中输入固定资产净残值"800000*0.04"，在"Life"文本框中输入固定资产使用年限"20"，如图 8.17 所示。

（4）单击"确定"按钮，计算结果如图 8.18 所示。

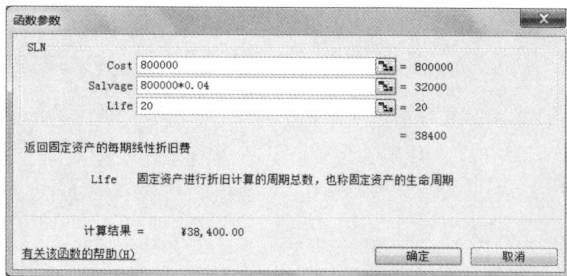

图 8.17　设置函数参数

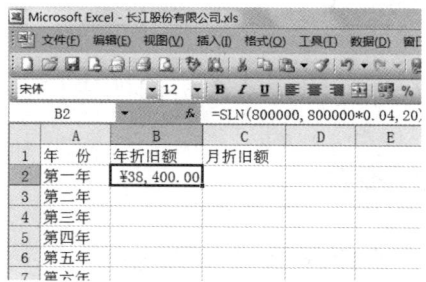

图 8.18　年折旧额计算

（5）选择 C2 单元格，输入公式"=B2/12"，按回车键后即可计算出该固定资产月折旧额，如图 8.19 所示。

（6）复制公式，得出其他年份的年折旧额和月折旧额，如图 8.20 所示。

图 8.19　月折旧额计算

图 8.20　平均年限法计算结果

2. 双倍余额递减法计提折旧

双倍余额递减法是在不考虑固定资产净残值的情况下，根据每期期初固定资产账面余额和双倍的直线法折旧率计算固定资产折旧的一种方法。实行双倍余额递减法计提折旧的固定资产时，应在其固定资产折旧年限到期前的两年内，将固定资产净值（扣除净残值）平均摊销。

双倍余额递减法计算公式如下。

$$年折旧率=2/预计使用年限×100\%$$

$$年折旧额=固定资产年初账面净值×年折旧率$$

$$月折旧额=年折旧额/12$$

采用双倍余额递减法计算折旧时，由于每期期初固定资产账面净值没有扣除预计净残值，所以在计算固定资产折旧时，一般应在其折旧年限到期前的两年内，将固定资产账面净值扣除预计净残值后的余额平均摊销。

$$后两年每年应提的折旧额=（固定资产原值-累计折旧额-预计净残值）/2$$

双倍余额递减法计提折旧额可以使用 DDB（用双倍余额递减法或其他指定方法，返回指定期间内某项固定资产的折旧值）函数来计算。DDB 函数以加速比率计算折旧，第一阶段的折旧额最高，在后继阶段中会逐渐减少。

资料：某企业一固定资产的原值为 12 000 元，预计净残值率为 5%，预计使用年限为 5 年，采用双倍余额递减法计提折旧，计算该固定资产 1～5 年的折旧额。

双倍余额递减法计提折旧的具体操作步骤如下。

（1）在 A1:B1 单元格中分别输入"年份""年折旧额"，在 A2:A6 单元格中分别输入"第一年""第二年""第三年""第四年""第五年"，如图 8.21 所示。

（2）选择 B2 单元格，选择"插入"菜单中的"函数"命令，弹出的"插入函数"对话框，在"或选择类别"下拉列表中选择"财务"选项，在"选择函数"列表框中选择"DDB"选项，如图 8.22 所示。

图 8.21　双倍余额递减法折旧表

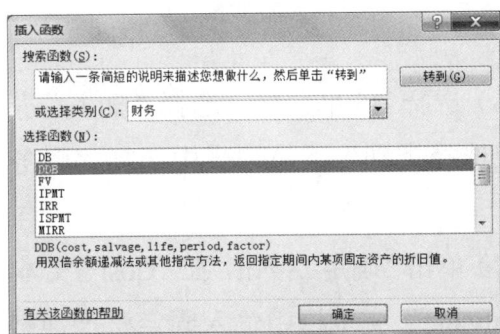

图 8.22　插入 DDB 函数

（3）单击"确定"按钮，在"Cost"文本框中输入固定资产原值"12000"，在"Salvage"文本框中输入固定资产净残值"12000*0.05"，在"Life"文本框中输入固定资产使用年限"5"，在"Period"文本框中输入折旧计提年"1"，如图 8.23 所示。

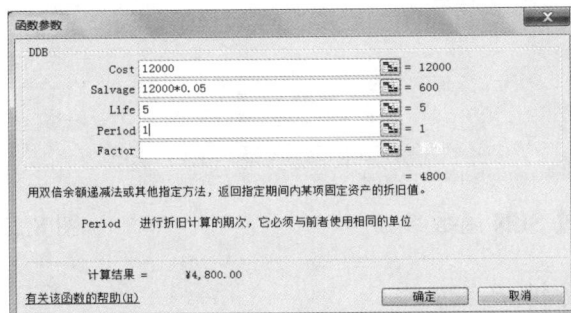

图 8.23　设置 DDB 函数参数

（4）单击"确定"按钮，计算结果如图 8.24 所示。

图 8.24　年折旧额计算结果

（5）第二年和第三年的年折旧额采用和上面相同的方法填列。第二年的 DDB 函数参数中"Period"文本框中的折旧计提年为"2"（见图 8.25），第三年的 DDB 函数参数中"Period"文本框中的折旧计提年为"3"。

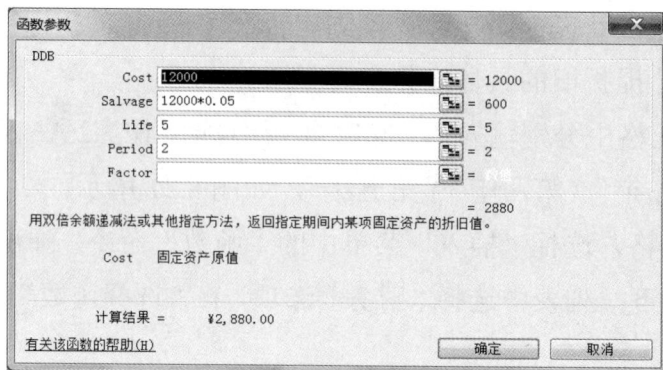

图 8.25　设置 DDB 函数参数

（6）选择 B5 单元格，选择"插入"菜单中的"函数"命令，弹出"插入函数"对话框，在"或选择类别"下拉列表中选择"财务"选项，在"选择函数"列表框中选择"SLN"选项。

（7）单击"确定"按钮，在"Cost"文本框中输入固定资产余额"12000-4800-2880-1728"，在"Salvage"文本框中输入固定资产净残值"12000*0.05"，在"Life"文本框中输入固定资产剩余使用年限"2"，如图 8.26 所示。

（8）单击"确定"按钮，在第五年的"年折旧额"中进行公式复制，如图 8.27 所示。

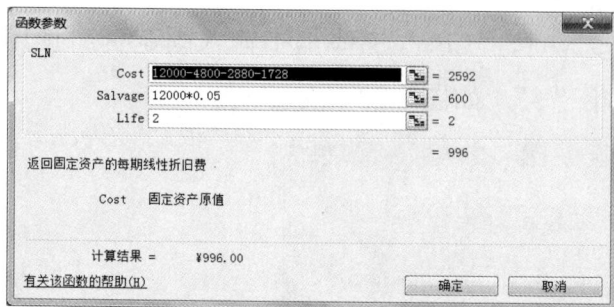

图 8.26　设置 SLN 函数参数

图 8.27　平均年限法公式复制

3. 年数总和法计提折旧

年数总和法又称合计年限法，即将固定资产的原值减去净残值后的净额再乘以一个逐年递减的分数计算每年的折旧额。这个分数的分子代表固定资产尚可使用的年数，分母代表使用年限的逐年数字总和。

年数总和法的计算公式如下。

固定的折旧基数=固定资产原值-预计净残值

各年的折旧率=（预计使用年限-已使用年限）/预计使用年限的年数总和

各年的折旧额=固定的折旧基数×各年的年折旧率

月折旧额=年折旧额/12

按年数总和法计算折旧额可以使用 SYD（返回某项固定资产按年限总和折旧法计算的每期折旧金额）函数。

资料：某公司现有一台电子设备，原值 100 000 元，预计可使用 5 年，预计净残值 4 000 元，按年数总和法计算各年的折旧额。

年数总和法计提折旧的具体操作步骤如下。

（1）在 A1:B1 单元格中分别输入"年份""年折旧额"，在 A2:A6 单元格中分别输入"第一年""第二年""第三年""第四年""第五年"。

（2）单击 B2 单元格，选择"插入"菜单中的"函数"命令，弹出"插入函数"对话框，在"或选择类别"下拉列表中选择"财务"选项，在"选择函数"列表框中选择"SYD"选项，如图 8.28 所示。

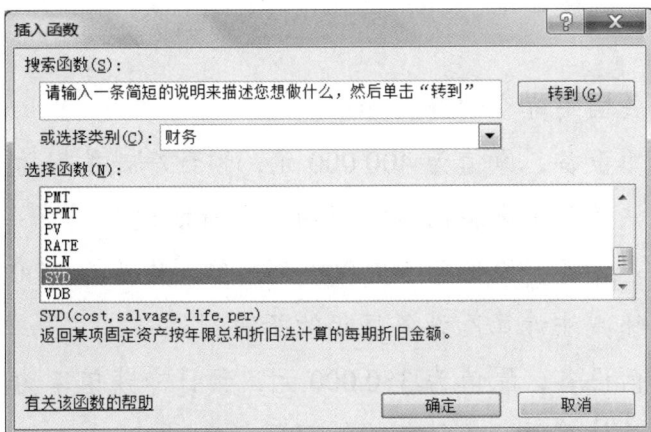

图 8.28　插入 SYD 函数

（3）单击"确定"按钮，在"Cost"文本框中输入固定资产原值"100000"，在"Salvage"文本框中输入固定资产净残值"4000"，在"Life"文本框中输入固定资产使用年限"5"，在"Per"文本框中输入折旧计提年"1"，如图 8.29 所示。

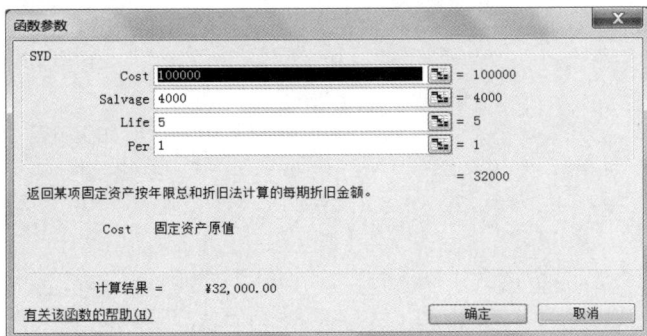

图 8.29　设置函数 SYD 参数

（4）单击"确定"按钮完成计算，如图 8.30 所示。

（5）利用自动填充功能将该列其他固定资产的本年折旧额计算出来。

注意： 第二年、第三年、第四年和第五年 SYD 函数参数中的"Per"折旧计提年分别为"2""3""4""5"，计算结果如图 8.31 所示。

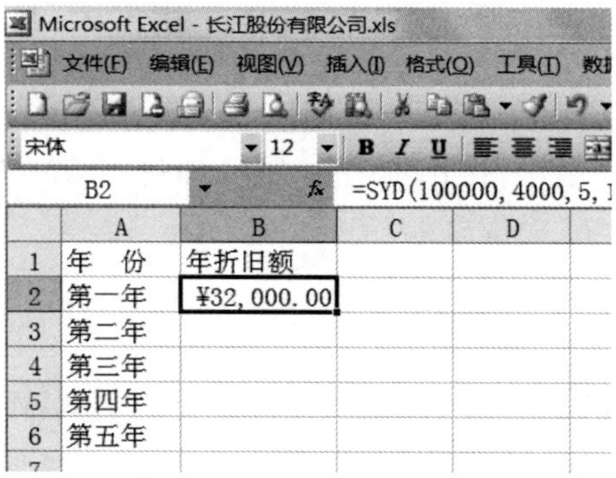

图 8.30　年折旧额计算结果

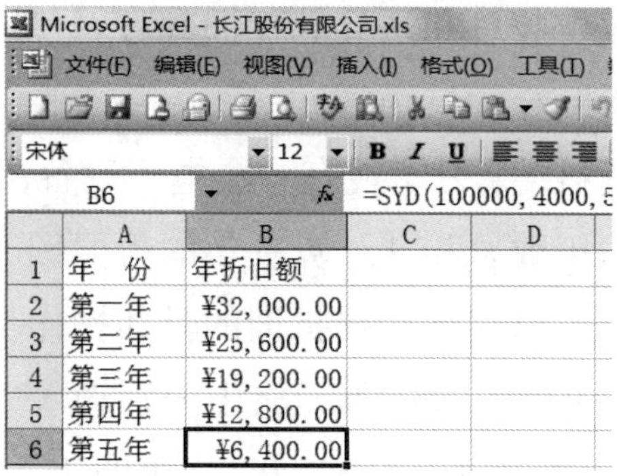

图 8.31　年折旧额计算结果

任务实施

练一练

资料：蓝天公司相关固定资产的资料如下。

（1）第一生产车间甲设备，原值为 400 000 元，预计净残值率为 4%，预计使用 10 年。

要求：用平均年限法计算甲设备的年折旧额、月折旧额。

（2）第二生产车间乙设备，原值为 500 000 元，预计残值为 25 000 元，预计使用 5 年。

要求：用双倍余额递减法计算乙设备每年的折旧额。

（3）第二生产车间丙设备，原值为 350 000 元，预计净残值率为 5%，预计使用 8 年。

要求：用年数总和法计算丙设备每年的折旧额。

Excel 在财务管理中的应用

项目引领

小李，在学习了凭证、账簿、报表在电子表格中的应用后，我们再来学习电子表格在财务管理中的一些简单应用吧！

电子表格在财务管理中的应用很多，这里主要学习简单的 3 种应用。

项目目标

知识目标

（1）了解企业资金需要量预测的方法。

（2）了解应收账款账龄的概念。

能力目标

（1）能对企业资金需要量进行预测。

（2）掌握单变量求解方法。

（3）掌握应收账款账龄分析方法。

任务一　资金需要量预测

任务导入

企业生产经营活动离不开资金，因此需要对资金需要量进行合理预测。

任务要求

资金需要量的预测方法。

知识准备

企业在发展过程中一直都在谋求销售的增长，以扩大市场的占有份额。销售增长的实质就是资金增加，即销售收入的增加和资金需要量的增加。为取得销售收入的增加，就必须筹措适量的资金增加相应的资产。以发展求生存是企业的追求，而企业发展的财务意义是资金增加，资金需要量预测是企业财务预测的重要组成部分，科学地预测企业的资金需要量是提高企业经济效益的重要保证。

资金需要量预测主要是对企业未来一定时期进行生产经营活动所需资金及业务扩展追加资金的投入进行预计和预测。

资金需要量的预测方法通常有资金习性法和销售百分比法两种。

一、资金习性法

资金习性法是根据资金与业务量之间的依存关系来预测未来资金需要量的一种方法。采用这种方法，首先需要将企业的总资金划分为随业务量成正比例变动的变动资金和不受业务量变动影响而保持固定不变的固定资金两部分。

资金习性法包括高低点法、回归分析法和散布图法。

资金需要量与业务量存在如下的一元线性关系：

$$y = a + bx$$

其中，因变量 y 代表资金需要量，a 代表固定资金，b 代表单位变动资金，自变量 x 代表业务量。

a 和 b 的计算方法为

$$b = \frac{最高资金占用量 - 最低资金占用量}{最高业务量 - 最低业务量}$$

$$a = 最高资金占用量 - b \times 最高业务量$$

$$或 a = 最低资金占用量 - b \times 最低业务量$$

二、销售百分比法

销售增长是许多企业都无法回避的问题，销售的增长往往会带来资金需要量的增长。

销售百分比法假设资产负债表中的敏感项目与销售收入存在稳定的百分比关系，从而预测未来需要追加的资金量。

货币资金、应收账款、存货等与销售额的关系较为敏感，往往称为敏感项目，一般会随销售额的增长而相应地增长。

固定资产是否需要增加，则要看固定资产的利用程度。如果其生产能力尚未得到充分利用，则可通过挖掘潜力来提高产销量；如果其生产能力已经饱和，那么增加产销量就需要扩大固定资产的投资额。

无形资产为不敏感项目，一般不随销售额的增长而增加。

在负债类项目中，短期借款、应付账款、应付票据等短期负债与销售额也存在较为密切的关系，所以也应预测短期负债的自然增长，这种增长可以减少企业外部融资的数额。而长期负债往往是不敏感项目。

当然，不同企业销售额变动所引起的资产、负债变化的项目是不同的，需要根据历史数据逐项研究确定。

在所有者权益项目中，留存收益属于内部融资来源，这部分资金的多少取决于净收益的多少和股利支付率的高低。

根据预计资产总量，减去已有的资金来源、负债的自然增长和内部提供的资金来源，便可预测出外部融资的需要量。

1. **根据销售总额确定融资需求**

（1）确定资产负债表中各项目与销售额的百分比（基期数据）：

资产（负债）项目销售百分比=资产（负债）项目的金额/销售额

（2）预计资产：

预计某资产=预计销售额×该项目的销售百分比

（3）预计负债：

预计某负债=预计销售额×该项目的销售百分比

（4）预计所有者权益：

预计所有者权益=预计实收资本+预计资本公积+预计留存收益

=预计实收资本+预计资本公积+基期留存收益+留存收益增加

=预计实收资本+预计资本公积+基期留存收益+预计净收益-
　　预计支付股利

=预计实收资本+预计资本公积+基期留存收益+预计销售额×
　　销售净利率×（1-股利支付率）

（5）预计资金追加量：

$$预计资金追加量=增加的资产$$
$$=预计总资产-基期总资产$$

（6）预计融资需求量：

$$预计融资需求量=预计总资产-预计总负债-预计所有者权益$$

2. 根据销售增加额确定融资需求

前面已经出现过的公式，不再赘述。

（1）资金追加量：

$$预计资金追加量=增加的资产$$
$$=预计总资产-基期总资产$$

（2）自然增加的负债：

$$自然增加的负债=基期负债销售百分比×新增销售额$$

（3）留存收益增加：

$$留存收益增加=预计净收益-预计支付股利$$
$$=预计销售额×基期销售净利率×（1-股利支付率）$$

（4）预计融资需求量：

$$预计融资需求量=预计资金增加总量-自然增加的负债-留存收益增加$$
$$=基期资产销售百分比×新增销售额-基期负债销售百分比×$$
$$新增销售额-基期销售净利率×预计销售额×（1-股利支付率）$$

3. 根据销售增长率确定融资需求

前面已经出现过的公式，不再赘述。

（1）销售增长率：

$$销售增长率=（预计销售额-基期销售额）/基期销售额$$

（2）预计融资需求量：

$$预计融资需求量=基期资产销售百分比×新增销售额-基期负债销售百分比×新增销售额-$$
$$基期销售净利率×预计销售额×（1-股利支付率）$$
$$=基期资产销售百分比×基期销售额×销售增长率-基期负债销售百分比×$$
$$基期销售额×销售增长率-基期销售净利率×基期销售额×（1+$$
$$销售增长率）×（1-股利支付率）$$
$$=基期销售额×[基期资产销售百分比×销售增长率-基期负债销售百分比×$$
$$销售增长率-基期销售净利率×（1+销售增长率）×（1-股利支付率）]$$

任务操作

预测资金需要量。

操作步骤

1. 用资金习性法预测奖金需要量

资料：长江股份有限公司某产品产量和资金占用量近 5 年的资料如表 9.1 所示。

表 9.1　长江股份有限公司某产品产量和资金占用量表

年　份	产品产量（件）	资金占用量（万元）
2010	200	16
2011	220	18
2012	250	21
2013	280	23
2014	320	25

假如 2015 年长江股份有限公司某产品计划产量为 350 件，试根据该产品产量和资金占用量近 5 年的资料预测 2015 年公司的资金需要量。

具体操作步骤如下。

（1）打开工作簿文件“长江股份有限公司.xls”，插入一张新工作表，并将其命名为“资金需要量预测”。

（2）按照表 9.1 分别在 A1:C6 单元格中输入相应内容，如图 9.1 所示。

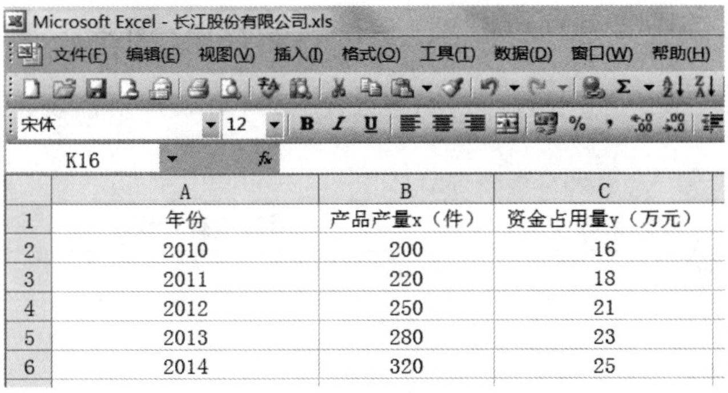

	A	B	C
1	年份	产品产量x（件）	资金占用量y（万元）
2	2010	200	16
3	2011	220	18
4	2012	250	21
5	2013	280	23
6	2014	320	25

图 9.1　产品产量和资金占用量

（3）在 A7 单元格中输入“*b*”，在 B7 单元格中输入公式“=(MAX(C2:C6)−MIN(C2:C6))/(MAX(B2:B6)−MIN(B2:B6))”，在 A8 单元格中输入“*a*”，在 B8 单元格中输入公式“=MAX(C2:C6)−B7*MAX(B2:B6)”，在 A9 单元格中输入“2015 年计划产量 *x*”，在 B9 单元格中输入数值“350”，在 A10 单元格中输入“2015 年预计资金需要量 *y*”，在 B10 单元格中输入公式“=B8+B7*B9”，如图 9.2 所示。

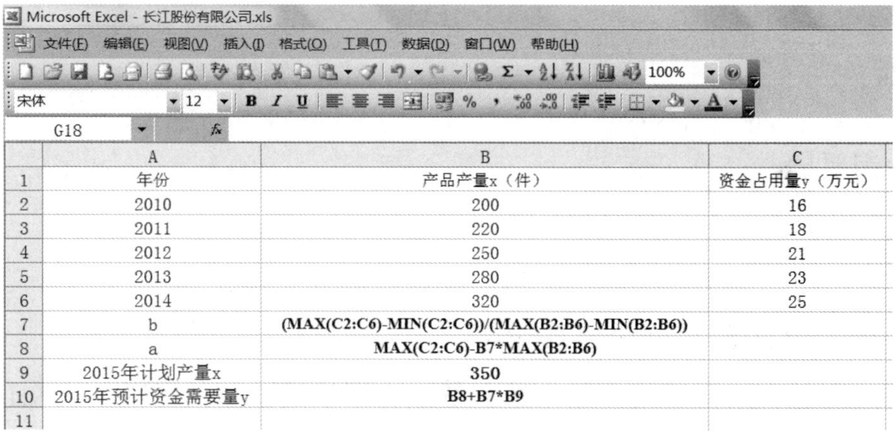

图 9.2　公式计算

（4）资金需要量计算结果如图 9.3 所示。

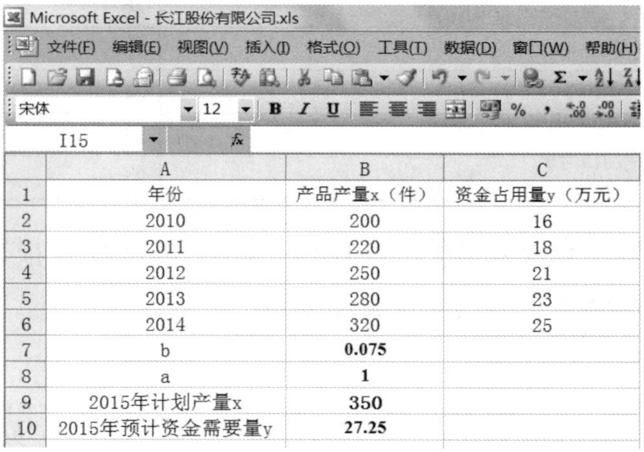

图 9.3　资金需要量计算结果

2. 用销售百分比法预测资金需要量

资料：长江股份有限公司 2014 年资产负债表如表 9.2 所示。

表 9.2　长江股份有限公司 2014 年资产负债表

编制单位：长江股份有限公司　　　　　　　　2014 年 12 月 31 日　　　　　　　　　　　　单位：元

资　　产	期末余额	负债和所有者权益	期末余额
货币资金	120 000	短期借款	70 000
应收账款	80 000	应付账款	130 000
存货	500 000	长期借款	100 000
固定资产	150 000	应付债券	50 000
无形资产	50 000	实收资本	550 000
资产合计	900 000	负债和所有者权益合计	900 000

长江股份有限公司 2014 年实际销售额为 100 万元，2015 年预计销售额为 110 万元。试根据以上资料，利用销售百分比法预测 2015 年的资金需要量。

具体操作步骤如下。

（1）打开工作簿文件"长江股份有限公司.xls"，插入一张新工作表，并将其命名为"资金需要量预测"。

（2）按照图 9.4 输入相应内容。

（3）填入 2014 年数据，如图 9.5 所示。

	A	B	C	D
1	项目	2014年数据	销售百分比	2015年预计
2	流动资产			
3	非流动资产			
4	资产合计			
5	2014年实际销售额			
6	2015年预计销售额			
7	预测2015年的资金需要量			
8				

图 9.4　资金需要量项目

	A	B	C	D
1	项目	2014年数据	销售百分比	2015年预计
2	流动资产	700000		
3	非流动资产	200000		
4	资产合计	900000		
5	2014年实际销售额	1000000		
6	2015年预计销售额	1100000		
7	预测2015年的资金需要量			
8				

图 9.5　2014 年数据

（4）分别在 C2、D2 和 B7 单元格填入计算公式（其中，C2=B2/B5；D2=C2*B6；B7=D2+B2），得出 2015 年的资金需要量为 970 000 元，如图 9.6 所示。

	A	B	C	D	E
1	项目	2014年数据	销售百分比	2015年预计	
2	流动资产	700000	0.7	770000	
3	非流动资产	200000			
4	资产合计	900000			
5	2014年实际销售额	1000000			
6	2015年预计销售额	1100000			
7	预测2015年的资金需要量	970000			
8					

图 9.6　资金需要量公式计算

任务实施

练一练

资料：海阳股份有限公司某产品销售收入和资金占用量近 6 年的资料如表 9.3 所示。

表 9.3　海阳股份有限公司某产品销售收入和资金占用量表

年　　份	销售收入（万元）	资金占用量（万元）
2009	18	200
2010	20	230
2011	22	250
2012	25	280
2013	28	300
2014	32	320

假如 2015 年海阳股份有限公司某产品计划产量为 35 件，试根据该产品销售收入和资金占用量近 5 年的资料预测 2015 年的资金需要量。

任务二　单变量求解应用

任务导入

已知单个的预期结果，确定结果的未知值。

单变量求解的方法。

知识准备

单变量求解就是求解有一个变量的方程，在 Excel 中，单变量求解通过调整可变单元格中的数值，按照给定的公式计算出目标单元格中的目标值，适用于确定规划目标中某一引用数据的特定取值。

资料：长江股份有限公司 2014 年甲产品的量本利数据如表 9.4 所示。

表 9.4 长江股份有限公司 2014 年甲产品的量本利数据

项　　目	2014 年实际	2015 年预计
销售量（件）	60 000	
销售单价（元/件）	38	
单位变动成本（元）	28	
全年固定成本（元）	200 000	
利润（元）	400 000	

假定该公司 2015 年甲产品的销售单价、单位变动成本、全年负担的固定成本与上年相比均保持不变，要想在 2015 年实现利润 500 000 元，该公司在 2015 年至少要完成多少销售量？

任务操作

利用单变量求解方法求销售量。

操作步骤

具体操作步骤如下。

（1）打开工作簿文件"长江股份有限公司.xls"，插入一张新工作表，并将其命名为"单变量求解"。

（2）按照表 9.4 分别在 A1:C6 单元格中输入相应内容，如图 9.7 所示。

	A	B	C	D
1	项目	2014年实际	2015年预计	
2	销售量（件）	60000		
3	销售单价（元/件）	38	38	
4	单位变动成本（元）	28	28	
5	全年固定成本（元）	200000	200000	
6	利润（元）	400000		
7				

图 9.7 项目数据

其中利润的计算公式为

利润=销售量×销售单价-销售量×单位变动成本-固定成本

（3）选择 C6 单元格，执行"工具"→"单变量求解"命令（见图 9.8），弹出"单变量求解"对话框，Excel 自动将"C6"添加到"目标单元格"文本框中，如图 9.9 所示。

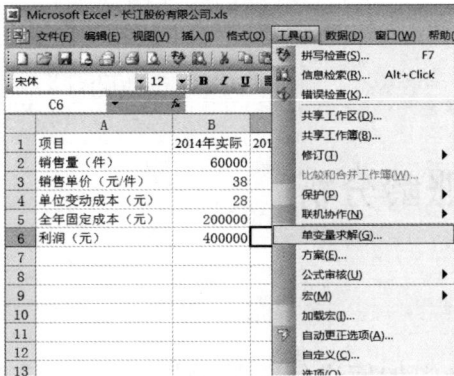

图 9.8　菜单

图 9.9　单变量求解

（4）在"单变量求解"对话框的"目标值"文本框中输入数字"500 000"，先将鼠标定位到"可变单元格"文本框，再单击 C2 单元格，如图 9.10 所示。

图 9.10　单变量求解值

（5）单击"确定"按钮，弹出如图 9.11 所示的"单变量求解状态"对话框。

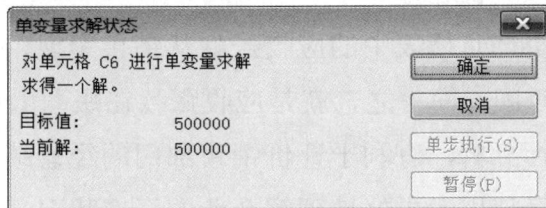

图 9.11　"单变量求解状态"对话框

（6）单击"单变量求解状态"对话框中的"确定"按钮，得到单变量求解的结果，如图 9.12 所示。

从图 9.12 中可以看出，利润要达到 500 000 元，销售量必须达到 70 000 件。

图 9.12　单变量求解计算结果

任务实施

练一练

海阳股份有限公司取得 6 年期长期借款 1500 万元，年利率为 8%，每年付息一次，到期一次还本，筹资费率为 0.5%，所得税税率为 25%。如果考虑资本的时间价值，该公司长期借款的资金成本是多少？

任务三　应收账款账龄分析

任务导入

应收账款是企业最重要的资产之一，在电子表格中如何进行账龄分析？

任务要求

对应收账款的账龄进行分析。

知识准备

在市场经济条件下，赊销成为企业提高竞争力的重要手段。但是，如果不对赊销所引起的应收账款进行有效管理，那么赊销不仅不能给企业带来经济利益，反而会使企业蒙受损失。企业应随时掌握应收账款的回收情况，及时做好催收工作。对应收账款回收情况的监督，可以通过编制账龄分析表进行。

应收账款的账龄是指资产负债表中的应收账款从销售实现、产生应收账款之日起，至资产负债表日止所经历的时间，简言之，就是应收账款在账面上存在的时间。

对应收账款的账龄进行分析，有利于评价销售部门的经营绩效、加快货款回笼、减少坏账损失，有利于会计报表使用者更好地理解企业的资产状况。利用账龄分析表，企业可以及时掌握以下情况：有多少欠款尚在信用期内；有多少欠款正好到期；有多少欠款超过了信用期；超过不同时间段的欠款有多少、占多大的比例；哪些欠款有可能成为坏账。

资料：长江股份有限公司 2015 年 3 月 22 日应收账款台账如表 9.5 所示。

表 9.5　长江股份有限公司 2015 年 3 月 25 日应收账款台账

序号	客户名称	金额（元）	票据号码	开票日期	信用期（天）	还账情况	还账日期	超期（天）
1	华为公司	80 000	A00001	2014-1-8	30	是	2014-4-7	
2	新华公司	60 000	A00003	2014-1-30	30	否		
3	天韵公司	60 000	A00007	2014-2-12	60	否		
4	联和公司	45 000	A00025	2014-2-23	90	否		

续表

序号	客户名称	金额（元）	票据号码	开票日期	信用期（天）	还账情况	还账日期	超期（天）
5	长城公司	20 000	A00036	2014-3-8	30	否		
6	天达公司	15 000	A00042	2014-3-19	30	否		
7	红光集团	70 000	A00064	2014-4-1	60	否		
8	天天集团	50 000	A00074	2014-4-6	90	否		
9	腾飞集团	30 000	A00088	2014-5-12	60	是	2014-7-28	
10	大丰集团	20 000	A00096	2014-6-23	120	否		
11	钱桥钢铁厂	60 000	A00097	2014-8-25	60	否		
12	红光钢铁厂	60 000	A00102	2014-9-29	30	否		
13	大桥钢铁厂	40 000	A00112	2014-10-18	120	否		
14	天天机床厂	30 000	A00115	2014-11-20	150	否		
15	长城机床厂	50 000	A00127	2014-12-16	30	否		
16	中天机床厂	30 000	A00129	2014-12-24	60	否		
17	解放棉纺厂	20 000	A00136	2014-12-30	60	否		

任务操作

根据上述资料对长江股份有限公司 2015 年 3 月 25 日的应收账款编制账龄分析表。

操作步骤

具体操作步骤如下。

（1）打开工作簿文件"长江股份有限公司.xls"，插入两张新工作表，并将其命名为"应收账款台账"和"应收账款账龄分析"。

（2）按表 9.5 分别在 A1:I20 输入其内容，如图 9.13 所示。

图 9.13　应收账款台账

（3）在 A2 中用公式"A2=TODAY()"显示当天的日期，并为动态计算和显示当日应收账款超期天数提供计算依据。

（4）在 I4 单元格中输入公式"=IF(G4="是","*",IF(G4="否",$A$2-E4-F4,""))"。

向下拖动公式复制，会自动显示出超期天数。如果单元格数值为正数，则说明相应的应收账款超过信用期；如果单元格数值为 0，则说明相应的应收账款刚好到期；如果单元格数值为负数，则说明相应的应收账款还在信用期以内，如图 9.14 所示。

图 9.14　应收账款台账公式计算

（5）应收账款账龄分析表如图 9.15 所示。

图 9.15　应收账款账龄分析表

（6）分别在 C3:D17、E3、C18、D18、E18 单元格中输入下列公式，结果如图 9.16 所示。

C3 =COUNTIF(应收账款台账!I:I,"<0")

C4 =COUNTIF(应收账款台账!I:I,"=0")

C5 =COUNTIF(应收账款台账!I:I,"<=30")-C3-C4

C6 =COUNTIF(应收账款台账!I:I,"<=60")-SUM(C3:C5)

C7 =COUNTIF(应收账款台账!I:I,"<=90")-SUM(C3:C6)

C8 =COUNTIF(应收账款台账!I:I,"<=120")-SUM(C3:C7)

C9 =COUNTIF(应收账款台账!I:I,"<=180")-SUM(C3:C8)

C10 =COUNTIF(应收账款台账!I:I,"<=210")-SUM(C3:C9)

C11 =COUNTIF(应收账款台账!I:I,"<=210")-SUM(C3:C10)

C12 =COUNTIF(应收账款台账!I:I,"<=240")-SUM(C3:C11)

C13 =COUNTIF(应收账款台账!I:I,"<=270")-SUM(C3:C12)

C14 =COUNTIF(应收账款台账!I:I,"<=300")-SUM(C3:C13)

C15 =COUNTIF(应收账款台账!I:I,"<=330")-SUM(C3:C14)

C16 =COUNTIF(应收账款台账!I:I,"<=360")-SUM(C3:C15)

C17 =COUNTIF(应收账款台账!I:I,">=360")

D3 =SUMIF(应收账款台账!I:I,"<0",应收账款台账!C:C)

D4 =SUMIF(应收账款台账!I:I,"=0",应收账款台账!C:C)

D5 =SUMIF(应收账款台账!I:I,"<=30",应收账款台账!C:C)-D3-D4

D6 =SUMIF(应收账款台账!I:I,"<=60",应收账款台账!C:C)-SUM(D3:D5)

D7 =SUMIF(应收账款台账!I:I,"<=90",应收账款台账!C:C)-SUM(D3:D6)

D8 =SUMIF(应收账款台账!I:I,"<=120",应收账款台账!C:C)-SUM(D3:D7)

D9 =SUMIF(应收账款台账!I:I,"<=150",应收账款台账!C:C)-SUM(D3:D8)

D10 =SUMIF(应收账款台账!I:I,"<=180",应收账款台账!C:C)-SUM(D3:D9)

D11 =SUMIF(应收账款台账!I:I,"<=210",应收账款台账!C:C)-SUM(D3:D10)

D12 =SUMIF(应收账款台账!I:I,"<=240",应收账款台账!C:C)-SUM(D3:D11)

D13 =SUMIF(应收账款台账!I:I,"<=270",应收账款台账!C:C)-SUM(D3:D12)

D14 =SUMIF(应收账款台账!I:I,"<=300",应收账款台账!C:C)-SUM(D3:D13)

D15 =SUMIF(应收账款台账!I:I,"<=330",应收账款台账!C:C)-SUM(D3:D14)

D16 =SUMIF(应收账款台账!I:I,"<=360",应收账款台账!C:C)-SUM(D3:D15)

D17 =SUMIF(应收账款台账!I:I,">360",应收账款台账!C:C)

E3 =D3/$D$18

C18 =SUM(C3:C17)

D18 =SUM(D3:D17)

E18 =D18/$D$18

	A	B	C	D	E
1	应收账款账龄分析表				
2	应收账款账龄		业务数量统计	应收账款金额统计	金额比例分析
3	信用期内		1	30000	5%
4	信用期到		0	0	0%
5	超过信用期天数	1～30天	2	50000	8%
6		31～60天	1	40000	6%
7		61～90天	1	50000	8%
8		91～120天	0	0	0%
9		121～150天	3	120000	19%
10		151～180天	0	20000	3%
11		181～210天	0	0	0%
12		211～240天	0	0	0%
13		241～270天	1	50000	8%
14		271～300天	1	70000	11%
15		301～330天	1	45000	7%
16		331～360天	3	95000	15%
17		361天以上	1	60000	10%
18	合计		15	630000	100%

图 9.16　应收账款账龄分析结果

从图 9.16 中可以看出，只有 5%的应收账款在信用日期内支付，绝大部分（95%）应收账款都没有在信用日期内支付，其中超过信用日期 3 个月以上的占 73%，公司要加强对欠款单位的讨款力度。

任务实施

练一练

资料：海阳股份有限公司 2014 年 1—6 月的应收账款如表 9.6 所示。

表 9.6　海阳股份有限公司 2014 年 1—6 月的应收账款

单位：元

单位名称	年初余额		一月份		二月份		三月份		四月份		五月份		六月份	
	借方	贷方	借方	贷方	借方	贷方	借方	贷方	借方	贷方	借方	贷方	借方	贷方
A 工厂	10 000		5 000					4 000						
B 工厂	20 000				5 000						6 000			8 000
C 公司	30 000			3 000						7 000				
D 公司			4 000					2 000			2 000			
合 计	60 000	0	9 000	3 000	5 000	0	0	6 000	0	7 000	8 000	0	0	8 000

试根据应收账款的回收情况用账龄分析法进行计算分析。

项目十

Excel 在财务分析中的应用

项目引领

财务分析是会计核算的最后一项工作，可以协助企业的投资者、债权人、经营者及上级主管部门全面评价企业财务状况和经营成果，从而为企业未来的发展做出正确决策。

项目目标

知识目标

（1）了解财务分析的概念和目的。

（2）掌握常用的财务分析方法。

能力目标

（1）能对财务状况进行比率分析。

（2）能对财务状况进行图表分析。

（3）能对财务状况进行综合分析。

知识准备

一、财务分析的概念

财务分析又称财务报表分析，即在财务报表及相关资料的基础上，通过一定的方法和手段，对财务报表提供的数据进行系统和深入的分析研究，揭示有关指标之间的关系、变动情况及其形成原因，从而向使用者提供相关和全面的信息，也就是将财务报表及相关数据转换为对特定决策有用的信息，对企业过去的财务状况和经营成果及前景做出评价。

二、财务分析的目的

财务报表的使用者包括投资人、债权人、经营者及上级主管部门等，不同人所关注的问题和侧重点不同，因此进行财务分析的目的也有所不同。

进行财务分析主要有以下几个目的。

1. 评价企业的财务状况

通过对企业的财务报表等会计资料进行分析，了解企业资产的流动性、负债水平和偿债能力，从而评价企业的财务状况和经营成果，为企业管理者、投资者和债权人等提供财务信息。

2. 评价企业的资产管理水平

企业的生产经营过程就是利用资产取得收益的过程。资产是企业生产经营活动的经济资源，资产的管理水平直接影响企业的收益，它体现了企业的整体素质。通过财务分析可以掌握企业资产的管理水平和资金周转情况，为人们评价企业的经营管理水平提供依据。

3. 评价企业的获利能力

利润是企业经营的最终成果的体现，是企业生存和发展的最终目的。通过财务分析，可以评价企业的获利能力。因此，不同的利益关系人都十分关心企业的获利能力。

4. 评价企业的发展趋势

通过财务分析，可以判断出企业的发展趋势、预测企业的经营前景，从而避免决策失误带来的重大经济损失。

三、财务分析的方法

一般来说，财务分析的方法主要有以下几种。

1. 财务比率分析法

财务比率分析法是解释财务报表的一种基本分析工具，即将财务报表中的相关项目进行比较，将分析、对比的绝对数变成相对数，以说明财务报表上所列项目之间的相互关系，并做出某些解释和评价。

财务比率分析法是财务分析中常用的一种分析方法，运用财务比率分析法可以分析评价企业偿债能力、盈利能力和营运能力等内容。

2．财务比较分析法

比较分析法也称趋势分析法，即通过对财务报表中各类相关的数字进行分析、比较，尤其是将一个时期的报表同另一个或几个时期进行分析、比较，从而判断一个企业的财务状况和经营业绩的演变趋势及其在同行业中地位的变化情况。

3．财务图表分析法

财务图表分析法是将企业连续几个会计期间的财务数据或财务指标绘制成图表，并根据图形走势来判断企业财务状况、经营成果的变化趋势的方法。这种方法能比较简单、直观地反映出企业财务状况的发展趋势，使分析者能够发现一些通过比较法所不易发现的问题。

4．财务综合分析法

财务综合分析法是将各项财务指标作为一个整体，系统、全面、综合地对企业财务状况和经营成果进行剖析和评价，从而说明企业整体财务状况和效益的好坏的方法。财务综合分析法实质是以上几种方法的综合运用。

任务一　财务状况比率分析

任务导入

长江股份有限公司经过一年的努力工作，完成了公司的任务目标，但公司的偿债能力、盈利能力和营运能力如何？这需要进行分析、评价。

任务要求

根据长江股份有限公司的财务报表，小李用财务比率分析法进行财务状况分析。

知识准备

财务比率分析法是将财务报表中的有关项目进行对比，得出一系列的财务比率，以此来揭示企业财务状况的一种方法。

常用的财务比率有 5 种：变现能力比率、资产管理比率、长期负债比率、盈利能力比率和市价比率。

一、变现能力比率

变现能力比率又称偿债能力比率，是衡量企业资产产生现金能力大小的比率。它取决于在近期转变为现金的流动资产的多少。反映变现能力的财务比率主要有流动比率和速动比率两种。

1. 流动比率

流动比率是企业流动资产与流动负债之比，其计算公式为

$$流动比率=流动资产/流动负债$$

其中，流动资产一般包括现金、有价证券、应收账款及库存商品；流动负债一般包括应付账款、应付票据、一年内到期的债务、应付未付的各项税金及其他应付未付的开支。

流动比率是衡量企业短期偿债能力的一个重要财务指标。这个比率越高，说明企业偿还流动负债的能力越强，流动负债得到偿还的保障越大。如果流动负债的上升速度过快，则会使流动比率下降，从而引起财务方面的麻烦。

但是过高的流动比率并非好现象，因为资产的获利能力与资产的流动性呈反比，过高的流动比率说明企业存在闲置的流动资产，这会导致企业的获利能力下降。应注意分析企业的具体情况，检查流动比率过高是由资产结构不合理造成的，还是由募集的长期资金没有尽快投入使用或存货积压严重及其他原因造成的。当然，如果流动比率过低，则企业近期可能有偿还短期债务方面的困难。根据企业过往的经验，制造业企业合理的流动比率为"2"左右比较合适。

2. 速动比率

速动比率也称酸性测试比率，是流动资产扣除存货等资产后形成的速动资产与流动负债之比。其计算公式为

$$速动比率=速动资产/流动负债$$
$$=（流动资产-存货-预付账款-一年内到期的非流动资产-$$
$$其他流动资产）/流动负债$$

一般情况下，速动比率越高，说明企业偿还流动负债的能力越强。但速动比率过高则表明企业会因现金及应收账款占用过多而增加企业的机会成本。通常认为企业正常的速动比率为 1，当企业的速动比率低于 1 时则被认为企业的短期偿债能力偏低。

二、资产管理比率

资产管理比率又称运营效率比率，是用来衡量企业在资产管理方面效率高低的财务比率。资产管理比率包括存货周转率、应收账款周转率、流动资产周转率、固定资产周转率和总资产周转率等。

1. 存货周转率

存货周转率是衡量和评价企业购入存货、投入生产、销售收回等各环节管理状况的综合性指标。它是销售成本与平均存货余额的比值，也称存货的周转次数。用时间表示的存货周转率就是存货周转天数。其计算公式为

$$存货周转率=销售成本/平均存货$$
$$存货周转天数=360/存货周转率$$

其中，平均存货=（期初存货余额+期末存货余额）/2。

存货周转速度的快慢，对企业的偿债能力及其获利能力会产生决定性的影响。一般来讲，存货周转率越高越好。存货周转率越高，表明存货变现的速度越快、周转额越大、资金占用水平越低。

2. 应收账款周转率

应收账款周转率是反映年度内应收账款转换为现金的平均次数的指标。用时间表示的应收账款周转速度是应收账款周转天数，也称平均应收款回收期，表示企业从取得应收账款的权利到收回款项所需要的时间。其计算公式为

$$应收账款周转率=销售收入/平均应收账款$$

$$应收账款周转天数=360/应收账款周转率$$

其中，平均应收账款＝（期初应收账款余额+期末应收账款余额）/2。

一般而言，应收账款周转率越高，应收账款周转天数越短，说明应收账款的收回越快，从而可以减少坏账损失。但该指标不适合季节性经营的企业。应收账款周转天数同时还考查了企业的信用管理能力。如果与行业平均值偏离过大，则应考虑企业的信用政策是否合理，或者是否还存在其他问题。

3. 流动资产周转率

流动资产周转率是销售收入与流动资产平均余额之比，它反映的是全部流动资产的利用效率，其计算公式为

$$流动资产周转率=销售收入/流动资产平均余额$$

其中，流动资产平均余额＝（期初流动资产+期末流动资产）/2。

流动资产周转率反映的是流动资产的周转速度。周转速度快，会相对节约流动资产，等于相对扩大长期资产投入，增强企业盈利能力；而周转速度慢，则说明流动资产占用资金较多，形成资金浪费，降低企业盈利能力。

4. 固定资产周转率

固定资产周转率是企业销售收入与固定资产平均净值之比。该比率越高，说明固定资产的利用率越高，管理水平越好。其计算公式为

$$固定资产周转率=销售收入/固定资产平均净值$$

其中，固定资产平均净值＝（期初固定资产净值+期末固定资产净值）/2。

一般情况下，固定资产周转率越高，表明企业固定资产利用得越充分。

5. 总资产周转率

总资产周转率是企业销售收入与资产平均总额之比，可以用来分析企业全部资产的使用效率。如果该比率较低，则企业应采取措施提高销售收入或处置资产，以提高总资产利用率。其计算公式为

$$总资产周转率=销售收入/资产平均总额$$

其中，资产平均总额＝（期初资产总额+期末资产总额）/2。

三、长期负债比率

长期负债比率是说明债务和资产、净资产间关系的比率。它反映企业偿付到期长期债务的能力。企业的长期债务主要有长期借款、应付长期债券和长期应付款等。分析一个企业长期债务偿还能力，主要是为了确定该企业偿还债务本金与债务利息的能力。反映长期偿债能力的负债比率主要有资产负债率、产权比率、有形资产债务率和利息保障倍数等指标。

1. 资产负债率

资产负债率是企业负债总额与资产总额之比，又称举债经营比率。它反映的是在企业的资产总额中有多少是通过举债而得到的。资产负债率反映企业偿还债务的综合能力，该比率越高，企业偿还债务的能力越差；反之，则偿还债务的能力越强。其计算公式为

$$资产负债率=负债总额/资产总额$$

2. 产权比率

产权比率又称负债权益比率，是负债总额与股东权益总额之比，也是衡量企业长期偿债能力的指标之一。其计算公式为

$$产权比率=负债总额/股东权益总额$$

该比率反映了债权人所提供的资金与股东所提供资金的对比关系，从而揭示企业的财务风险及股东权益对债务的保障程度。该比率越低，说明企业长期债务状况越好，债权人债款的安全越有保障，企业风险越小。

3. 有形资产债务率

有形资产债务率是企业负债总额与有形净值的百分比。有形净值是股东权益减去无形资产净值。其计算公式为

$$有形资产债务率=负债总额/（股东权益总额-无形资产净值）$$

有形资产债务率指标实质上是产权比率的延伸，更为谨慎、保守地反映了在企业清算过程中债权人投入的资产受到股东权益的保障程度。因为保守的观点认为无形资产不宜用来偿还债务，所以将其从股东权益中扣除。从长期偿债能力来讲，该比率越低说明企业的财务风险越小。

4. 利息保障倍数

利息保障倍数是税前利润加利息支出之和，即息税前利润与利息支出的比值，反映了企业用经营所得支付债务利息的能力。该比率越高，说明企业用经营所得支付债务利息的能力越强，它会增强贷款人对企业支付能力的信任程度。其计算公式为

$$利息保障倍数=（税前利润+利息支出）/利息支出$$

$$=息税前利润/利息支出$$

国际上通常认为，该指标为"3"时较为适当，从长期来看至少应大于"1"。

四、盈利能力比率

盈利能力比率是考察企业赚取利润能力高低的比率。反映企业盈利能力的主要指标有资产报酬率、股东权益报酬率和营业利润率等。

1．资产报酬率

资产报酬率也称资产利润率或总资产收益率，是企业在一定时期内的净利润与资产平均总额之比。其计算公式为

$$资产报酬率=净利润/资产平均总额$$

资产报酬率用来衡量企业利用资产获取利润的能力，反映了企业总资产的利用效率。该比率越高，表明资产的利用率越高，也说明企业在增加收入和节约资金使用等方面的效果越好。

2．股东权益报酬率

股东权益报酬率也称净资产收益率，是在一定时期内企业的净利润与股东权益平均总额之比。其计算公式为

$$股东权益报酬率=净利润/股东权益平均总额$$

其中，股东权益平均总额=（期初股东权益总额+期末股东权益总额）/2。

3．营业利润率

营业利润率反映了企业的营业利润与营业收入的比例关系。其计算公式为

$$营业利润率=营业利润/营业收入$$

营业利润率越高，表明企业的市场竞争力越强，发展潜力越大，获利能力越强。

五、市价比率

市价比率又称市场价值比率，实质上是反映每股市价和企业盈余、每股账面价值关系的比率，它是上述 4 个指标的综合反映。管理者可根据该比率了解投资人对企业的评价。市价比率包括每股盈余、市盈率、每股股利、股利支付比率和每股账面价值等指标。

▨ 任务操作

根据财务报表数据进行财务状况比率分析。

✎ 操作步骤

利用 Excel 进行各财务比率的分析，方法比较简单，可直接利用 Excel 中的数据链接功能，在财务比率的计算公式的基础上对其进行定义，即根据已有财务报表中的原始数据（主要是资产负债表和利润表）从不同工作表的财务报表中读取数据，设计相应的公式并在相应的单元格中输入公式。

以长江股份有限公司 2012 年的财务报表数据为例（资产负债表和利润表），具体操作

步骤如下。

（1）打开工作簿文件“长江股份有限公司.xls”，选择 “资产负债表”和“利润表”两张工作表，如图 10.1 和图 10.2 所示。

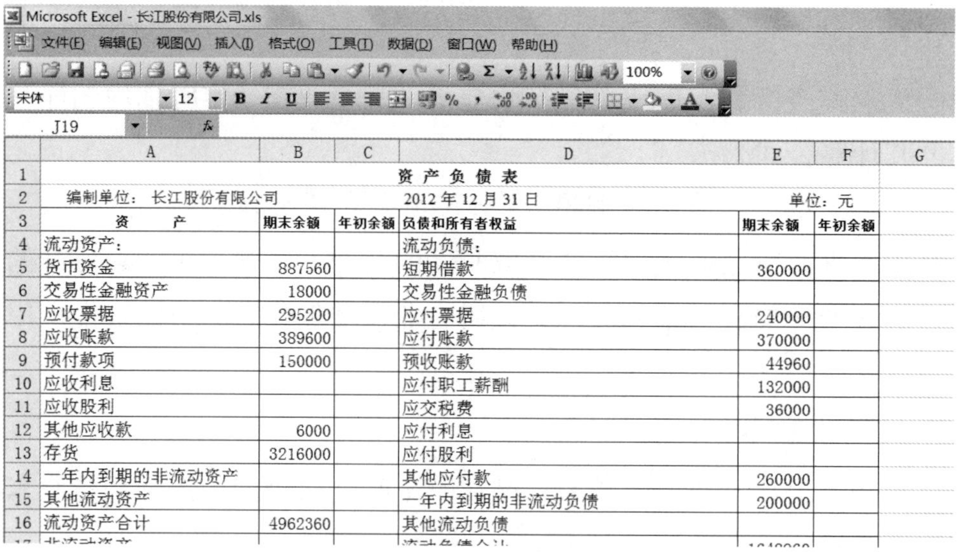

	A	B	C	D	E	F
1				资 产 负 债 表		
2	编制单位：长江股份有限公司			2012 年 12 月 31 日	单位：元	
3	资　　产	期末余额	年初余额	负债和所有者权益	期末余额	年初余额
4	流动资产：			流动负债：		
5	货币资金	887560		短期借款	360000	
6	交易性金融资产	18000		交易性金融负债		
7	应收票据	295200		应付票据	240000	
8	应收账款	389600		应付账款	370000	
9	预付款项	150000		预收账款	44960	
10	应收利息			应付职工薪酬	132000	
11	应收股利			应交税费	36000	
12	其他应收款	6000		应付利息		
13	存货	3216000		应付股利		
14	一年内到期的非流动资产			其他应付款	260000	
15	其他流动资产			一年内到期的非流动负债	200000	
16	流动资产合计	4962360		其他流动负债		

图 10.1　资产负债表

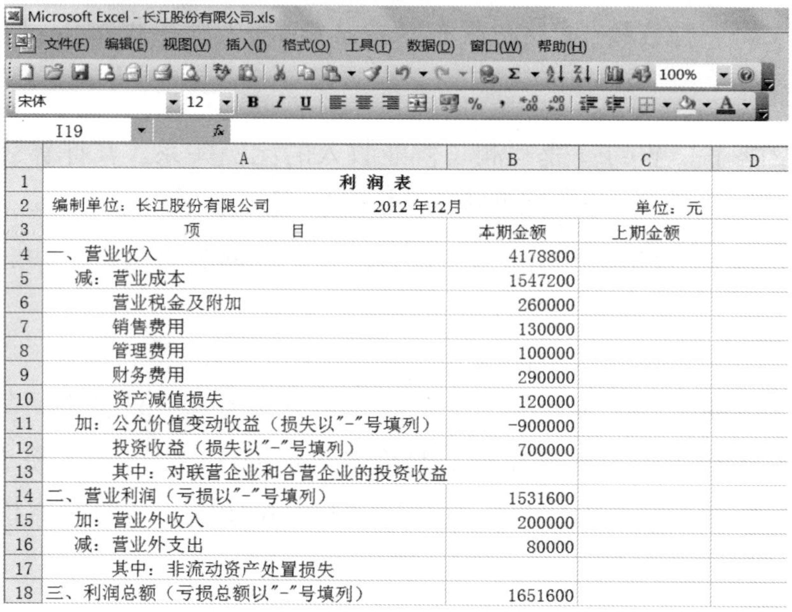

	A	B	C
1	利 润 表		
2	编制单位：长江股份有限公司　　2012 年12月		单位：元
3	项　　　　目	本期金额	上期金额
4	一、营业收入	4178800	
5	减：营业成本	1547200	
6	营业税金及附加	260000	
7	销售费用	130000	
8	管理费用	100000	
9	财务费用	290000	
10	资产减值损失	120000	
11	加：公允价值变动收益（损失以"-"号填列）	-900000	
12	投资收益（损失以"-"号填列）	700000	
13	其中：对联营企业和合营企业的投资收益		
14	二、营业利润（亏损以"-"号填列）	1531600	
15	加：营业外收入	200000	
16	减：营业外支出	80000	
17	其中：非流动资产处置损失		
18	三、利润总额（亏损总额以"-"号填列）	1651600	

图 10.2　利润表

（2）按照财务分析比率分类创建一个财务比率分析表框架，具体采用下列财务比率指标。

① 变现能力比率（流动比率、速动比率）。

② 长期负债比率（资产负债率、产权比率、有形资产债务率、利息保障倍数）。

③ 资产管理比率（存货周转率、应收账款周转率、流动资产周转率、总资产周转率）。

④ 盈利能力比率（营业利润率、资产报酬率、股东权益报酬率）。

完成如图 10.3 所示的财务比率表框架。

图 10.3　财务比率表框架

（3）各财务比率指标计算公式如下。

$$流动比率=流动资产/流动负债$$

$$速动比率=速动资产/流动负债$$

$$资产负债率=负债总额/资产总额$$

$$产权比率=负债总额/股东权益总额$$

$$有形资产债务率=负债总额/（股东权益总额-无形资产净值）$$

$$利息保障倍数=息税前利润/利息支出$$

$$存货周转率=销售成本/平均存货$$

$$应收账款周转率=销售收入/平均应收账款$$

$$流动资产周转率=销售收入/流动资产平均余额$$

$$总资产周转率=销售收入/资产平均总额$$

$$营业利润率=营业利润/营业收入$$

$$资产报酬率=净利润/资产平均总额$$

$$股东权益报酬率=净利润/股东权益平均总额$$

（4）输入各指标的计算公式，结果如图 10.4 所示。

图 10.4　财务比率计算公式

（5）调用工作表"资产负债表"和"利润表"中的数据，结果如图 10.5 所示。

	财务比率	计算公式	2012年	
1	财务比率	计算公式	2012年	
2	一、变现能力比率			
3	流动比率	流动资产/流动负债	2.34	
4	速动比率	速动资产/流动负债	0.71	
5				
6	二、长期偿债比率			
7	资产负债率	负债总额/资产总额	0.32	
8	产权比率	负债总额/股东权益总额	0.43	
9	有形资产债务率	负债总额/（股东权益总额－无形资产净值）	0.31	
10	利息保障倍数	息税前利润/利息支出	3.24	
11				
12	三、资产管理比率			
13	存货周转率	销售成本/平均存货	1.73	
14	应收账款周转率	销售收入/平均应收账款	14.88	
15	流动资产周转率	销售收入/流动资产平均余额	1.95	
16	总资产周转率	销售收入/资产平均总额	1.21	
17				
18	四、盈利能力比率			
19	营业利润率	营业利润/营业收入	0.99%	
20	资产报酬率	净利润/资产平均总额	0.32%	
21	股东权益报酬率	净利润/股东权益平均总额	0.12%	
22				

图 10.5　财务比率分析表计算结果

将计算得出的数据与同行业企业的财务指标标准值进行比较，就可以对企业的财务状况和经营成果进行评价了。

任务实施

练一练

资料：海阳股份有限公司 2012 年度简化资产负债表与利润表如表 10.1 和表 10.2 所示。

表 10.1　资产负债表

单位：元

资　　产	金　　额	负债和所有者权益	金　　额
货币资金	16 000	短期借款	10 000
交易性金融资产	10 000	应付票据	12 000
应收票据	5 000	应付账款	20 000
应收账款	26 000	应付职工薪酬	6 000
其他应收款	30 000	应交税费	2 000
预付账款	8 000	长期借款	54 000
存货	16 000	实收资本	53 000
持有至到期投资	3 000	盈余公积	20 000
固定资产	60 000	未分配利润	11 000
无形资产	14 000		
合　　计	188 000	合　　计	188 000

表 10.2　利润表（损益类账户 1—12 月累计发生额）

单位：元

会计科目	借方发生额	贷方发生额
主营业务收入	40 000	3 980 000
主营业务成本	1 260 000	12 800
主营业务税金及附加	260 000	
投资收益	200 000	900 000
其他业务收入		238 800

续表

会计科目	借方发生额	贷方发生额
其他业务成本	300 000	
管理费用	100 000	
财务费用	340 000	50 000
销售费用	130 000	
资产减值损失	120 000	
公允价值变动收益	900 000	
营业外收入		200 000
营业外支出	80 000	
所得税费用	412 900	

要求：对该公司用比率分析法进行财务状况分析。

任务二　财务状况图表分析

任务导入

根据企业连续几个会计期间的财务数据或财务指标绘制成图表，并用图形走势来判断企业财务状况和经营成果的变化趋势。

任务要求

根据公司的财务数据或财务指标，小李用图表进行财务状况分析。

知识准备

在运用图表功能进行图解分析时，数据的来源是基础。要想让产生的图表准确、直观、形象地反映出事件变化的规律及趋势就要把握好采集数据时的有效性、准确性。在进行财务图解分析时，首先要对财务报表中的大量数据进行归集、分类、筛选及分析，从大量复杂的数据中得到最想要的数据，然后利用 Excel 的图表功能生成所需要的数据图表。

在 Excel 中，图表类型有很多种，对带有时间序列的数据进行分析通常采用折线趋势图表的形式。尤其是在进行财务分析时，财务数据都是在不同时间产生的，通过折线趋势图表可以很好地反映出不同时期企业财务数据的变化趋势。

任务操作

根据数据进行财务状况图表分析。

操作步骤

资料：长城股份有限公司 2007—2011 年的其他业务收入如表 10.3 所示。

表 10.3　长城股份有限公司 2007—2011 年的其他业务收入

单位：元

年　份	2007	2008	2009	2010	2011
其他业务收入	920	1 356	2 689	3 026	3 789

用图表分析该公司 5 年间其他业务收入的变化情况。

具体操作步骤如下。

（1）打开工作簿文件"长江股份有限公司.xls"，插入一张新工作表，并将其命名为"财务状况图表分析"。

（2）按照表 10.3 输入相关内容，结果如图 10.6 所示。

图 10.6　其他业务收入数据

（3）选择 A1:F2 数据区域，单击"图表向导"按钮，弹出"图表向导-4 步骤之 1-图表类型"对话框，如图 10.7 所示。

图 10.7　"图表向导-4 步骤之 1-图表类型"对话框

（4）选择"图表向导-4 步骤之 1-图表类型"→"折线图"→"数据点折线图"，单击"下一步"按钮，弹出"图表向导-4 步骤之 2-图表源数据"对话框，如图 10.8 所示。

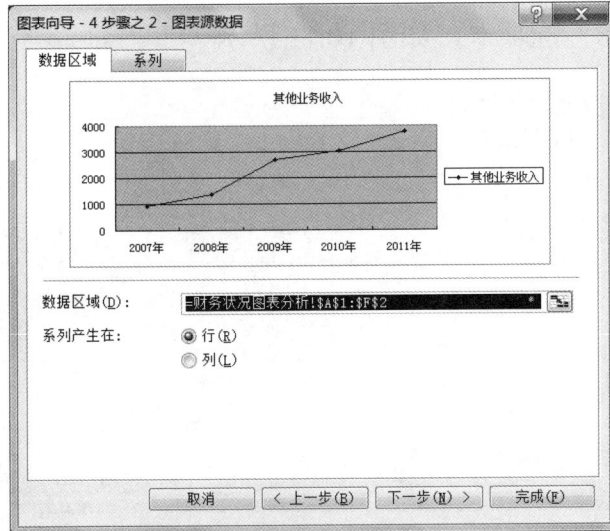

图 10.8 "图表向导-4 步骤之 2-图表源数据"对话框

（5）单击该对话框中的"系列"选项卡，如图 10.9 所示。

图 10.9 "系列"选项卡

（6）在图表标题输入框填入"其他业务收入"，单击"图例"选项卡，并在"位置"选区中选中"底部"单选按钮，如图 10.10 所示。

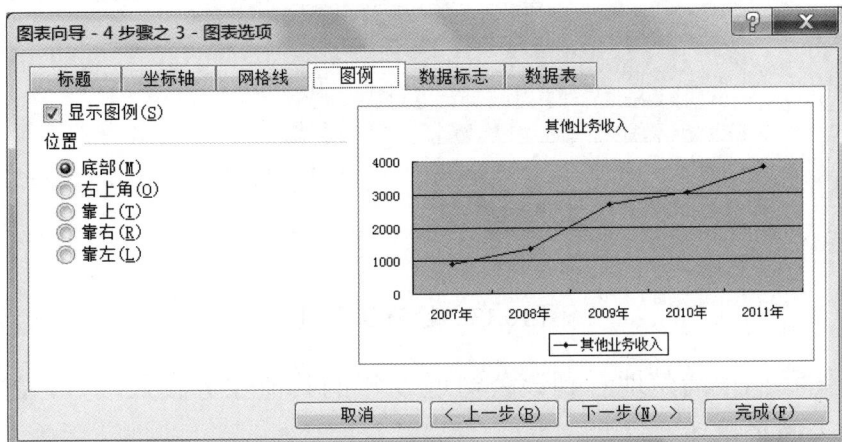

图 10.10 "图例"选项卡

（7）单击"数据标志"选项卡，如图10.11所示。

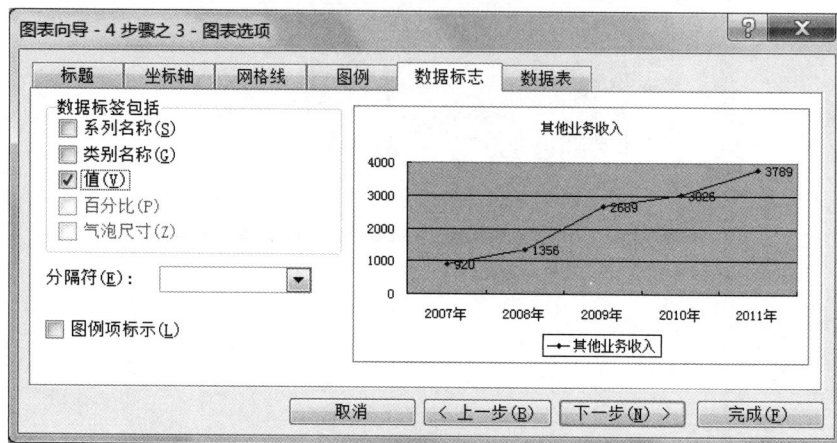

图10.11 "数据标志"选项卡

（8）勾选"数据标签包括"选区中的"值"复选框，单击"下一步"按钮，如图 10.12 所示。

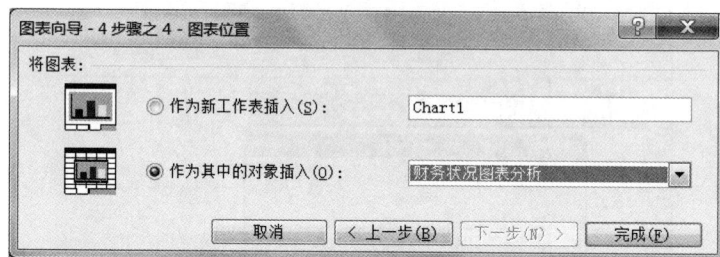

图10.12 "图表位置"对话框

（9）单击"完成"按钮，则生成其他业务收入的趋势图，如图10.13所示。

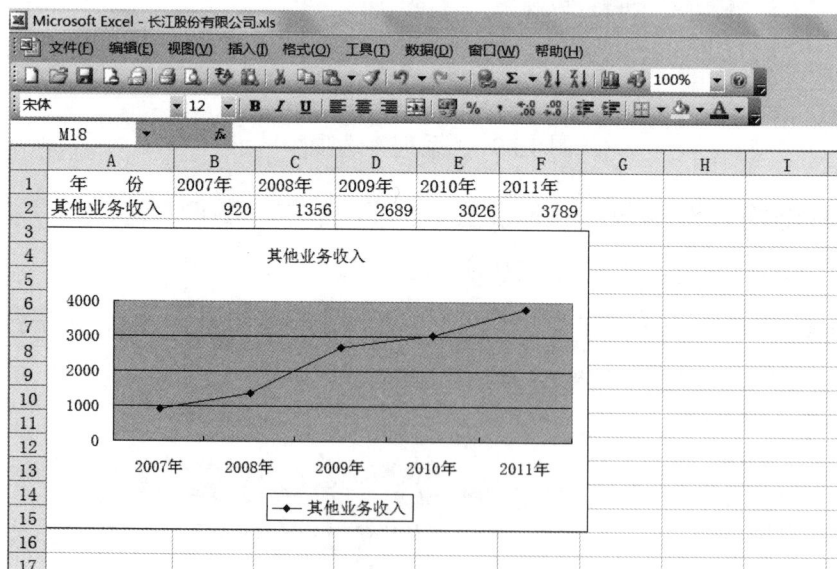

图10.13 趋势分析图

通过该趋势图我们很清楚地看到该公司近5年的其他业务收入很好，2007—2011年5年间其他业务收入增长迅速。

任务实施

练一练

资料：大地公司 2012 年度费用表如表 10.4 所示。

表 10.4　大地公司 2012 年度费用

单位：元

项　目	费　用
工资	46 000
职工福利	14 000
养老保险	2 300
办公费	8 000
差旅费	6 500
运输费	4 800
业务招待费	2 000
科研费	7 000
其他费用	11 000
合计	101 600

要求：用饼图对该公司的费用进行结构分析。

任务三　财务状况综合分析

任务导入

能否将各项财务指标作为一个整体，系统、全面、综合地对企业财务状况和经营成果进行剖析和评价，说明企业整体财务状况和效益的好坏呢？

任务要求

根据公司的各项财务指标，小李对公司财务状况进行了综合分析。

知识准备

一、财务状况综合分析的概念

财务状况综合分析是指对各种财务指标进行系统、综合的分析，以便对企业的财务状况做出全面合理的评价。

企业的财务状况是一个完整的系统，内部各种因素相互依存、相互作用。因此，进行财务分析要了解企业财务状况内部的各项因素及其相互之间的关系，这样才能比较全面地揭示企业财务状况的全貌。

二、财务状况综合分析的具体方法

财务状况综合分析与评价的方法有财务比率综合评分法和杜邦财务分析体系两种。本书主要介绍财务比率综合评分法。

任务操作

根据会计资料进行财务状况综合分析。

操作步骤

财务比率综合评分法的具体分析步骤如下。

（1）打开工作簿文件"长江股份有限公司.xls"，插入一张新工作表，并将其命名为"财务比率综合评分表"。

（2）在 A1 单元格中输入"财务比率综合评分表"，并单击"加粗"按钮。选择 A1:F1 单元格区域，单击"合并及居中"按钮。

（3）在 A2:F2 单元格中分别输入"财务比率""评分值""标准值""实际值""关系比率""实际得分"。

（4）在 A3:A11 单元格中分别输入"流动比率""速动比率""资产负债率""存货周转率""应收账款周转率""总资产周转率""总资产报酬率""净资产收益率""营业利润率"，如图 10.14 所示。

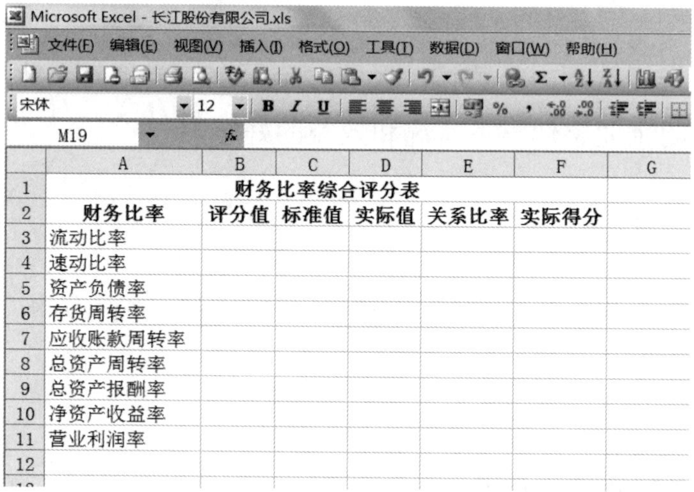

图 10.14　财务比率综合评分表

（5）根据各项财务比率的重要程度确定其评分值，即重要性系数，并分别输入相应的单元格 B3:B11 中，如图 10.15 所示。

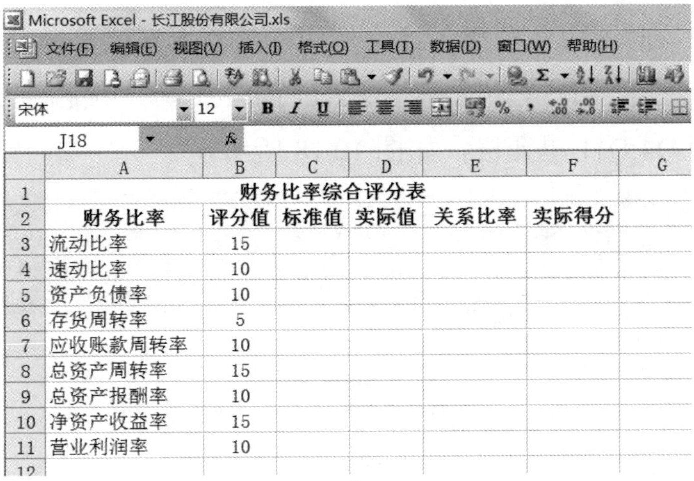

财务比率综合评分表					
财务比率	评分值	标准值	实际值	关系比率	实际得分
流动比率	15				
速动比率	10				
资产负债率	10				
存货周转率	5				
应收账款周转率	10				
总资产周转率	15				
总资产报酬率	10				
净资产收益率	15				
营业利润率	10				

图 10.15　财务比率评分值

（6）确定各项财务比率标准值，即企业现实条件下比率的最优值，标准值也可以参考同行业的平均水平。分别将标准值输入相应的单元格 C3:C11 中，如图 10.16 所示。

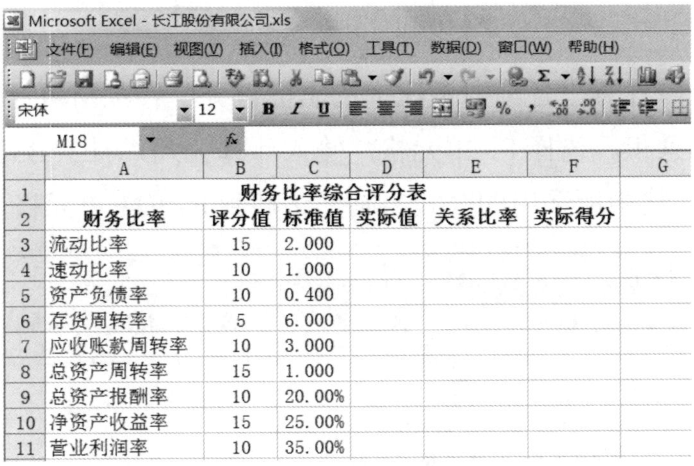

财务比率综合评分表					
财务比率	评分值	标准值	实际值	关系比率	实际得分
流动比率	15	2.000			
速动比率	10	1.000			
资产负债率	10	0.400			
存货周转率	5	6.000			
应收账款周转率	10	3.000			
总资产周转率	15	1.000			
总资产报酬率	10	20.00%			
净资产收益率	15	25.00%			
营业利润率	10	35.00%			

图 10.16　财务比率标准值

（7）计算企业在某一定时期内的各项财务比率实际值（这里仍然采用数据链接的方式计算），如图 10.17 所示。

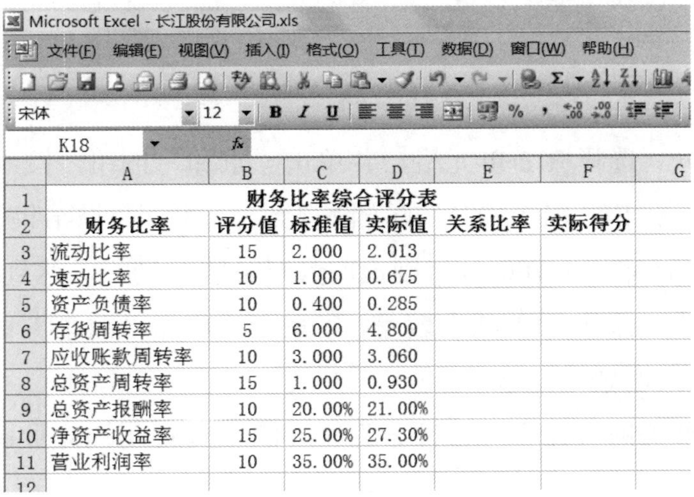

财务比率综合评分表					
财务比率	评分值	标准值	实际值	关系比率	实际得分
流动比率	15	2.000	2.013		
速动比率	10	1.000	0.675		
资产负债率	10	0.400	0.285		
存货周转率	5	6.000	4.800		
应收账款周转率	10	3.000	3.060		
总资产周转率	15	1.000	0.930		
总资产报酬率	10	20.00%	21.00%		
净资产收益率	15	25.00%	27.30%		
营业利润率	10	35.00%	35.00%		

图 10.17　财务比率实际值

（8）计算企业在该时期内各项财务比率的实际值与标准值之比，即计算关系比率。选择 E3 单元格，输入公式“=D3/C3”。利用 Excel 的公式复制功能，将单元格 E3 中所采用的公式复制并粘贴到 D4:D11 单元格，如图 10.18 所示。

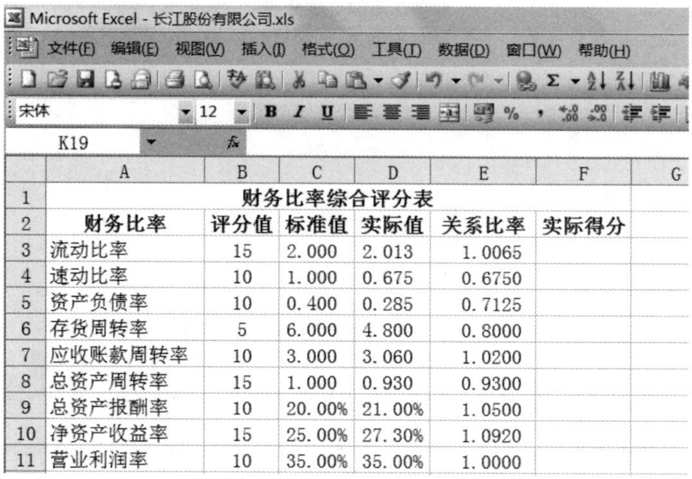

	A	B	C	D	E	F	G
1	财务比率综合评分表						
2	财务比率	评分值	标准值	实际值	关系比率	实际得分	
3	流动比率	15	2.000	2.013	1.0065		
4	速动比率	10	1.000	0.675	0.6750		
5	资产负债率	10	0.400	0.285	0.7125		
6	存货周转率	5	6.000	4.800	0.8000		
7	应收账款周转率	10	3.000	3.060	1.0200		
8	总资产周转率	15	1.000	0.930	0.9300		
9	总资产报酬率	10	20.00%	21.00%	1.0500		
10	净资产收益率	15	25.00%	27.30%	1.0920		
11	营业利润率	10	35.00%	35.00%	1.0000		

图 10.18 计算关系比率

（9）利用关系比率计算出各项财务比率的实际得分。各项财务比率的实际得分是关系比率和标准评分值的乘积。选择 F3 单元格，输入计算公式“=E3*B3”。利用 Excel 的公式复制功能，将 F3 单元格中所采用的公式复制并粘贴到 F4:F11 单元格，如图 10.19 所示。

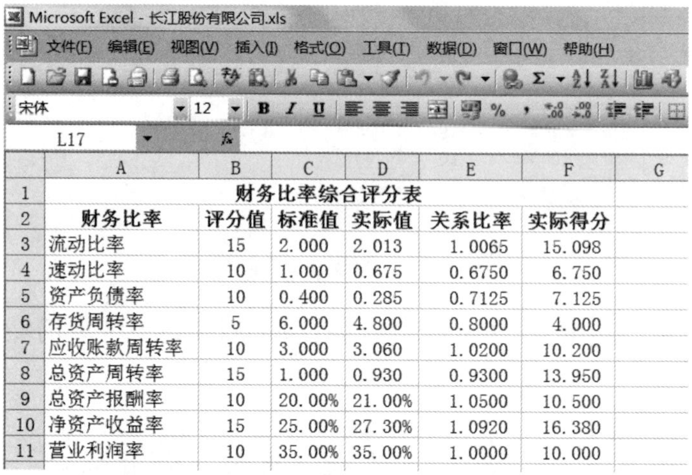

	A	B	C	D	E	F	G
1	财务比率综合评分表						
2	财务比率	评分值	标准值	实际值	关系比率	实际得分	
3	流动比率	15	2.000	2.013	1.0065	15.098	
4	速动比率	10	1.000	0.675	0.6750	6.750	
5	资产负债率	10	0.400	0.285	0.7125	7.125	
6	存货周转率	5	6.000	4.800	0.8000	4.000	
7	应收账款周转率	10	3.000	3.060	1.0200	10.200	
8	总资产周转率	15	1.000	0.930	0.9300	13.950	
9	总资产报酬率	10	20.00%	21.00%	1.0500	10.500	
10	净资产收益率	15	25.00%	27.30%	1.0920	16.380	
11	营业利润率	10	35.00%	35.00%	1.0000	10.000	

图 10.19 计算各项财务比率的实际得分

（10）计算总得分。选择 F12 单元格，并单击“求和”按钮，按回车键后得到合计数，或者采用输入计算公式“SUM(F3:F11)”的方法得到合计数，数据结果显示如图 10.20 所示。

如果综合得分等于或接近 100 分，则说明其财务状况良好，达到了预先确定的标准；如果综合得分过低，则说明其财务状况较差，应采取措施加以改善；如果综合得分超过 100 分，则说明财务状况很理想。

在本例中，该企业的财务比率综合评分为 94.003 分，说明该企业的财务状况比较理想。

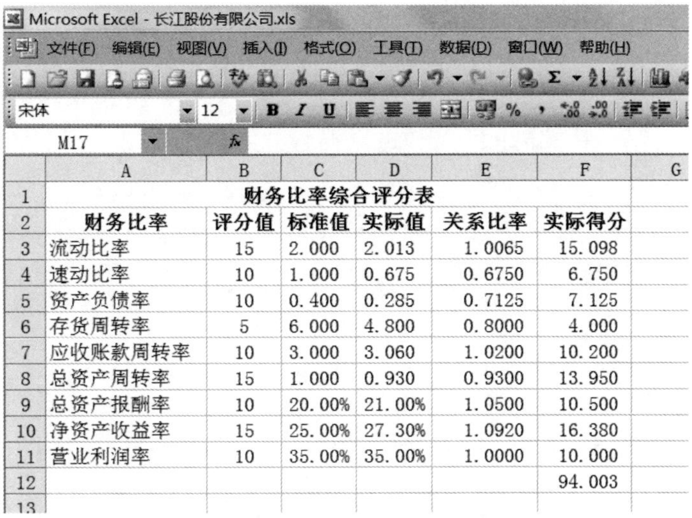

	A	B	C	D	E	F
1	财务比率综合评分表					
2	财务比率	评分值	标准值	实际值	关系比率	实际得分
3	流动比率	15	2.000	2.013	1.0065	15.098
4	速动比率	10	1.000	0.675	0.6750	6.750
5	资产负债率	10	0.400	0.285	0.7125	7.125
6	存货周转率	5	6.000	4.800	0.8000	4.000
7	应收账款周转率	10	3.000	3.060	1.0200	10.200
8	总资产周转率	15	1.000	0.930	0.9300	13.950
9	总资产报酬率	10	20.00%	21.00%	1.0500	10.500
10	净资产收益率	15	25.00%	27.30%	1.0920	16.380
11	营业利润率	10	35.00%	35.00%	1.0000	10.000
12						94.003

图 10.20 财务比率综合评分表

任务实施

练一练

资料：海阳股份有限公司 2012 年度简化资产负债表与利润表如表 10.1 和表 10.2 所示。

要求：根据实际需要用财务比率综合评分法分析该企业的财务情况。